Ellen Gunderson Traylor

DER SOHN DES DONNERS

Leuchter-Verlag eG · Erzhausen

Titel der Originalausgabe: JOHN, SON OF THUNDER

Übersetzung: KH. Neumann
Umschlaggestaltung: Dieter Illgen, Hannover

3. Auflage Mai 1991

ISBN 3-87482-109-9

Gesamtherstellung:
Schönbach-Druck GmbH, 6106 Erzhausen bei Darmstadt

Inhalt

Teil I

DIE STIMME IN DER WÜSTE

Er sagte:
Ich bin die Stimme, die in der Wüste ruft:
Ebnet den Weg für den Herrn
(Johannes 1, 23).

1. Kapitel

Heißer Wüstenwind wirbelte gelbe Staubwolken auf. Unter dem blauen Himmel lag hart und ausgetrocknet die Erde. Weit entfernt nach Nordosten und Nordwesten lagen die fruchtbaren grünen Länder Gilead und Galiläa mit ihren fetten Weiden, Viehherden und grünen Wäldern. Doch das hier war Bethabara, das „Haus an der seichten Furt des Jordans“ — und es war die Wildnis.

Der schlammige und nicht zu große Fluß, der trotz allem in der Geschichte dieses Landes eine so große Rolle gespielt hatte, strömte überraschend schnell durch die meist dschungelartige Ufervegetation. Im Westen stiegen die Berge Galiläas und Samarias allmählich an, während sie im Osten recht steil zu der weiten Hochebene der Dekapolis emporragten. Trotz der reichhaltigen Vegetation kamen in dieser Jahreszeit nur wenige Menschen zu dieser Jordanfurt. Es war ein einsamer Ort. Ein Platz für Schakale, Hyänen und andere wilde Tiere. Die Heiden nannten diese Furt deshalb „Solitude" — Einsamkeit.

Doch heute regte sich etwas in dieser Einsamkeit. Eine Hyäne stand am Wasser und lauschte mit wachsam erhobenem Kopf und aufgestellten Ohren dem Klang einer Menschenstimme, der zu ihr drang. Als sie dann einen Mann erscheinen sah, zog sie es vor, sich davonzumachen und im Unterholz zu verschwinden. Und dieser Mann machte tatsächlich auf den ersten Blick keinen vertrauenerweckenden Eindruck. Er war in schwere, grobe Tierfelle gekleidet, die an seinen Hüften durch ein breites Lederband zusammengehalten wurden. Lederne Sandalen, die durch Lederriemen, die bis zu den Knien hoch gebunden waren, festgehalten wurden, vervollständigten die Kleidung. Sein Bart war voll und dunkel, und sein Haar, das wegen seines Nasiräereides nie geschnitten worden war, hing ihm fast bis zu den Hüften und war auch nur durch einen Lederriemen zusammengebunden.

Wenn schon seine Erscheinung Schrecken verbreiten konnte, dann tat es seine gewaltige Stimme, die weit durch die Einsamkeit hallte, noch mehr. Er schien aus einem der engen, kleinen Täler des Ostufers gekommen zu sein und schritt nun zum Fluß. Dabei schrie er immer wieder mit lauter Stimme Worte, die für dieses einsame Land recht seltsam klangen: *„Tut Buße! Tut Buße! Denn das Himmelreich ist nahe herbeigekommen!"* Während er nun durch die knietiefe Furt watete, schrie er wieder: *„Tut Buße! Denn das Himmelreich ist nahe herbeigekommen. Ich bin die Stimme eines Rufenden in der Wüste, der dem Herrn den Weg bereitet!"*

Jetzt stieg der Mann am westlichen Ufer aus dem Wasser und schritt scheinbar mühelos die umliegenden Hügel hinauf.

Dabei schrie er immer wieder seinen seltsamen Befehl in die Gegend. Doch für wen schrie er diese Worte? Gewiß, es war möglich, daß sich Hirten in der Nähe befanden, aber nicht sehr wahrscheinlich. In dieser Jahreszeit gab es in den Hügeln noch genug Wasser für die Herden, so daß sich kein Hirte die Mühe machte, in das tief eingeschnittene Jordantal hinunterzusteigen, in dem es jetzt bis zu 45 Grad heiß werden konnte. Doch trotzdem schrie der seltsame Mann weiter: „Tut Buße! Bereitet dem Herrn den Weg!"

Doch jemand hatte die Rufe gehört. Es schien unwahrscheinlich, trotzdem war es geschehen. Ein junger Hirte war auf der Suche nach einem davongelaufenen Schafbock in die Nähe gekommen und hatte die menschliche Stimme gehört. Ängstlich, aber neugierig, hatte er sich näher geschlichen und hinter einem Felsen versteckt den seltsamen Mann beobachtet und seine Worte verstanden, die er immer wieder rief. Er begriff sie zwar nicht ganz, war aber eilends zu den anderen Hirten gelaufen und hatte berichtet, was ihm begegnet war. Das hatte genügt. Wie ein Steppenfeuer verbreitete sich die Nachricht in alle Richtungen.

Zunächst kamen nur kleine Gruppen von Hirten, um den Fremden zu beschauen. Man hatte seit einiger Zeit schon Gerüchte gehört, daß ein seltsamer Wanderer vom Toten Meer her gekommen war und zuerst in der Wüste Juda und dann hin und her im Jordantal vom kommenden Gericht und von der Vergeltung Gottes gepredigt habe. Konnte das dieser Mann sein? So zwingend war seine Botschaft und so ungewöhnlich seine Erscheinung, daß innerhalb einer Woche Menschen aus der ganzen Gegend, sogar bis von Jerusalem, das etwa 75 Kilometer entfernt lag, gekommen waren. Jetzt, da der Nasiräer an einem Ort zu bleiben schien, kamen täglich neu ganze Scharen von Fragenden und Neugierigen, um seiner Predigt zuzuhören. Galiläer, Juden, Samariter, Peräer und solche aus der Dekapolis zogen wie Wellen in das einsame Tal. Und jeden Tage wurden es mehr.

Was trieb die Menschen wohl hier in die Einsamkeit? Der

Prediger tat keine Wunder. Seine Worte klangen nicht wie ein Aufruf zur Unterstützung des Judentums gegen das übermächtige Rom. Seine Botschaft kitzelte auch nicht die Ohren der Schriftgelehrten und Pharisäer mit irgendwelchen neuen und spitzfindigen Auslegungen des Gesetzes und der Propheten. Gewiß war es interessant, zuzusehen, wie sich täglich viele von dem Nasiräer in dem schlammigen Jordanwasser taufen ließen, was ihm den Zunamen „der Täufer" eingebracht hatte. Doch noch mehr wurden die Menschen von seiner Botschaft angezogen, die in ganz Palästina ein großes Fragen wach werden ließ. Denn seit 400 Jahren war in Israel kein Prophet mehr aufgestanden.

Auch an diesem sonnenheißen Tag hatte sich wieder eine große Anzahl Menschen versammelt. Es waren wohl an die 3000, die in größeren und kleineren Gruppen herumsaßen und sich eifrig unterhielten. Ein wenig weiter zurück, auf den Hügeln, konnte man kleinere Grüppchen von Männern in vornehmer Kleidung sehen, die leicht als Vertreter der religiösen Hierarchie zu erkennen waren. Sie mochten aus Neugier gekommen sein oder weil sie den Auftrag hatten, zu beobachten, was der Täufer tat und sagte. Auch eine Gruppe römischer Soldaten lagerte im Schatten eines Felsens, von wo aus sie alles gut übersehen konnten. Das Land war zu unruhig, da mußte man schon darüber wachen, was in solchen Volksversammlungen geschah; zu leicht konnte daraus ein Aufruhr entstehen.

Doch nichts in der Stimmung der Versammelten deutete auf rebellische Gedanken. Erwartungsvoll blickten sie jetzt alle in die gleiche Richtung, in der einige den nahenden Täufer schon erblickt hatten. Mit festen Schritten kam dieser ohne Eile näher. Als er das Jordanufer erreichte, blieb er einige Augenblicke stehen und musterte die Menschen rundum. Ohne Einleitung hob er dann plötzlich den Arm und schrie mit einer Stimme, die an den Schall einer Trompete erinnerte: „Tut Buße!"

Weit trug die Stimme über die Hügel hinweg, und von den Wänden der kleinen Schluchten hallte es zurück: „Tut Buße!" Wahrhaftig, vielen der Anwesenden mußte der Rufer dort wie ein Prophet erscheinen. Ehrfürchtig lauschten sie, was er sagen würde.

Während er scharf seine Zuhörer beobachtete, wiederholte der Prophet die Worte, die manchen der Lauschenden schon bekannt waren: „Ich bin die Stimme eines Rufenden in der Wüste, der dem Herrn den Weg bereitet!" Es waren Worte, die der Prophet Jesaja schon mehr als 700 Jahre früher gesagt hatte und die jeder Jude kannte.

Ein ehrfürchtiges Murmeln war unter den Menschen zu vernehmen. Konnte dies der Messias sein? Der lang erwartete Befreier, der Israel aus all seinen Nöten erlösen würde? Oft hatte man in den letzten Jahren unter gläubigen Juden die Meinung vertreten, daß der Messias nun bald kommen müsse. Und der Mann, der hier stand, machte eine so seltsame und ehrfurchterregende Figur, daß er durchaus zu dem jahrhundertealten Traum Israels passen konnte.

Wieder schwieg der Täufer, während die Leute flüsternd ihre Meinungen austauschten. Dann rief er: „Jedes Tal soll sich heben, jeder Berg und Hügel sich senken. Das Krumme soll gerade werden, und was hüglig ist, werde eben." Atemlos lauschten alle, obwohl die meisten wußten, wie die nächsten Worte lauten würden, denn sie waren als Verkündigung des Propheten Jesaja unauslöschlich in ihr Gedächtnis gegraben. Der Täufer fuhr fort: „Dann offenbart sich die Herrlichkeit des Herrn, alle Sterblichen werden sie sehen."

Erneut hatte der Täufer eine Pause eintreten lassen. Es schien, als warte er auf etwas. Dann rief er: „Tut Buße, denn das Himmelreich ist nahe; und laßt euch taufen zum Zeichen dafür, daß ihr euch abkehren wollt von euren Sünden!"

Zögernd erhoben sich einige, die in der Nähe saßen und traten zu dem Täufer. Er wechselte einige Worte mit ihnen und geleitete sie dann in das lauwarme Jordanwasser. Als sie bis zu den Hüften darinstanden, faßte er sie um die Schulter und tauchte sie unter. Immer mehr Zuhörer erhoben sich hier und da aus den einzelnen Gruppen, kamen zu dem Propheten ins Wasser und ließen sich taufen. Da er mit jedem der Täuflinge einige Worte wechselte, vergingen einige Stunden, bis die ganze Prozedur vorüber war. Dann stieg er aus dem Wasser und verschwand, ohne ein weiteres Wort zu sagen, wieder in der Einsamkeit der Wildnis.

Da es schon hoher Nachmittag war, machten sich auch die meisten Zuhörer bald auf den Heimweg. Eine Anzahl von ihnen blieben aber zurück, weil sie die Absicht hatten, dem Täufer in den nächsten Tagen noch weiter zuzuhören oder mit ihm zu sprechen. Sie errichteten kleine Zelte oder breiteten Decken und Schlafsäcke aus. Hier und da wurden später auch kleine Feuer angezündet. Vielleicht hatte der eine oder andere von ihnen durch die Begegnung mit dem Propheten neue Hoffnung in sein Leben bekommen.

Auf einem etwas entfernteren Hügel saß ein einsamer junger Mann. Er war schon am frühen Morgen gekommen und hatte alles, was an diesem Tag geschehen war, aufmerksam beobachtet und ehrfürchtig dem Täufer gelauscht. Als der Prophet dann den Jordan verlassen hatte, war er ihm noch eine ganze Weile gefolgt, bis er ihn am Eingang einer engen Schlucht aus den Augen verlor. Nun setzte er sich wieder auf einen großen Stein und blieb lange, im Nachdenken versunken, sitzen. Endlich, als die Sonne sich anschickte, bald unterzugehen, erhob er sich zögernd und machte sich auf den Heimweg.

2. Kapitel

Ein kalter Wind blies durch die Säulenreihen der Vorhalle des Tempels. Bald würde es Winter werden in Jerusalem und der jetzt recht stille Tempel würde erleuchtet sein von den unzähligen Lichtern von Hanukkah, dem freudevollen und lärmenden Fest der Tempelweihe, das daran erinnerte, daß vor etwa 200 Jahren Judas Makkabäus einen erfolgreichen Aufstand gegen die lange syrische Herrschaft durchgeführt hatte. Die Sieger hatten auch den Tempel in Jerusalem von den Syrern befreit und vom heidnischen Götzendienst gesäubert. Anschließend war er neu geweiht worden. Daran erinnerte das Hanukkahfest in jedem Jahr.

An diesem Spätnachmittag stand derselbe junge Mann, der vor einer ganzen Reihe von Wochen den Täufer einen ganzen Tag aufmerksam beobachtet hatte, allein in der Vorhalle des Tempels und wartete. Während er die schönen Ornamente, den prächtigen Marmorfußboden und andere Schönheiten der Ausstattung betrachtete, fragte er sich, ob es überhaupt denkbar war, daß hier im Tempel, der Jahwe geweiht war, einmal eine Statue des griechischen Gottes Zeus gestanden hatte und daß im Heiligtum unreine Tiere auf heidnischen Altären geopfert wurden.

Nachdenklich nickte er mit dem Kopf. Ja, es war möglich. Und nicht nur möglich, sondern es war wirklich geschehen, wenn auch schon vor langer Zeit. Er wußte natürlich, daß dies nicht der erste Tempel Jahwes war, der an diesem heiligen Ort stand. Seit David zuerst von dem Tempel geträumt hatte, den sein Sohn Salomo dann baute, waren rund 1000 Jahre vergangen. Seither war auf diesem heiligen Berg viel gebaut und wieder zerstört worden. Der Tempel Jahwes war unter die Herrschaft der Ägypter, Assyrer, Babylonier und Syrer geraten. Die Babylonier hatten den ersten prächtigen Tempel Salomos zerstört, als sie die Juden in die Gefangenschaft führten. Nach der Rückkehr aus dem babylonischen Exil hatten die Juden einen wesentlich kleineren und einfacheren Tempel wieder erbaut. Und vor 50—60 Jahren hatte Herodes der Große, der Idumäer, diesen einfachen Tempel abbrechen und neu, viel größer und schöner wieder erbauen lassen.

Der junge Mann ging zum Eingang der Vorhalle und blickte die Stufen hinunter. Auch die Gassen und Marktplätze unter ihm waren verhältnismäßig ruhig. Die meisten Verkaufsstände waren der Kälte wegen in die Häuser gebracht worden, und in den engen Gassen herrschte nur wenig Betrieb. Gerade marschierte unten ein kleiner Trupp römischer Soldaten vorbei, der von der gleich neben dem Tempel gelegenen römischen Festung Antonia kam.

Beim Anblick der Soldaten versteifte sich der junge Mann und ballte unwillkürlich die Hände zu Fäusten. Er folgte den Soldaten, die stolz durch die Straße zogen, mit den Augen. Wie er sie verachtete, diese überall gegenwärtigen Symbole einer weiteren Weltmacht, unter deren Herrschaft sein Volk nun schon seit Jahrzehnten seufzen mußte.

Als die Soldaten seinem Blick entschwanden, drehte sich der junge Mann um und ging wieder in die Halle hinein. Wie lange würde diesmal der Hohe Rat noch tagen? fragte er sich. Dort drin im Beratungssaal saßen die Priester mit den führenden Pharisäern und Sadduzäern aus Judäa und Galiläa, unter denen auch sein Vater war. Er konnte sich denken, wie Kaiphas manchmal aufgeregt hin und her lief und mit vielen Worten die Mitglieder des Rates von seiner Meinung überzeugen wollte. Man beriet dort drin über den Täufer vom Jordan. Immer wieder würde man die Geschichten, die man sich von dem wilden Mann erzählte, bis in die letzte Kleinigkeit hinein bereden, analysieren und neu bereden. Mittlerweile vielleicht schon zum fünfzigsten Mal.

Hinter sich auf dem Marmorboden hörte er jetzt schnelle Schritte. „Johannes", rief eine vertraute Stimme, „wie steht's?"

„Die sind immer noch drin", antwortete er ungeduldig.

„Wie lange nun schon?"

„Ach, schon viele Stunden." Er drehte sich um, blickte seinen älteren Bruder Jakobus an, als dieser fragte: „Was meinst du, was dabei herauskommen wird?"

„Sie werden seinen Kopf haben wollen", antwortete Johannes aufsässig.

Jakobus lächelte beruhigend und erwiderte: „Na, na, nur nicht so hastig. Sicher werden sie darüber erst sehr lange nachdenken, denn der Täufer ist recht populär im Lande."

„Ja", gab Johannes spöttisch zurück, „wie unsere alten Propheten Jesaja und Jeremia."

Der Ältere verzog das Gesicht und nickte ebenfalls. „Ich sehe, was du meinst", sagte er nachdenklich, als er an den Märtyrertod dieser beiden Propheten dachte. „Aber warum verteidigst du den Täufer so? Du hast ihn doch nie gehört."

Johannes hatte nie davon erzählt, daß er an jenem Tag im Sommer nach Bethabara gegangen war, um den Täufer zu hören. „Aber ich habe oft genug gehört, welche Botschaft er angeblich predigt", antwortete er schnell. „Er fordert: »Tut Buße!« Ich glaube, damit hat er nicht Unrecht. Es gibt sicher viele, die das nötig haben. Jakobus antwortete nicht. Schweigend warteten beide.

Endlich wurden aus der Richtung des Beratungssaales Stimmen laut. Die Brüder wandten sich um und gingen den herausströmenden Männern entgegen. Eifrig hielt Jakobus nach seinem Vater Ausschau, um ihn zu begrüßen. Doch Johannes hielt sich einige Schritte zurück.

„Nun, Vater, erzähle, was hat es gegeben?" drängte der Ältere.

Zebedäus machte einen sehr zufriedenen Eindruck, schien aber nicht recht reden zu wollen. Doch die Brüder wußten, daß er die Neuigkeiten nicht lange für sich behalten konnte. Der alte Pharisäer verabschiedete sich noch von einer ganzen Reihe anderer Ratsmitglieder und verließ dann mit seinen Söhnen die Tempelhalle. Als sie die Stufen hinuntergingen sagte Zebedäus: „Na, wir werden es bald genug wissen."

Die beiden Brüder blickten sich an. Jakobus lächelte ganz leicht, während Johannes versuchte, einen möglichst gleichgültigen Eindruck zu machen. Erst, als sie schon ein Stück die Gasse hinunter gegangen waren zu dem Haus, in dem sie übernachteten, fuhr Zebedäus fort: „Wir geben dem Fanatiker noch bis zum Frühling Zeit, sich zu beruhigen. Wenn die ganze Sache bis dahin nicht langsam aufhört, werden wir den Täufer zu uns bringen lassen, um ihn zu verhören."

Wieder blickte Jakobus seinen jüngeren Bruder an, der mit einem leichten Kopfnicken zu erkennen gab, daß der andere recht gehabt hatte. Die Popularität des Täufers war so groß, daß der Rat nicht gewagt hatte, etwas zu unternehmen. Pharisäer und Sadduzäer würden noch lange an dieser Sache zu kauen haben.

Die sechstägige Reise von Jerusalem zu ihrer Heimatstadt Kapernaum ermüdete die drei Männer. Doch es blieb keine Zeit zum Ausruhen, als sie Kapernaum endlich erreichten. Die Fischerboote, die Zebedäus gehörten, hatten in der Zwischenzeit so viele Fische gefangen, daß jede Hand zum Verarbeiten und Trocknen sowie zum Flicken der Netze gebraucht wurde.

Am nächsten Tag saß Johannes am Seeufer und war damit beschäftigt, ein zerrissenes Netz wieder in Ordnung zu bringen. Der Wind war heute recht stark und mit plötzlichen heftigen Böen vermischt, so daß es zu gefährlich war, mit den Booten zum Fischen zu fahren. Johannes war froh darüber, weil er so ausreichend Zeit zum Nachdenken hatte.

Noch immer hatte er seinem Vater und seinem älteren Bruder nichts von seiner Reise im letzten Sommer nach Bethabara erzählt, weil er wußte, daß es dann nur Streit geben würde. Er schwieg nicht aus Furcht, sondern weil er den Familienfrieden nicht stören wollte, der ihm so wichtig war. Sein Vater Zebedäus gehörte nun einmal zu den Pharisäern.

Gewiß, sein Vater war auch Besitzer einer ganzen Reihe von Fischerbooten und deshalb ein reicher Mann. Er mußte sich mit den Dingen seines Berufs, mit dem Fischhandel und vielen anderen Dingen beschäftigen und war deshalb in seinem Denken nicht so eng wie viele Pharisäer aus Judäa und vor allem aus Jerusalem, die sich fast nur mit religiösen Angelegenheiten befaßten. Zebedäus gehörte nicht zu der strengen konservativen Partei der Pharisäer, aber trotzdem hielt er, eben weil er Pharisäer war, unerschütterlich an allen Traditionen fest und betrachtete alle neuen und ungewöhnlichen Entwicklungen, vor allem auf religiösem Gebiet, mit dem allergrößten Mißtrauen. Deshalb hatte er auch ein wenig Angst vor dem Täufer, so sehr er seine Befürchtungen auch zu verbergen trachtete. Wenn er hörte, daß sein Sohn Johannes bei dem Täufer gewesen war, würde er überaus zornig werden.

Deshalb schwieg Johannes auch seinem Bruder gegenüber, obwohl er ihn sehr liebte und auch bewunderte. Jakobus, als der Erstgeborene, hatte nicht nur den üblichen Unterricht einer wohlhabenden Familie erhalten, sondern war auf eine rabbinische Schule gegangen, ein Vorrecht, um das ihn Johannes durchaus nicht beneidete. Doch von daher teilte Jakobus in vielen Dingen die Meinung seines Vaters mehr, als es Johannes tat. Dies war der Grund, weshalb Johannes bisher auch seinem Bruder nichts erzählt hatte.

Zuerst waren es die Geschichten über den Täufer gewesen, die sein Interesse erregt hatten. Er selbst hatte eine etwas rebellische Natur und hatte deshalb den Mann, der sich in Kamelfelle kleidete und wilden Honig und Heuschrecken aß, durchaus sympathisch gefunden. Natürlich war ein großer Teil jugendliche Neugier dabei gewesen, die ihn dazu getrieben hatte, in die Wildnis der Dekapolis zu gehen, um selbst einen Eindruck von dem „neuen Jesaja“ oder „neuen Elia“, wie die Leute den Täufer nannten, zu bekommen.

Johannes war in der Religion und Kultur des Judentums erzogen, und deshalb waren seine Helden die großen Männer seines Volkes, wie Abraham und Gideon, Josua und David sowie Mose, Daniel und Elia. Doch er hatte einen so aufgeweckten Verstand, daß sein Interesse sich weit über die Propheten und Geschichte seines eigenen Volkes hinaus erstreckte. Er hatte es sogar oft fertiggebracht, einige Stücke griechischer Literatur und Poetik in sein Zimmer zu schmuggeln, was durchaus gegen die Anordnungen seines strengen Vaters war.

Als Johannes älter wurde, war es nicht mehr nur die bloße Geschichte seines Volkes gewesen, die ihn interessierte, sondern er hatte begonnen, anhand dieser Begebenheiten sich mit Fragen zu beschäftigen, die mit der menschlichen Persönlichkeit und dem Sinn und Zweck des Lebens überhaupt zusammenhingen. Da er jung war, neigte er zu extremer Denkweise, so daß in seinem Suchen und Fragen manchmal auch ein wenig Zweifel aufzutauchen schien.

Seine Mutter liebte ihn sehr, was allerdings auf Gegenseitigkeit beruhte. Sie war sehr stolz auf den scharfen Verstand ihres Sohnes. Seine gleichaltrigen Freunde bewunderten ihn, doch bei einigen seiner Lehrer war er wegen seiner komplizierten Fragen gefürchtet. Sein Bruder fand sein Interesse für viele Dinge recht seltsam, und sein Vater ärgerte sich darüber.

Als Pharisäer gehörte Zebedäus zwar zu seiner Zeit selbst zur Intelligenz, und es war auch nicht seines Sohnes Verlangen nach Wissen, das ihn störte. Doch irgendwie spürte er, daß Johannes Interesse weit über die jüdische Geschichte und die jüdischen Überlieferungen hinausging. Noch mehr als sein Interesse an griechischen Dingen störte Zebedäus aber, daß Johannes hier und da mit seinen Fragen einige der Überlieferungen und Traditionen der Ältesten und Pharisäer in Zweifel zu ziehen schien. Es gab Gedanken im Kopf seines Sohnes, die dem in der starren Tradition des Judentums lebenden Mann durchaus nicht gefielen.

Dies alles wußte Johannes, und da er, vor allem um seiner Mutter willen, keinen Streit in der Familie wollte, schwieg er über seine Reise nach Bethabara. Doch er sehnte sich danach, jemand zu finden, mit dem er sich über all diese Dinge, die ihn bewegten, unterhalten konnte. Während er sich mit dem Netz beschäftigte, hörte er in seinem Inneren die Stimme des Propheten wieder: „Tut Buße, denn das Himmelreich ist nahe... die Stimme eines Rufenden in der Wildnis... eines Rufenden..."

„Johannes!" Eine andere Stimme unterbrach sein Nachdenken. Der junge Fischer schaute sich um und blickte direkt in das bärtige Gesicht seines engsten Freundes.

„Simon... o, entschuldige bitte..."

„Ich habe dich schon dreimal gerufen", sagte der andere freundschaftlich, „du mußt tief in Gedanken gewesen sein."

„Da hast du recht", nickte Johannes.

„Fahren wir heute nacht zum Fischen?" wollte Simon wissen.

„Nein, der See ist zu aufgeregt und das Wetter zu launisch. Wir warten besser. Vielleicht geht es morgen."

Es war allerdings nicht nur das rauhe Wetter, das die Männer zurückhielt, sondern die Natur des Sees selbst. Der See Genezareth war bekannt für den plötzlichen Ausbruch von Stürmen, unter Umständen auch bei ruhigem Wetter. Der See wurde dann so wild, daß auch die größten Fischerboote in große Gefahr gerieten. Da empfahl es sich, bei schon rauhem Wetter nicht hinauszufahren.

Simon, groß und breitschultrig gebaut, setzte sich neben seinen Freund und half ihm bei seiner Arbeit. Schweigend saßen beide eine Weile, bis Simon herausplatzte: „Wo bist du mit deinen Gedanken, Freund Johannes? Wenn ich mich so benehme wie du jetzt, bin ich gewöhnlich verliebt.“

Johannes mußte lächeln. Dann begannen beide laut zu lachen. „Nein,Simon, ich bin nicht verliebt“, erwiderte Johannes. „Jedenfalls zur Zeit nicht.“

Simon wollte Johannes schon necken mit dem Gedanken, es stecke vielleicht doch ein Mädchen dahinter, denn Johannes hatte immer erklärt, er habe kein Interesse an Mädchenbekanntschaften, ihn würden andere Dinge beschäftigen. Doch dann ließ er es und fragte nur: „Was beschäftigt dich dann?“

Simons Vater gehörte ein kleiner Teil des Fischereigeschäfts von Zebedäus; doch er war längst nicht so reich wie dieser und wohnte in dem nicht so vornehmen Stadtteil von Kapernaum, der als Bethsaida bekannt war. Doch Johannes und Simon waren von ihrer frühen Kindheit an die engsten Freunde. Johannes war deshalb überzeugt davon, Simon sei der, mit dem er seine Gedanken teilen könne. Er antwortete: „Ich habe über den Täufer nachgedacht.“

Simon ließ überrascht das Netz fallen und schaute Johannes nachdenklich an. „Ich habe auch von ihm gehört“, meinte er endlich. Und weil Johannes nicht gleich antwortete, bohrte Simon: „So rede doch schon.“

Der junge Jude blickte sinnend über den See, lehnte sich dann näher zu seinem Freund und flüsterte vertraulich: „Was würdest du sagen, wenn ich dir erzählen würde, ich wäre dort gewesen, um ihn zu hören?“

Simons Augen wurden vor Staunen groß: „Ich würde dich in das Netz einwickeln und ins Wasser werfen“, rief er.

Johannes mußte lachen: „Warum?“

„Weil du mich nicht mitgenommen hast!“ Wieder lachten

beide. Doch dann fragte der große Fischer etwas skeptisch: ,,Wann warst du denn dort? Seit Monaten hast du Kapernaum nicht verlassen, außer der Reise nach Jerusalem mit deinem Vater und Jakobus.“

Johannes wurde wieder leise: ,,Es war im letzten Sommer, als Vater, Jakobus und ihr anderen für mehrere Tage auf dem See waren. Erinnerst du dich, daß ich nicht dabei war? Ich hatte mich entschuldigt, ich hätte etwas Wichtiges zu tun.“

Simon dachte nach und nickte dann: ,,Ja, jetzt erinnere ich mich. Ich habe mich damals etwas gewundert.“ Dann rückte er noch näher und fragte eifrig: ,,Erzähle! Ist es so, wie die anderen sagen?“

Johannes Augen nahmen wieder diesen sinnenden Ausdruck an: ,,Es ist viel mehr, Simon, viel mehr...“

3. Kapitel

Zebedäus saß vor dem Feuer, das jetzt im Winter dauernd im Haus brannte, und wärmte sich. Er spürte dabei, daß er doch nicht mehr der Jüngste war. Es war der 29. Tag des Monats Kislew, der fünfte Tag im acht Tage dauernden Hanukkahfest. Die Familie war in diesem Jahr nicht zum Fest nach Jerusalem gegangen, obwohl ihr Reichtum es ihnen möglich gemacht hatte, in der ,,Stadt des Friedens“ ein zweites Haus zu besitzen. Aber da Zebedäus kürzlich erst zur extra einberufenen Sitzung des Sanhedrins gewesen war, fühlte er sich körperlich nicht in der Lage, die Reise so bald noch ein zweites Mal zu machen, noch dazu in der schlechten Jahreszeit, es sei denn, der Hohe Rat wurde wieder einberufen.

Im Raum standen mehrere neunarmige Leuchter, die Symbole von Hanukkah, und auf allen brannten Öllichter. Hanukkah war nun einmal das Fest des Lichtes und der Freude, da sparte man nicht, sondern hatte mehr Leuchter brennen, als sonst üblich. Von der Straße her hörte man die Geräusche von Musik, Singen und Tanzen. Überall im Lande war dies eine der frohesten Zeiten des Jahres.

Das Haus des Zebedäus war eines der am hellsten erleuchteten und am festlichsten geschmückten, wie es sich für einen gesetzes- und überlieferungstreuen Pharisäer in seiner Stellung gehörte. Doch Zebedäus selbst war nicht nach Feiern und Fröhlichkeit zumute. Vor sich hin brütend saß er neben dem Feuer, in das er ab und zu neue Zweige warf.

„Du denkst über den Jungen nach?" fragte Salome leise, die ihn schon längere Zeit beobachtete. Die beiden waren allein in dem großen Wohnraum. Wenn man sie betrachtete, bemerkte man, daß Salome fast 20 Jahre jünger war als ihr Mann, was damals unter den Juden nicht ungewöhnlich war. Außerdem wirkte sie noch fast jugendlich, obwohl sie schon im mittleren Alter war. Als sie auf ihre Frage keine Antwort erhielt, fuhr sie fort: „Grolle dem Jungen doch nicht zu sehr. Du kennst ihn doch und weißt, daß er sich für alles Neue interessiert."

Es war nicht das erste Mal, daß sie versuchte, in dem Streit zwischen Vater und Sohn zu vermitteln. Kurz vor Beginn des Hanukkahfestes war Zebedäus wütend ins Haus gestürmt, weil er in der Stadt etwas für ihn Unfaßbares gehört hatte. „Daß ich solche schandbaren Dinge von Fremden erfahren muß", hatte er empört geschrien. „Johannes, ist es wahr, daß du draußen in Bethabara bei diesem Täufer, diesem wilden Mann, gewesen bist?" Johannes hatte, ohne zu antworten, den Raum verlassen. Seither herrschte im Hause die Spannung, die immer noch zuzunehmen schien.

Zebedäus hatte sich vom Stuhl erhoben und antwortete nun: „Natürlich kenne ich seine widerspenstige Natur. Das ist es ja gerade."

„Aber was paßt dir eigentlich an dem Täufer nicht?" fragte Salome. „Hast du versucht, Johannes einmal deine Meinung zu erklären?"

„Schon einige Male. Muß ich es dir etwa auch noch klar machen?"

Salome spürte, daß ihr Mann wieder zornig wurde. Doch sie nahm all ihren Mut zusammen und antwortete: ,,Bitte, mein Herr, erkläre es mir. Ich bin eine ungelernte und törichte Frau und verstehe nicht, worin die Lehren des Täufers den deinen widersprechen.“

,,Er lehrt nicht das Gesetz, Frau, sondern fordert uns alle auf, Buße zu tun. Er redet auch nicht von den Worten Gottes, die wir seit Jahrhunderten festhalten. Warum sollten wir Buße tun? Es ist eher er, der von uns lernen müßte.“ Zebedäus wurde immer zorniger. Sicher dachte er auch daran, daß der Täufer die Pharisäer öffentlich angriff.

,,Das klingt aber recht seltsam“, meinte Salome nachdenklich. ,,Was lehrt er denn eigentlich?“

,,Ich wünschte, ich wüßte es“, rief Zebedäus. ,,Ganz sicher ist es aber nicht unsere Lehre. Er predigt von irgendeiner »Gerechtigkeit«. Was immer er meinen mag, es ist bestimmt eine Irrlehre. Wie könnte so ein wilder Mann zu unseren Traditionen und den Aufsätzen der Ältesten noch etwas hinzufügen, was nicht eine Irrlehre wäre?“

,,Aber die Leute rennen in großen Scharen zu ihm“, gab Salome zu bedenken.“

,,Weil seine Reden ihren Ohren kitzeln. Du kennst doch die Sorte Pöbel, die von nichts eine Ahnung haben, die zu solchen Leuten rennen“, wütete Zebedäus.

,,Meinst du damit auch deinen Sohn?“ fragte Salome bekümmert.

Zebedäus zögerte, ehe er antwortete: ,,Es ist traurig genug, daß auch er dahin läuft. Aber es ist für mich nur die Bestätigung...“

,,Welche Bestätigung?“ Es war Johannes Stimme, die gefragt hatte. Zebedäus fuhr herum und schaute seinem Sohn, der die letzten Wort mitgehört hatte, ins Gesicht.

,,Bitte, fangt nicht wieder an!“ rief Salome.

Doch Johannes blieb hartnäckig. ,,Mutter“, beharrte er, ,,es muß einmal gründlich darüber gesprochen werden. Was hat Vater mit »Bestätigung« gemeint?“

Zebedäus, der kein so hitziges Temperament hatte wie sein Sohn, hatte sich ein wenig beruhigt und antwortete nun: „Es ist eine Bestätigung für alles, über das ich mir Sorge gemacht habe, Sohn, seit du aus deinen Kinderjahren herausgewachsen bist."

„Und worüber machst du dir Sorgen?" forschte Johannes.

Zebedäus schaute ihn fest an und antwortete: „Du lehnst dich gegen die Traditionen der Ältesten auf und verachtest ihre Ermahnungen. Du spielst mit verbotenen Früchten und...", anklagend zeigte er mit dem Finger auf seinen Sohn, „und verleugnest die Gesetze deines Vaters."

Johannes stand still. All das hatte er schon öfter gehört, und es ermüdete ihn. „Du redest, als sei ich ein Säufer oder ein Faulpelz", erwiderte er. „Und was die väterlichen Gesetze angeht, so redest du davon, als seien es die Gesetze Gottes."

„Sind sie es etwa nicht?" fauchte Zebedäus.

Johannes schwieg und überlegte. Auch sein Ärger legte sich, als er jetzt nachdachte. Es stimmte, die heiligen Schriften warnten deutlich davor, die Gebote des Vaters zu mißachten. Und Zebedäus, als Pharisäer, war immer sorgfältig darauf bedacht, sich an die Gesetze Moses und die Worte der Propheten zu halten. Er übersah keine der Vorschriften, Opfer und Gebete und trug auch immer sein Phylakterion (Gebetsriemen der Juden) am Arm. Liebte er etwa Jahwe nicht, weil ihm nicht alle Gesetze seines Vaters gefielen? überlegte er. Doch, antwortete er sich selbst, ich liebe Jahwe, aber manches, was mein Vater von Ihm sagt, verstehe ich nicht.

Jetzt blickte er seinen Vater offen an und fragte ruhig: „Vater, das Gesetz, von dem du sprichst, ist es dasselbe Gesetz, das Juda Bar Mikach veranlaßte, untätig zuzuschauen, wie eine Frau von durchgehenden Ochsen zu Tode getrampelt wurde, statt sie beiseite zu reißen, nur weil die pharisäische Tradition lehrt, du sollst keine Frau berühren?"

Zebedäus Gesicht erstarrte. An den zusammengekrampften Händen, bei denen die Knöchel weiß hervortraten, war zu sehen, daß Johannes einen problematischen Punkt berührt hatte.

,,Und Vater", fuhr Johannes fort, ,,ist es dasselbe Gesetz, das den Rabbi Bar Simeon daran hinderte, dem Jungen, der ins Wasser fiel und nicht schwimmen konnte, rechtzeitig zu Hilfe zu kommen, so daß er ertrunken ist? Es wird gesagt, daß Bar Simeon erst sein Phylakterion vom Arm gebunden hat, ehe er ins Wasser sprang. Zwischenzeitlich war der Junge ertrunken."

Nun erschien doch wieder eine Zornesfalte auf Zebedäus Stirn. ,,Genug", schrie er, ,,das ist fast schon Gotteslästerung!"

,,Wieso denn, Vater?"

,,»Gottes Wege sind nicht unsere Wege«, sagt die Schrift. ,,Verlaß dich nur nicht auf deinen Verstand."

Johannes Stimme klang bitter: ,,Es ist also Gottes Weg, einen Jungen sterben zu lassen, nur damit ein Phylakterion trocken bleibt?"

,,Offensichtlich war es in diesem Falle so", stammelte Zebedäus. ,,Seine Wege sind höher als unsere Wege." Doch diese Erklärung klang in seinen eigenen Ohren fragwürdig, deshalb fuhr er fort: ,,Du hast aber auch zwei extreme Beispiele gebracht, Sohn, sie sind nicht typisch für die Erfordernisse der Gesetze."

,,Sie mögen extrem sein, aber typisch sind sie doch", widersprach Johannes.

,,Lästere Gott nicht, Sohn."

,,Gotteslästerung? Du selbst sagst doch, diese Vorfälle seien nicht typisch. Willst du auf diese Weise ausdrücken, daß die Ältesten hier die falschen Entscheidungen trafen?"

,,Nein", antwortete Zebedäus heftig. Doch Johannes hatte bemerkt, daß er hier eine schwache Stelle in seines Vaters Rüstung getroffen hatte und überlegte, wie er dies ausnutzen konnte.

Einige Augenblicke herrschte Schweigen, dann sagte Zebedäus überraschend ruhig: ,,Sohn, willst du mir zuhören?"

,,Sicher."

,,Du weißt, daß die Aufsätze und Traditionen der Ältesten nicht auf Gefühlen aufgebaut sind. Gewiß sind Gottes Wege oft unerforschlich. Doch soweit Er uns Einblick in Seinen Willen gegeben hat, beruhen die Traditionen auf Logik."

„Also gut, Vater", beharrte Johannes, „dann erkläre mir logisch, warum der Junge ertrinken mußte."

„In Ordnung, ich werde dir eine Lektion in Logik erteilen, Sohn. Achte jetzt sorgfältig auf meine Überlegungen", fuhr Zebedäus fort. „Gibst du zu, daß der Name Gottes geehrt werden soll?"

Nach kurzem Zögern nickte Johannes: „Ja, natürlich."

„Da hast du es", triumphierte Zebedäus. „Du weißt doch selbst, daß in den Worten, die in dem Phylakterion eingebunden sind, der Name Gottes mindestens 23 Mal vorkommt."

Johannes begriff, wie der pharisäische Gedankengang aussah, konnte es aber fast nicht glauben. „Willst du etwa sagen", fragte er erstaunt, „es hätte den Namen Gottes verunehrt, wenn das Phylakterion mit in das Seewasser getaucht und der Inhalt, auf dem der Name Gottes steht, naß geworden wäre?"

„Gewiß", nickte Zebedäus.

„Das ist nicht dein Ernst, Vater?"

„Doch ... und es ist nur logisch, Sohn."

„Mir erscheint logisch, daß der Name Gottes durch die Rettung des Jungen geehrt worden wäre!" rief Johannes.

Zebedäus antwortete in belehrendem Tonfall: „Das Gesetz ist an diesem Punkt unklar. Nirgendwo sagen die Schriften, daß der Name Jahwes um irgendeiner Sache, auch nicht um eines Lebens willen, ausgelöscht werden darf. Klar sagt die Schrift, daß Gottes Name geehrt werden soll ... und zwar dadurch, daß Er an unsere Stirn und an unseren Arm gebunden wird und daß wir Ihn an die Pfosten unserer Tür schreiben. So sagt es das Gesetz. Wenn nun das Gesetz in einem Punkt unklar ist, in einem anderen aber klar, müssen wir dem klaren Weg folgen."

„Was dir klar erscheint, ist mir längst nicht so klar, Vater", erwiderte Johannes.

„Du hast eben die Schriften und Aufsätze der Ältesten noch nicht gut genug studiert, Johannes. Deshalb ist deine Liebe zu Gott auch schwach und noch fruchtlos."

„Es würde wohl in dein Konzept passen, Vater, wenn ich sagen würde: »Du hast recht, ich liebe Jahwe nicht«? Doch das stimmt nicht. Ich liebe Gott wirklich." Damit wandte sich Johannes zum Gehen.

„Welchen Gott denn?" fragte Zebedäus. „Etwa einen aus deinen heidnischen Büchern?"

Johannes wandte sich wieder um: „Nein, Vater, denn die sind noch seltsamer als der Gott, den du mir erklären willst."

„Welchen Gott meinst du denn?"

„Unseren Gott Jahwe. Aber ich glaube, Er ist anders, als du Ihn siehst." Damit wandte sich Johannes wieder zum Gehen.

„Wohin gehst du, Sohn?" rief Zebedäus zornig und verwirrt.

„Ich gehe Ihn suchen..."

„Wen? Den Täufer?"

„Jahwe!"

4. Kapitel

Der Weg nach Bethabara war dieses Mal nicht so leicht. Doch es war nicht nur das Winterwetter mit dem beißenden Wind und den garstigen kalten Regenschauern, sondern auch der Sturm, der in Johannes Seele tobte.

Immer wieder fragte er sich, ob er vielleicht doch zu schnell gehandelt hatte, als er sich auf den Weg machte. Es konnte leicht sein, daß dies die endgültige Trennung von daheim bedeutete. Und außerdem war er sich gar nicht sicher, was er überhaupt bei dem Täufer wollte. Er hatte ihn nur einmal gehört und wußte nicht recht, was der Täufer überhaupt lehrte. Und wenn es doch etwas anderes war als das, woran Zebedäus glaubte, war es dann die Wahrheit? Doch irgend etwas, er konnte auch nicht sagen, was es war, trieb ihn weiter zu dem Mann in der Wildnis.

Für eine Nacht schlief er in einer Herberge. Nun war er

schon den zweiten Tag unterwegs und war sicher, er würde am frühen Nachmittag sein Ziel erreichen.

Es war einsam in dieser Jahreszeit in Bethabara. Die Hügel, auf denen noch vor wenigen Monaten Hunderte, ja an manchen Tagen sogar Tausende von Menschen gesessen und gestanden hatten, um den Propheten aus der Wüste zu hören, waren nun leer. Kaum ein Jude würde während des Hanukkahfestes das warme Feuer und die Lichterfülle seines Hauses verlassen, besonders nicht bei diesem Wetter. Außerdem war der Fluß in dieser Jahreszeit zu tief und die Strömung zu reißend, um taufen zu können. Wenn der Frühling kam, würden sich die Menschen schon wieder versammeln.

Als Johannes die Stelle erreichte, an der der Täufer gepredigt hatte, ließ gerade ein neuer Regenschauer wieder kaltes Wasser vom Himmel strömen. Rundum war alles grau, trostlos und einsam. Johannes suchte unter einem überhängenden Felsen ein wenig Schutz vor dem Regen. „Welch ein öder Platz“, dachte er, als er sich umschaute, und wunderte sich, warum der Prophet gerade diesen Ort ausgewählt hatte.

Johannes wartete eine ganze Weile, doch der Täufer schien heute nicht zu kommen. Deshalb beschloß er, ihn suchen zu gehen, hatte er sich damals doch ungefähr gemerkt, wohin der Täufer verschwunden war. Doch dazu mußte er auf die andere Seite des Jordans gelangen, dies wurde ihm erst jetzt wieder bewußt. Er fragte sich, ob ihm das zu dieser Jahreszeit, wo der Fluß Hochwasser führte, gelingen würde. Ihm war klar, daß er würde schwimmen und gegen den reißenden Strom ankämpfen müssen. Doch er fürchtete sich nicht. Seine harte Ausbildung als Fischer würde ihm helfen, das Hindernis zu bewältigen.

Er zog seine Kleider aus und machte daraus ein festes Bündel, das er mit einem Fischerknoten auf seinem Kopf befestigte. Dann stieg er in den Fluß. Im ersten Augenblick war ihm, als sei das Wasser wärmer als die Luft. Zunächst watete er immer tiefer in das Wasser hinein, doch als er etwa ein Drittel der Strecke hinter sich hatte, spürte er, wie er langsam den Boden unter den Füßen verlor. Er begann zu schwimmen.

Mit aller Kraft warf er sich gegen den Strom, um nicht zu weit abgetrieben zu werden. Doch es half nicht viel. Das Wasser war zu reißend, immer weiter zog es ihn flußabwärts. Plötzlich löste sich auch noch der Knoten seines Bündels, und er mußte es krampfhaft festhalten, sonst wäre es ihm entrissen worden. Da er schon vor der Wanderung ermüdet und auch sehr hungrig war, spürte er, wie seine Kräfte langsam nachließen. Doch plötzlich stieß er mit seinen Beinen irgendwo an. Es mußte ein Stein gewesen sein, denn es schmerzte heftig. Noch eine letzte Anstrengung unternahm er, und dann spürte er Grund unter den Füßen. Er hatte noch heftig zu kämpfen, ehe er aus dem reißenden Strom heraus war, und mehrere Male stieß er sich heftig an verborgenen Felsen. Doch endlich war es geschafft. Er ging noch einige Schritte weiter und ließ sich dann seufzend zu Boden sinken. Er war total ermattet. Seine Knie und Füße bluteten an mehreren Stellen, und jetzt spürte er auch wieder den nagenden Hunger.

Endlich raffte er sich auf und suchte sich zu orientieren. Er mußte ein ganzes Stück flußaufwärts gehen, weil er so weit abgetrieben war. Dann sah er die Stelle wieder, wo er den Nasiräer damals aus den Augen verloren hatte. Er ging darauf zu und rief laut: „Täufer!“ Das Echo brach sich in der schmalen Schlucht, doch es gab keine Antwort. Mühsam ging er weiter den Fluß entlang und schaute in alle Höhlen und kleinen Schluchten. Immer wieder rief er: „Täufer!“

Langsam begann es zu dunkeln. Johannes befürchtete schon, er würde hier in der Wildnis allein übernachten müssen. Noch ein Stück schleppte er sich weiter, dann mußte er ausruhen. Er war zu matt. Während er dort saß und sich umschaute, bemerkte er einen ganz schwachen Schein. Wäre es nicht schon so dunkel gewesen, würde ihm dieser blasse Schimmer gar nicht aufgefallen sein. Das war ein Feuerschein, dort mußte er sein — der Täufer.

Er faßte neuen Mut und machte sich zu dem entfernten Schein hin auf den Weg. Endlich stand er am Eingang einer Höhle und blickte hinein. Ja, dort am Feuer saß der Nasiräer.

Zum ersten Mal, seit er Bethabara erreicht hatte, kamen Johannes Bedenken. Wie würde der Täufer ihn aufnehmen? Hatte er ein Recht, einfach so zu ihm zu kommen? Sollte er besser doch noch umkehren? Doch dann faßte er sich, trat einen Schritt in die Höhle hinein und rief: „Herr!“

Es wurde zwar nur ein mageres Krächzen, doch der Nasiräer hatte es gehört. Er sprang auf und schaute zum Höhleneingang. In der Hand hielt er einen langen Stock, mit dem er das Feuer geschürt hatte. Johannes trat einige Schritte näher. Der Täufer betrachtete ihn im Schein des Feuers sorgfältig und fragte dann: „Was führt dich zu mir, Fremder?“

„Herr, ich habe einen langen Weg hinter mir, um mit dir zu reden“, antwortete Johannes mit zitternder Stimme.

„Dann komm ans Feuer und wärme dich“, lud ihn der Täufer ein.

Dankbar schritt Johannes auf die Wärme des Feuers zu und setzte sich nieder. Der Nasiräer reichte ihm einige warme Felle und forderte ihn auf, seine feuchte Kleidung abzulegen. Dankbar nahm Johannes an. Dann saßen die beiden Männer eine ganze Zeit schweigend. Johannes rückte immer näher ans Feuer. Endlich sagte der Täufer mit einem Anflug von Lächeln: „Sei vorsichtig, du wirst dich sonst noch selbst anzünden.“

Der Ton in der Stimme des Täufers machte Johannes Mut, deshalb begann er nun: „Ich bin von Kapernaum. Im letzten Sommer habe ich dich gehört und wollte schon immer zurückkommen... Aber... mein Vater ist ein Pharisäer und...“ Langsam tropfte eines nach dem anderen heraus: „Mein Bruder ist ein Rabbi... Ich habe viele Fragen... Ich bin durch den Fluß geschwommen...“ Er bemerkte, daß dies deutlich zu sehen war und schwieg wieder, nach weiteren Worten suchend.

„Laß es jetzt genug sein“, unterbrach ihn der Täufer lachend. „Wenn du wieder zu Kräften gekommen bist, wirst du mir mehr erzählen. Wie ist dein Name?“

„Ich heiße Johannes“, stammelte er.

Jetzt zog ein breites Lächeln über des Täufers Gesicht. „Das ist auch mein Name“, antwortete er. Etwas Verbindendes war in diesem Augenblick zwischen den beiden Männern entstanden. Johannes der Täufer streckte Johannes Bar Zebedäus seine Hand entgegen. Sie grüßten sich mit einem festen Händedruck.

Es war schon ziemlich spät am nächsten Morgen, als Johannes erwachte. Er bemerkte schnell, daß er allein in der Höhle war. Das Feuer brannte sehr niedrig. Noch steif und mit schmerzenden Gliedern richtete er sich auf und blickte sich um. Es machte ihm Mühe, sich noch an die Ereignisse des vergangenen Abends zu erinnern. Er bemerkte, daß er auf einem Lager von Fellen lag. Wie er dahin gekommen war, wußte er nicht. Er mußte wohl während der Unterhaltung eingeschlafen sein, und der Täufer hatte ihn auf das Lager gelegt.

Jetzt machte sich auch wieder Hunger bemerkbar. Johannes erhob sich, wobei ihm alle Glieder schmerzten. Er ging zum Eingang der Höhle und bemerkte, daß es schon spät am Vormittag war. Beschämt dachte er: „Was muß er nur von mir denken, wenn ich so lange schlafe." Doch noch mehr beschäftigte ihn der Gedanke, wohin der Täufer wohl gegangen war und wann er wiederkommen würde.

Es hatte aufgehört zu regnen, doch der Himmel war noch wolkenverhangen. Obwohl er sich nach allen Seiten umsah, konnte er nichts von dem Nasiräer entdecken. Er kehrte zum Feuer zurück und bemerkte jetzt eine hölzerne Schale mit zubereitetem Fleisch. Da er wußte, daß der Täufer keines aß, konnte es nur für ihn sein. Hungrig fiel er darüber her und verzehrte es.

Während er aß, überlegte er. Was hatte er sich eigentlich dabei gedacht, so in das Leben des Wüstenpredigers einzudringen? Vielleicht hatte der Täufer ihn deshalb allein gelassen, weil er ihn störte. „Ich werde noch heute wieder aufbrechen", beschloß er. „Es war töricht von mir, nach hier zu kommen."

Da er fühlte, daß er die Anstrengung der letzten beiden Tage noch nicht ganz überstanden hatte, legte er sich nach der Mahlzeit wieder auf das Lager und dachte nach. Darüber mußte er eingeschlafen sein, denn es war schon mitten im Nachmittag, als er wieder erwachte. Der Prediger war immer noch nicht zurückgekehrt.

Johannes wartete noch mehr als eine Stunde und beschloß dann, sich auf den Heimweg zu machen. Dieses Mal würde er aber nicht durch den reißenden Fluß schwimmen, sondern den weiten Umweg zu einer breiten und flachen Stelle machen, wo er mit einer Fähre trocken über das Wasser kam. Verschiedene Gefühle vermischten sich in ihm. Da war die Abneigung vor der langen Winterreise und die Beschämung, wenn er nach Hause kam. Was würde er seinem Vater sagen? Aber es war auch Ärger auf den Täufer in ihm. Dieser hatte ihn einfach allein gelassen und war davongegangen. Es schien ihn nicht zu kümmern, daß jemand voller Fragen und Hoffnung zu ihm kam. „Ha, der Täufer — ein Mann Gottes?", brummte er vor sich hin. „Was interessieren ihn meine Probleme?"

Hier wurde der junge Rebell plötzlich aus seinen Gedanken gerissen und blieb abrupt stehen, denn vor ihm auf dem Weg stand der Nasiräer. Johannes war groß gewachsen und für sein Alter kräftig, doch vor der beeindruckenden Erscheinung des Predigers kam er sich klein vor.

„Ah, du hast dich wieder auf den Weg gemacht", sagte der Täufer. „Wohin willst du jetzt gehen?"

Johannes, der immer schnell eine Antwort zur Hand hatte, hätte fast gesagt: „Was kümmert dich das?" Doch die Ehrfurcht vor diesem Mann hielt ihn zurück. Er spürte, daß er hier wirklich einem Propheten, einem Diener Gottes gegenüberstand. Verlegen stammelte er: „Herr, ich weiß nicht, wohin ich gehen soll."

„Du warst auf dem Weg nach Hause", stellte der Prophet fest. Als Johannes nickte, fuhr er freundlich fort: „Du bist nach hier gekommen, weil du etwas suchst. Meinst du nun, daß du die Antwort anderswo findest? Willst du Gott in einem anderen Winkel der Welt suchen? Und wirst du Ihn dort finden?"

Johannes fühlte einen Schauer über seinen Rücken laufen. Der Prophet hatte ihm genau ins Herz geschaut. Instinktiv fühlte er, daß er nicht gehen konnte. Die Frage: „Wirst du Ihn in einem anderen Winkel der Welt finden?" hielt ihn fest. Sein Stolz zerbrach. Demütig antwortete er: „Herr, ich werde Ihn an keinem anderen Ort der Welt finden." Gemeinsam kehrten sie zur Höhle zurück.

5. Kapitel

Johannes lernte sehr schnell, daß das häufige Verschwinden seines neuen Herrn zu seiner Lebensart gehörte. Viele Stunden, oft ganze Tage, verbrachte Johannes allein in der Höhle am Fluß. Er begriff langsam, daß der Prophet aus diesen Zeiten, die er allein mit Gott im Gebet verbrachte, seine Kraft schöpfte.

Die Wintermonate vergingen auf diese Weise nur langsam. Manchmal wollte seine ungeduldige Natur die Oberhand gewinnen, aber er hatte nie den Eindruck, die Zeit hier in Bethabara sei nutzlos. Jede Stunde, die er mit dem Nasiräer zusammen war, bereicherte ihn. Er hatte ja genau gewußt, warum er von daheim fortgegangen war; nicht so klar war ihm gewesen, was er eigentlich suchte. Doch in der Gegenwart des Propheten fühlte er, daß er hier finden würde, was ihm fehlte.

Noch an diesem Abend, als Johannes sich entschieden hatte zu bleiben, hatte der Prediger ihm gesagt, er müsse sich taufen lassen, wenn er sein Schüler werden wolle. Es war Johannes nicht schwer gefallen, dies einzusehen, denn ihm war ja diese Forderung seines Herrn längst bekannt. So war er also mit dem Propheten in das Wasser gestiegen und von ihm getauft worden. Damit hatte seine Jünger- und Schülerschaft bei Johannes dem Täufer begonnen.

Obwohl der Täufer seine vegetarischen Eßgewohnheiten beibehielt, forderte er dies nicht von Johannes, sondern erlaubte ihm durchaus auch Fisch und Fleisch, wenn dies erreichbar war. Als sie an einem der nächsten Tage bei der Abendmahlzeit am Feuer saßen, hatte der Prophet es sich bequem gemacht und trug auch seine Kleidung sehr lose. Johannes verglich ihn unwillkürlich mit der strengen Ordnung seines Pharisäer-Vaters und mußte ein klein wenig lächeln, als er sich die beiden Männer nebeneinander vorstellte.

„Kann man dir oft ansehen, wenn dich etwas amüsiert?“ fragte der Täufer.

Johannes wurde rot. „Herr“, stammelte er, „ich habe gerade an meinen Vater gedacht und ...“

„Ich dachte, du hättest Streit mit deinem Vater, doch jetzt lächelst du?“

„Ja, nun... eigentlich habe ich nur Vergleiche angestellt...“

„Etwa mit mir?“

„Ja“, antwortete Johannes erstaunt.

„Und wie ist der Vergleich ausgefallen?“

„Herr“, mußte Johannes jetzt offen lächeln, „ich habe nichts Vergleichbares gefunden.“

Der Täufer mußte zuerst lachen und schaute dann sinnend in das Feuer. „Er ist ein Pharisäer?“ fragte er endlich.

„Ja.“

„Einer von der strengen Tradition?“

„Ja... Aber wieso ahntest du es?“

„Weil du seine Ansichten so hart ablehnst. Wäre er liberaler, kämst du wohl besser mit ihm aus.“

„Das bezweifle ich. Mir haben die Lehren der Pharisäer nie zugesagt.“

„Welche Schule bevorzugst du denn?“ fragte der Täufer. Johannes überlegte, fand aber keine Antwort. Hier war das Problem wieder. Er wußte, was er ablehnte, wußte aber nicht genau, was er eigentlich wollte.

„Sind dir die Lehren der verschiedenen Rabbiner bekannt?“ fragte er endlich, um einen Weg zu einer Antwort zu finden.

„Natürlich“, nickte der Nasiräer.

„Viele von ihnen haben manche edle Ansicht.“

„Das stimmt. Hängst du einer ihrer Schulen an?“

„Nein, Herr... Aber was hältst du von den Essenern?“

„Sie haben gute Lehren. Bewunderst du sie?“

„In gewisser Weise schon...“

„Aber du folgst ihnen nicht?“ forschte der Täufer weiter.

„Nein, Herr.“

„Und auch den Pharisäern nicht?“

„Nein.“

„Und den Sadduzäern?“

„Nein...“

Der Prediger änderte seine Lage ein wenig. „Ich sehe, daß es dir ernst ist mit dem Suchen nach der Wahrheit“, meinte er nachdenklich. „Die meisten Menschen würden einfach mit einem Achselzucken über die Fragen hinweggehen, mit ihren Zweifeln leben und die Existenz einer wirklichen Wahrheit leugnen.“

„Ich habe mich auch mit den Lehren der Zyniker beschäftigt“, gestand Johannes. „Aber sie stoßen mich ab. Manchmal habe ich mich aber doch gefragt, ob nicht manches an ihren Ansichten wahr ist.“

„Du meinst es aufrichtig mit deinem Suchen“, ermutigte der Täufer ihn.

„Herr, du willst mir schmeicheln.“

„Durchaus nicht“, erwiderte dieser. „Es ist ja gut, ein aufrichtiger Sucher zu sein, allerdings nur... wenn man früher oder später auch findet.“

„Ich verstehe, was du meinst“, nickte Johannes und steckte den verborgenen Tadel ein. „Aber wenn ich nicht finden kann? Soll ich dann aufhören zu suchen?“

„Du hoffst also immer noch, daß du findest, was du suchst?“

„Gewiß, Herr.“

„Und wo glaubst du zu finden?“

Der junge Jude dachte nach. Nach längerem Schweigen antwortete er: „Ich hoffe, Herr, ich finde hier bei dir.“

Johannes erwartete, nun einen Schwall frommer Worte zu

hören, wie dies bei anderen jüdischen Rabbinern üblich war. Doch der Prophet schwieg lange. Als er endlich antwortete, traf es Johannes wie ein Keulenschlag: „Suche deine Antworten und die Lösung deiner Probleme nicht bei mir, Johannes“, sagte er mit tiefem Ernst. „Ich bin auch nur ein Mensch wie alle anderen. Ich bin kein Philosoph, noch bin ich ein Wundertäter. Ich verkündige keine neue Ideologie, die deinen intellektuellen Überlegungen Befriedigung bringen könnte.“ Der Täufer schwieg wieder und schaute den verwirrten jungen Mann, der ihm gegenüber saß, freundlich an. Endlich fuhr er fort und fragte: „Sage mir, junger Freund, was hast du von mir erwartet? Wer glaubst du, daß ich bin?“

Johannes war schockiert und verwirrt zugleich. Seine Gedanken wirbelten durcheinander. Ja, was dachte er eigentlich, was der Täufer war? Meinte er wirklich, was er sagte, er sei ein Mensch wie alle anderen? Welche Antwort erwartete er wohl jetzt von ihm? Wegen seiner Verwirrung brach seine alte ungeduldige Natur wieder durch. Er sagte: „Du stellst mir Fragen, obwohl ich zu dir gekommen bin, um zu lernen.“

Der Täufer schwieg, und das schien für Johannes eine Bestätigung für seine Empörung zu sein. Auffahrend rief er: „Wenn du Antworten von mir brauchst, will ich dir sagen, wer du bist. Du bist ein bedauernswerter Einsiedler, der mit den Anforderungen der menschlichen Gesellschaft nicht fertig wird und deshalb die Einsamkeit vorzieht. Aber dabei verführst du mit deinen Reden Tausende anderer Menschen.“

Stille trat ein. Erst jetzt wurde Johannes bewußt, was er wirklich gesagt hatte. Er erschrak über sich selbst. Doch sein Stolz ließ es nicht zu, auch nur ein einziges Wort zurückzunehmen. Er stand auf, um die Höhle zu verlassen. Doch der Täufer hielt ihn am Arm fest. „Du reagierst mit dem Feuer des Blitzes, Johannes“, sagte er freundlich, „und in deiner Seele rollt es wie Donner, wenn du dich auch nur ein klein wenig provoziert fühlst.“

Johannes vermied es, dem Propheten in die Augen zu schauen. Er hatte nur zu recht: Sein Temperament war feurig und kühlte nicht so leicht wieder ab. Er schämte sich jetzt seines eigenen Benehmens wegen und blickte vor sich auf den Fußboden.

„Ich wollte keine Kluft zwischen uns aufreißen, Johannes", fuhr der Täufer freundlich fort. „Doch wenn du ein aufrichtiger Sucher bist, darfst du auch vor unbequemen Fragen nicht zurückscheuen. Die Wahrheit ist oft nicht leicht zu finden. Willst du mir noch eine letzte Frage erlauben?"

Dieses Mal fuhr Johannes nicht auf, sondern nickte verwirrt. „Also dann", fuhr der Täufer fort: „Was ich dir sagte, stimmt, ich bin ein Mensch wie jeder andere. Aber überlege einmal: Was hat dich an jenem Tag im letzten Sommer den ganzen Tag über hier am Jordan festgehalten? Und was hat dich nun hierher zu mir zurückgebracht? Waren es die Worte des Propheten Jesaja, die ich zitiert habe, oder war es etwas anderes?"

Johannes starrte zur Höhle hinaus und suchte eine Antwort auf die Fragen. Aber er schwieg. „Geh jetzt, wenn du willst", sagte der Prophet plötzlich. „Geh nach Hause zurück, wenn du mußt, oder suche in den großen Hauptstädten der Philosophie, in Alexandria oder Athen, deine Antworten. Aber vergiß die Worte nicht, die du von mir gehört hast, Johannes. Vergiß sie nicht."

Johannes seufzte tief. Er wußte nicht, wohin er gehen sollte, aber eines war ihm klar: Er mußte jetzt erst einmal mit sich allein sein. Ohne ein weiteres Wort erhob er sich und verließ die Höhle.

In dieser Nacht schlief Johannes nur wenig. Die Höhle, die er sich als Unterschlupf ausgesucht hatte, war kalt und feucht und schützte nur vor dem schneidenden Wind und dem Regen. Unruhig dachte er über die Fragen des Täufers nach. Die Predigt vom letzten Sommer hatte er nie vergessen, nur in den Augenblicken, als der Prediger fragte, konnte er sich nicht erinnern. Wer also war dieser Mann?

Deutlich konnte er jetzt die Worte des Predigers wieder

hören: „Ich bin die Stimme eines Rufenden in der Wüste ... bereitet dem Herrn den Weg, ebnet Ihm die Straße! ... Tut Buße, denn das Reich der Himmel ist nahe herbeigekommen ... Macht in der Wüste eine Bahn für unseren Gott ...!"

Johannes dachte über die Prophezeiung nach. Sie schien eine große Verheißung zu enthalten, aber was meinte sie? Es war nichts Trauriges, sondern eher etwas zum Freuen darin. Eine Bahn unserem Gott? War es möglich, daß Gott auf die Erde kommen wollte, um mit den Menschen zu gehen? Aber nein, das konnte nicht sein ... Der geschulte Verstand des jungen Mannes weigerte sich, so etwas zu glauben. Die Worte hatten sicher nur symbolische Bedeutung. Doch dann fielen ihm die Berichte der alten Schriften ein — Henoch, der mit Gott wandelte; Abraham, der mit Ihm sprach und aß; Mose, dessen Gesicht wie die Sonne leuchtete, nachdem er mit Ihm gesprochen hatte. Die Müdigkeit überfiel ihn. Aber ihm war, als käme jemand über eine weite Ebene auf ihn zugeschritten, als er in einen unruhigen Schlaf fiel.

Als er erwachte, schienen schon die ersten Strahlen der Sonne in die Höhle. Die Wolken hatten sich über Nacht verzogen. Als er hinaustrat, fielen ihm die Worte vom vergangenen Abend wieder ein: „Bereitet dem Herrn den Weg ... Macht in der Wüste eine Bahn für unseren Gott!"

Was hatte doch der Täufer von sich gesagt? „Ich bin die Stimme eines Rufenden in der Wüste, bereite dem Herrn den Weg!" Konnte es das sein? Es war, als würde ein erstes kleines Licht in sein Fragen dringen. Alles, was der Prophet sagte, schrie nur so nach Hingabe, Buße und Umkehr, aber nicht zu ihm. Nicht zu dem Menschen, der auch Johannes hieß — Johannes der Täufer! Aber wenn ich ihm nicht folgen soll ... wem dann? fragte er sich.

Da hörte er hinter sich Schritte und fuhr herum. Der Täufer kam mit großen Schritten auf ihn zu und fragte: „Nun, junger Freund, hast du Wahrheit gefunden?"

„Herr, ich glaube, es gibt diese Wahrheit und ..."

„Hast du sie gefunden?" unterbrach ihn der Täufer.

Johannes blickte nachdenklich über den Fluß hinweg. „Herr, ich habe nie an Visionen geglaubt... Ich glaube auch nicht, daß ich eine Vision hatte... aber..."

„Was hast du gesehen?" fragte der Nasiräer lächelnd.

„Ich konnte fast sehen, wie Gott... über dieses Land ging...", stammelte Johannes.

Ein triumphierender Ausdruck flog kurz über das Gesicht des Propheten. Johannes fragte staunend: „Kann es sein, Herr? Kann Gott mit uns Menschen über diese Erde gehen?"

„Wir werden sehen", ermutigte ihn dieser.

„Alle Menschen werden es sehen?"

Der Täufer lächelte jetzt breit und legte den Arm um die Schulter seines Jüngers. Das Unebene und Rauhe begann sich zu ebnen.

6. Kapitel

Es gab unter den Juden viele, die sich fragten, ob der Täufer wohl der längst verheißene und langerwartete Messias sei. Auch Johannes hatte über diese Frage schon oft nachgedacht. Doch das Bild, das er in jener Nacht in der Höhle gesehen hatte, als ihm war, als würde Gott über die Erde gehen, hatte in ihm den Rat des Täufers bestärkt, nicht auf ihn zu schauen, sondern auf einen Größeren zu hoffen.

Trotzdem bewunderte Johannes seinen Lehrer immer mehr, je länger er mit ihm lebte, und er würde seiner Natur nach ein eifriger, treuer und feuriger Anhänger sein, wenn er erst für eine Sache gewonnen war. Und der Täufer hatte ihn gewonnen, ob er selbst dies nun wollte oder nicht.

Der Prophet war selten bereit, über sein eigenes Leben zu reden. Doch von Bemerkungen hier und da konnte sich Johannes nach und nach ein ungefähres Bild machen. Der Vater des

Propheten hieß Zacharias und war ein angesehener Priester, der ein sehr gerechtes Leben führte. Der Priester und seine Frau Elisabeth waren zusammen alt geworden, ohne Kinder zu haben. Als sie endlich doch noch einen Sohn bekamen, wurde dieser dem Werk des Herrn geweiht. Er nahm später selbst das Gelübde eines Nasiräers auf sich und ging allein in die Wüste. Dort wartete er auf die Zeit, da Gott ihn zum Dienst rufen würde.

Der Täufer mußte etwa 15 Jahre auf diese Weise gelebt haben, denn Johannes schätzte ihn auf etwa 30 Jahre. Während dieser Zeit, bis zu dem Augenblick, da er seinen Predigtdienst begann, hatte er nur wenig Kontakt zu anderen Menschen gehabt. Doch Johannes war erstaunt über die große Intelligenz des Predigers. Sicherlich hatte er als Sohn eines Priesters eine vorzügliche Erziehung erhalten; doch dies allein konnte nicht erklären, daß er über die Dinge, die in der Welt vorgingen, überaus erstaunlich klare Ansichten hatte, obwohl er seit vielen Jahren nur spärliche Beziehungen zur Außenwelt gehabt hatte.

Seine Kenntnisse der Heiligen Schriften und auch seine Erkenntnis darüber waren erstaunlich, und Johannes mußte sich darüber immer wieder wundern. Ihm wurden in der Unterhaltung mit dem Nasiräer immer wieder neue Dinge groß, so daß er gar nicht bemerkte, wie die Zeit verging. Mittlerweile waren sie schon einige Wochen beieinander, und Johannes wagte eines Tages zu fragen: „Mein Vater sagt, du predigst eine neue Art von Gerechtigkeit, stimmt das?"

„Es gibt keine verschiedenen Gerechtigkeiten", antwortete der Täufer.

„Sicher", nickte Johannes, „aber du predigst nicht das Gesetz."

„Ich verleugne das Gesetz Gottes nicht", erwiderte der Nasiräer nachdenklich. „Ich weiß, daß das Gesetz vollkommen ist, aber die Menschen sind nicht vollkommen. Denk an die Gesetzlichkeit deines Vaters, ist sie vollkommen?"

„Aber mein Vater hält das Gesetz."

„Wirklich? Ist er wahrhaftig von Herzen demütig? Läßt er Barmherzigkeit und ein zerbrochenes Herz mehr gelten als Opfer?"

Johannes schwieg eine ganze Weile. Sein Schweigen sprach für sich. Endlich fragte er: „Wer kann dann aber vollkommen sein? Wo ist dann der Sinn in der Religion, wenn wir immer wieder in so vielen Dingen versagen?"

„Du hast recht, Johannes. Das ist es ja, was ich den Menschen in meinen Predigten auch immer vorhalte."

„Aber worin besteht der Sinn, wenn ich den Sündern, die es doch nicht ändern können, auch noch sage, daß sie Sünder sind? Ist das nicht sinnlose Grausamkeit und Härte?"

„Bekamst du das Gefühl von Hoffnungslosigkeit, als du mich das erste Mal predigen hörtest, Johannes?"

Johannes überlegte. „Nein, ich war eigentlich danach voller Erwartungen und Hoffnungen."

„Siehst du, diese Hoffnungen solltest du nicht aufgeben."

Wieder einmal war ein neuer Morgen angebrochen. Johannes war durch den Gesang der Vögel erwacht. Es war erst kurz nach der Morgendämmerung, doch ein Blick zum Lager des Predigers zeigte ihm, daß dieser schon früher aufgestanden war. Schnell machte Johannes sich fertig.

Als er dann mit schnellen Schritten in die Richtung ging, die der Täufer gewöhnlich nahm, überlegte er, daß es nun schon Vorfrühling geworden war und vielleicht bald die Zeit sein würde, wo wieder Menschen nach Bethabara kamen, um den Täufer zu hören. Wieder mußte er daran denken, wie es damals war, als er das erste Mal nach hier gekommen war. Die Worte des Predigers kamen ihm in den Sinn: „Tut Buße! Denn das Himmelreich ist nahe herbeigekommen!"

Johannes fuhr auf. Das war doch jetzt nicht nur eine Einbildung gewesen. Konnte es sein, daß...? Da war es wieder, jetzt schon deutlicher zu hören: „Ich bin die Stimme eines Rufenden in der Wüste..." Mit einem Freudenschrei begann Johannes zur Furt von Bethabara zu rennen.

Dann hatte er die Szene im Blickfeld und blieb überrascht stehen. Das hatte er nicht erwartet. Unten am Jordan und rundum auf den Hügeln standen Tausende von Menschen. Sie mußten sich schon am gestrigen Tag aufgemacht haben, wenn sie so früh hier waren. Aber woher hatte der Täufer das gewußt, weil auch er heute so zeitig aufgestanden war?

Johannes blieb, wo er war, und setzte sich in den Schutz eines Felsens, so daß er selbst nicht gesehen werden konnte. Menschen aus allen Schichten des Volkes waren gekommen. Auch die unvermeidliche Schar römischer Soldaten war wieder vorhanden. Und dort, Johannes registrierte es mit Abscheu, waren sogar Steuereinnehmer und einige Zöllner zu sehen. Doch dann wurde sein Blick von dem Prediger gefangengenommen. Der stand unmittelbar am Rand des Wassers und rief den versammelten Menschen seine Botschaft zu. „Ach", dachte Johannes, „wie mutig steht mein Herr dort gegen alle Welt, und ich verstecke mich hier im Schatten eines Felsens. Es wird noch lange dauern, bis ich ihm ein wenig ähnlicher werde."

Dann schwieg der Prophet und stand eine Zeitlang, im Gebet versunken, still da. Auf einem der Hügel entstand plötzlich Bewegung, eine weitere Gruppe von Zuhörern war eingetroffen und suchte nach einem freien Platz. Johannes erschrak — es waren Pharisäer und Sadduzäer, die sich, in ihre prächtigen und vornehmen Gewänder gekleidet, jetzt einen guten Platz auf dem Hügel gesichert hatten. Respektvoll waren die anderen Menschen zur Seite gegangen. Eifrig musterte Johannes die große Gruppe. Er erkannte auch etliche Freunde seines Vaters darunter, aber zu seiner großen Erleichterung war sein Vater nicht dabei. Doch es waren etliche der vornehmsten und angesehensten Pharisäer und Sadduzäer mitgekommen.

Sorge machte sich im Herzen von Johannes breit. Dies da sah aus wie eine offizielle Kommission von Jerusalem. Er hatte die Worte seines Vaters vom Winter nicht vergessen: „Wir werden noch bis zum Frühjahr warten und sehen, ob der Fanatiker sich bis dahin beruhigt..." Aber es war nur zu deutlich zu erkennen, daß der „Fanatiker" keineswegs daran dachte, ruhiger zu werden. „Herr, sei vorsichtig..." flüsterte Johannes leise, „du kennst ihre bösen Absichten nicht."

Dem Propheten schien die Erregung unter den Versammelten auch nicht entgangen zu sein. Er öffnete die Augen und blickte sich um. Dabei entdeckte er natürlich auch die Gruppe der Neuankömmlinge, die, wie Raubvögel auf ihr Opfer, zu ihm herabschauten. Johannes und seine Gegner starrten einander eine Weile an. Dann begann der Prophet in ihre Richtung zu gehen. Das Volk wich vor ihm beiseite, so daß sich eine breite Gasse zwischen ihm und den Pharisäern und Sadduzäern auf dem Hügel bildete. Langsam, aber unaufhaltsam, schritt der Täufer vorwärts.

Johannes war wie vom Fieber gepackt und spürte, wie es ihn schüttelte, als er das sich anbahnende Drama verfolgte. Dann, auf halber Höhe, blieb der Prophet stehen, streckte seine Hand nach den Pharisäern und Sadduzäern aus und schrie mit furchtbarer Stimme: „Ihr Schlangenbrut, wer hat euch denn gelehrt, daß ihr dem kommenden Gericht entkommen könnt? Bringt Früchte hervor, die eure Umkehr zeigen ..."

Alle rundum standen wie erstarrt. Es war, als ob sie nicht einmal zu atmen wagten, als der Täufer fortfuhr: „Und fangt nur nicht an zu sagen: Wir haben ja Abraham zum Vater. Denn ich sage euch: Gott kann aus diesen Steinen Kinder Abrahams machen."

Der Gruppe auf dem Hügel schien es die Sprache verschlagen zu haben. Keiner antwortete. Es war, als würden sie unter den Worten des Predigers nur näher zusammenrücken. Dann reckten sie ihre Schultern, hoben die Köpfe empor, drehten sich um und entfernten sich. Der Täufer schrie ihnen nach: „Schon ist die Axt an die Wurzel der Bäume gelegt; jeder Baum, der keine gute Frucht hervorbringt, wird umgehauen und ins Feuer geworfen."

Der Täufer ging wieder zum Jordan hinunter. Langsam und zögernd rückte das Volk näher. Es war, als würden alle aus einem ungeheuren Traum erwachen.

Johannes war es, als würden die Worte immer noch durch die Schluchten und über die Hügel hallen: „... ins Feuer geworfen! ... ins Feuer geworfen!"

7. Kapitel

Da es Frühling geworden war in Palästina, hatte auch der Sanhedrin (Hohe Rat) wieder getagt. Einziger Punkt der Tagesordnung war, wie schon bei der letzten Sitzung im Winter beschlossen, darüber zu beraten, wie man weiter mit dem Prediger von Bethabara verfahren sollte. Nach den letzten Berichten einer Kommission, die man extra dieserhalb nach dort gesandt hatte, war der „wilde Mann" draußen in der Wüste keinesfalls ruhiger geworden. Im Gegenteil, er hatte dieses Mal die Pharisäer und Sadduzäer der Delegation sogar mit harten Worten persönlich angegriffen und sie vor den Augen der versammelten Volksmenge verächtlich gemacht.

Als die Abgesandten von den Angriffen des Predigers berichteten, hatte Empörung die im Sanhedrin versammelten Führer der Juden ergriffen. Sie sahen in den Angriffen des Täufers auf ihre Abgesandten den Versuch, das Vertrauen des Volkes in ihre Führung zu erschüttern; und das war Aufruhr. Dieser Wüstenprediger schien also noch gefährlicher zu sein, als man gedacht hatte. Er war nicht nur ein falscher Prophet, sondern auch noch ein Revolutionär und Aufrührer. Diesem Treiben mußte schnellstens ein Ende gesetzt werden, darin waren sich alle einig.

Nur eines der Ratsmitglieder hatte versucht, eine etwas mildere Haltung einzunehmen, und zwar ein Pharisäer der gemäßigteren Richtung mit Namen Nikodemus. Er war ein sehr geachteter Mann im Sanhedrin, und gewöhnlich wurden seine Ratschläge oder auch Einwände gebührend beachtet. Dieses Mal hatte er gefragt, ob es wohl neuerdings Sitte im Sanhedrin werden sollte, jemanden zu verurteilen, ehe man ihn persönlich vor dem Rat angehört hatte. Er machte den Vorschlag, den Täufer vor den Hohen Rat zu laden und ihm Gelegenheit zu geben, sein Anliegen zu erklären. Dabei könne man ihn auch gleich befragen.

Die Mitglieder des Sanhedrins wußten, daß die Einwände

von Nikodemus berechtigt waren, hatten aber in ihren Herzen den Täufer schon verurteilt. Da sie aber auch den Einfluß des Propheten bei dem Volke fürchteten und Angst davor hatten, es könnte zu einem Aufruhr kommen, wenn sie versuchen würden, diesen Wüstenprediger einfach ohne das übliche rechtliche Verfahren aus dem Wege zu räumen, wurde beschlossen, nochmals eine noch größere und einflußreichere Delegation von angesehenen und wichtigen Männern aus dem Rat nach Bethabara zu senden. Die Mitglieder der Delegation sollten dort den Täufer öffentlich und vor den Ohren des versammelten Volkes zur Rede stellen und ihn vor allen als falschen Propheten entlarven. Auf diese Weise hoffte man, das Volk auf die Seite des Rates zu ziehen.

Zebedäus war dieses Mal nur sehr ungern zur Ratssitzung nach Jerusalem gereist. Er hatte schwere Wochen hinter sich, seit er erfahren hatte, daß sein Sohn Johannes sich dem Täufer in Bethabara angeschlossen hatte und sein Jünger geworden war. Sicher hatte sich dies mittlerweile auch schon bis zu den führenden Mitgliedern des Sanhedrins in Jerusalem herumgesprochen. Zebedäus fürchtete sich davor, daß diese ihn nach seinem Sohn fragen würden.

Da er aber ein mutiger und pflichtbewußter Mann war, hatte er sich trotzdem zur Sitzung eingefunden. Es geschah, wie er befürchtet hatte. Der Hohe Priester Kaiphas fragte ihn, ob es stimme, daß sein Sohn Johannes zum Täufer nach Bethabara gegangen sei. Zebedäus mußte dies bejahen, fügte aber sogleich hinzu, daß Johannes nicht mehr sein Sohn sei. Für ihn sei er gestorben.

Als dann die Delegation zusammengestellt wurde, die nach Bethabara gehen sollte, bestand Kaiphas ausdrücklich darauf, Zebedäus solle ihr angehören. Da Zebedäus sich dem Wunsch des Hohen Priesters nicht gut verschließen konnte, stimmte er schweren Herzens zu.

Die meisten Mitglieder der neuen Delegation, die sich nun auf dem Weg nach Bethabara befand, waren Pharisäer von der extrem strengen Richtung. Im Grunde genommen hatte man im Sanhedrin den Täufer schon verurteilt, obwohl Nikodemus seine Einwände vorgebracht hatte. Die Reise der Abordnung des Hohen Rates war also eigentlich nur ein Scheinunternehmen, das für die Augen und Ohren der Öffentlichkeit bestimmt war. Um hier die Form zu wahren, hatte man auch Nikodemus, seiner Bedenken wegen, zum Mitglied der Delegation bestimmt.

Zebedäus, der bei solchen Gelegenheiten sonst immer unter den Führern war, hielt sich dieses Mal sehr zurück, ging am Ende der Gruppe und war meist allein. Er dachte darüber nach, was sie am Jordan erleben würden und ob er wohl Johannes sehen würde. „Sicher werde ich ihn sehen, denn er hat sich ja auf die Seite dieses Irrlehrers geschlagen. Aber das war eben schon immer seine Art. Er würde jedem Verführer nachlaufen, der große Worte zu machen verstand.“ Er war so mit seinem inneren Streit beschäftigt, daß er nicht merkte, wie sich einer der Gruppe zu ihm gesellte.

„Bruder“, hörte er plötzlich eine Stimme neben sich, in der Verständnis und Mitleid lag, „vielleicht wird dein Sohn bald nach Hause kommen.“

Zebedäus schrak aus seinen Gedanken auf und erkannte Nikodemus neben sich, der ihn, aufmunternd lächelnd, anblickte. Als er sich gefaßt hatte, antwortete er bitter: „Bruder, solltest du von meinem Sohn Johannes reden, dann sprichst du von einem Toten. Ich werde nicht mehr von ihm reden, weil er für mich gestorben ist, und du solltest es auch nicht tun.“

Schweigend gingen sie eine Zeit nebeneinander her. Endlich sagte Nikodemus: „Laß uns also von etwas anderem reden, was uns alle interessiert. Was glaubst du, wird mit dem Täufer geschehen?“

Zebedäus blickte vor sich auf den Boden. Gerade lief eine große rote Ameise über den Weg. Er wies mit dem Finger auf sie und sagte nur: „Das!“ Damit hob er seinen Fuß und zertrat das Tier mit einem harten Tritt. Sorgfältig machte er dann mit der

Fußspitze eine kleine Vertiefung und schob das tote Tier zusammen mit einigem Staub da hinein und bedeckte es, damit er oder jemand anderes nicht, wie es die pharisäischen Vorschriften verlangten, „mit irgend etwas Totem" in Berührung kommen müßten. Mit einem harten Blick in den Augen nickte er Nikodemus zu. Es war kein weiteres Wort notwendig.

Die Kommission des Hohen Rates war mehrere Tage unterwegs. Es war der Nachmittag des vierten Tages, als sie ihr Ziel erreichten. Je näher sie gekommen waren, um so mehr anderen Menschen begegneten sie, die allein oder in Gruppen ebenfalls Bethabara zustrebten oder von dort wiederkamen. Zebedäus wurde immer unruhiger, je näher sie kamen. Schon konnten sie vor sich viele Menschen auf den Hügelrändern stehen sehen, und auch die mächtige Stimme des Täufers, der die Zuhörer zur Buße rief, war zu hören.

Das also war diese Stimme aus der Wüste, die seinen Sohn von der Familie weggerissen hatte und in ganz Palästina Unruhe erzeugte, dachte Zebedäus. Neugier erfaßte ihn nun doch, den Mann, von dem alles Volk redete, zu sehen. Doch im gleichen Augenblick erschrak er vor dem Gedanken, seinen Sohn neben dem Irrlehrer stehen zu sehen. „O Gott Jahwe", flüsterte er, „hab Erbarmen mit mir."

Als die Abordnung des Sanhedrins eine Hügelkuppe erreicht hatte, von der aus man gut auf die Furt des Jordans hinunterschauen konnte, an der der Prediger stand, machten die anderen Stehenden bereitwillig und respektvoll Platz. Von hier aus hatten sie einen guten Überblick und konnten auch den Täufer gut verstehen.

Zebedäus wagte es zunächst vor Furcht, er könnte vielleicht den Augen seines Sohnes begegnen, nicht, zum Jordan hinunter zu schauen, sondern musterte statt dessen aufmerksam das rundum versammelte Volk. „Es ist ja auch wichtig zu wissen, wer alles nach hier kommt", versuchte er sich selbst zu beschwichtigen.

Es waren wirklich Menschen aus allen Schichten des Volkes versammelt, mußte er feststellen. Hier und da sah er auch bekannte Gesichter. Während er sich so umschaute, fiel ihm ein junger Jude auf, der in einer Gruppe, nicht allzuweit von ihm entfernt, stand. Immer wieder mußte er zu ihm hinüberblicken und fragte sich, was ihn an diesem jungen Mann so interessierte, denn es war eigentlich nichts, was ihn von den anderen unterschieden hätte. Gewiß, der junge Mann, er mochte etwa 30 Jahre alt sein, war kräftig gebaut und groß; nicht außergewöhnlich groß, aber doch etwas größer als der Durchschnitt. Man sah ihm an, daß er sich wohl viel im Freien aufhielt und auch eine körperlich anstrengende Arbeit tat. Seine Kleidung war sauber und ordentlich, aber nicht auffällig. Und doch war etwas um ihn, das Zebedäus nicht erklären konnte, das ihn aber aus der Masse der anderen heraushob.

Endlich konnte Zebedäus es nicht mehr vermeiden, zu dem Prediger hinunterzuschauen. Zebedäus staunte! Gewiß, er hatte schon viel von diesem Mann gehört und hatte deshalb so allerlei erwartet. Und trotzdem — irgendwie war die Erscheinung des Predigers mit seinem Haar, das bis zu den Hüften reichte, und dem gewaltigen wildwachsenden Bart sowie der rauhen, für die Wüste geeigneten Kleidung, doch ungewöhnlich. Im ersten Augenblick packte ihn ein Impuls, laut zu lachen. Doch schnell unterdrückte er das Verlangen wieder.

Es war, wenn man die Erscheinung des Predigers sah und seine Reden hörte, nicht schwer zu begreifen, warum er das Volk so anzog. Die breite Masse lief ja immer dem Ungewöhnlichen nach. Aber daß manche in diesem Menschen da unten gar den Messias sehen wollten, war doch nichts anderes als lächerlich. „Was sind die Menschen doch für Narren", dachte der alte Pharisäer, „da kommt ein wilder Mann aus der Wüste gelaufen und schreit Bibelstellen in die Gegend — und schon hat das Volk seinen neuen Helden."

Nahe am Flußufer, nicht weit von dem Täufer entfernt, stand auch Johannes. Von seinem Standort aus konnte Zebedäus ihn gar nicht so leicht sehen, deshalb entdeckte er ihn auch erst jetzt. Ihm war, als würde ihm ein Messer ins Herz gestoßen, als er seinen Sohn erkannte. „Nein", dachte er im nächsten Augenblick, „er ist nicht mehr dein Sohn." Damit riß er seinen Blick von Johannes los und beobachtete wieder den Täufer.

Plötzlich wurden alle Anwesenden aufgeschreckt. Was der Prediger jetzt sagte, hatten sie noch nie gehört. Die Worte, die er rief, gehörten nicht zu seinen üblichen Predigten und erregten deshalb besondere Aufmerksamkeit. Der Täufer hatte aufgehört, die Menschen zur Buße zu rufen und hatte eine kleine Weile schweigend und wie im Gebet versunken am Rand des Wassers gestanden. Plötzlich riß er beide Arme empor und schrie:

„Ich taufe euch nur mit Wasser zur Buße! Doch..." Er hielt einen Augenblick inne und warf einen langen Blick in eine bestimmte Richtung inmitten der Zuhörer. Zebedäus meinte, er blicke dorthin, wo der junge Jude stand, der ihm auch schon aufgefallen war. Dann fuhr der Prediger fort: „... der aber, der nach mir kommt, ist stärker als ich, und ich bin es nicht wert, Ihm die Schuhe auszuziehen. Er wird euch mit dem Heiligen Geist und mit Feuer taufen. Schon hält Er die Schaufel in der Hand; Er wird die Spreu vom Weizen trennen und den Weizen in Seine Scheune bringen; die Spreu aber wird Er in nie erlöschendem Feuer verbrennen."

Erregtes Murmeln lief jetzt durch die Menge, als sie über die Worte nachdachten. Einer sollte kommen, der „mächtiger" war als der Täufer? Gewiß, hatte er nicht oft von „dem Herrn den Weg bereiten" gesprochen? Hatte er das wirklich so gemeint und nicht nur symbolhaft das alte Prophetenwort zitiert? Würde er jetzt klarer zu erkennen geben, was der eigentliche Zweck seines Wirkens war?

Auch Johannes wurde von dieser Erregung gepackt. Er hatte vor einigen Tagen beschlossen, nicht mehr weiter hinten im Schatten des Felsens zu bleiben, wenn sein Herr zu dem Volk sprach, sondern hatte seitdem einen Platz am Flußufer in der Nähe des Predigers eingenommen. Ab und zu hatte er in den letzten Tagen sogar schon beim Taufen geholfen, wenn der Täufer ihn dazu aufgefordert hatte. Diese neuen Worte in der Botschaft des Propheten ließen die Erwartung in Johannes gewaltig wachsen. Das seltsame Gesicht aus den Wintertagen, als ihm am Abend in jener Höhle war, als käme Gott über die Wüste dahergegangen, fiel ihm wieder ein.

Noch hatte sich das Volk dieser Worte wegen nicht beruhigt, als sich eine weitere Überraschung anbahnte. Der junge Jude, der Zebedäus vorher besonders aufgefallen war, hatte sich während der letzten Augenblicke von seinem Platz auf dem Hügel hinabbegeben zum Jordan. Das war niemand aufgefallen, weil sich alle eifrig über die Worte des Propheten unterhielten. Doch als der junge Mann jetzt aus der vordersten Reihe der Zuhörer heraustrat und auf den Täufer zuging, erblickten ihn alle.

Auch Johannes sah ihn jetzt und wurde sofort von dem unbeschreibbaren Etwas, das von dieser Persönlichkeit ausging, gefesselt. „Könnte Er es sein, von dem der Täufer redet?" dachte er. „Ist dies vielleicht der Messias?"

Als der junge Mann das Flußufer erreicht hatte, herrschte wieder Totenstille. Das einzige in Bethabara zu hörende Geräusch war das Rauschen des Wassers. Schweigend standen der Täufer und der Fremde einander gegenüber und blickten sich tief in die Augen. Johannes, der ja nahe stand, konnte alles genau beobachten. Der Gesichtsausdruck des Predigers sprach Bände. Es schien, als wolle er rufen: „Du bist doch der, von dem ich geredet habe!" Doch er blieb still.

Nun legte der Fremde sein Übergewand ab und stieg in das noch frühlingskalte, rasch dahinfließende Wasser. Tränen der Freude liefen jetzt über das Gesicht des Propheten: „Ich müßte von Dir getauft werden", sagte er dann, „und Du kommst zu mir?" Erstaunen und ein wenig Unsicherheit lagen in den Worten des sonst so sicheren Predigers.

Man konnte die Spannung, von der alle gepackt waren, buchstäblich mit den Händen greifen. Atemlos lauschten sie, als der Fremde jetzt mit ruhiger Stimme, in der aber eine tiefe Autorität zu liegen schien, antwortete: „Laß es nur so sein, denn nur so können wir die Gerechtigkeit ganz erfüllen."

Wer war dieser Mann? Mit dem Ausdruck tiefster Ehrfurcht folgte der Täufer Ihm jetzt in das Wasser und legte Ihm den Arm um die Schulter, um Ihn im Wasser unterzutauchen. Solange Johannes dem Propheten folgte, war dieser bei den Taufen immer dem Täufling gegenüber die überragende Persönlichkeit gewesen, diesmal aber schien der Fremde mit seiner Ausstrahlung den Täufer weit in den Schatten zu stellen. Wie gebannt schauten alle der Taufe zu, was aber dann folgte, übertraf die kühnsten Erwartungen bei weitem.

Als der junge Mann wieder aus dem Wasser auftauchte, blickte Er zum Himmel empor. Plötzlich wichen die Frühjahrswolken, die bis dahin über Bethabara gehangen hatten, weit nach allen Seiten auseinander, und der Himmel spannte sich wie ein Bogen über dem Taufplatz. Vom Himmel herab kam mit einem Mal ein breiter Strahl von hellstem Licht, so plastisch, daß er fast greifbar war. Dieser Lichtstrahl hüllte den Fremden, der noch im Wasser stand, völlig ein, so daß Er selbst zu leuchten begann.

Die Menschen wichen furchtsam zurück oder sprangen entsetzt auf. Rufe der Überraschung oder des Erschreckens wurden überall laut. Doch dies war noch nicht das Ende. Jetzt begann es vom Himmel her zu grollen und zu rumoren, als würde es donnern. Doch es war ein Frühlingstag, und es gab nirgendwo ein Anzeichen eines Gewitters. Nun wurde das Grollen verständlicher, und aus dem Licht, das vom Himmel auf den Mann im Jordan leuchtete, war jetzt deutlich eine Stimme zu vernehmen: „Das ist Mein geliebter Sohn, an dem Ich Gefallen gefunden habe!"

Das Grollen verschwand wie das entfernte Rollen des Donners. Wieder breitete sich völliges Schweigen über dem Jordantal aus. Dann wurde auch der Lichtstrahl immer matter und war endlich gar nicht mehr zu sehen.

Alle Anwesenden schauten sich voller Verwunderung um. Es war ihnen anzusehen, daß sie sich fragten, ob sie wach waren oder träumten. Dann richteten sich alle Augen wieder auf den Fremden im Jordan. Er stieg jetzt aus dem Wasser und legte sich sein Übergewand um. Dann wandte Er sich dem Täufer zu. Dieser stand bebend vor Ihm, das Gesicht voller Freude und Verlangen. Der Fremde lächelte dem Prediger noch einmal freundlich zu und ging dann mit festen und gleichmäßigen Schritten davon. Aller Augen folgten Ihm, bis Er hinter einigen Felsen den Blicken entschwand. Der Täufer selbst war auch nicht bereit, an diesem Tage noch zu predigen. Es gab auch keine Taufen mehr. Nachdem er noch eine Weile still an seinem Platz verharrt hatte, verließ er Bethabara ebenfalls.

Die Menschen aber blieben noch lange beieinander und unterhielten sich aufgeregt. Es war nicht mehr lange bis zum Sonnenuntergang, als sich die meisten endlich auf den Heimweg machten. Johannes blieb am Fluß, bis es Nacht wurde.

Die Nachricht von dem Geschehen in Bethabara verbreitete sich mit Blitzesschnelle durch ganz Palästina. Manche behaupteten, das Licht und die Stimme hätten das Kommen des Messias angekündigt. Andere lachten und meinten, es könne nur gedonnert haben, und im übrigen sei das Ganze wohl eine Art von Massenhysterie gewesen. Noch andere wollten alles als einen Taschenspielertrick und großen Betrug hinstellen.

Die Delegation des Sanhedrins hatte sich recht bald wieder auf den Rückweg gemacht. Natürlich war es den Pharisäern unter dem Eindruck des Geschehenen unmöglich gewesen, den Täufer öffentlich zu verhören. Sie zogen also wieder nach Jerusalem, ohne ihren Auftrag durchgeführt zu haben.

Eine ganze Weile blieben sie auf dem Rückweg schweigend. Jeder von ihnen hing seinen Gedanken nach. Auch sie waren alle beeindruckt gewesen von dem, was sie erlebt hatten. Langsam erst kam nach geraumer Zeit eine Unterhaltung in Gang. Alle stimmten darin überein, daß nach diesen Vorkommnissen die Lage sich doch verändert hatte und man noch mehr Rücksicht als bisher auf das Volk nehmen mußte. Ganz sicher war es weise, erst noch einmal alles im Sanhedrin zu beraten. Sicher würden auch der Hohe Priester Kaiphas und Annas dem zustimmen.

8. Kapitel

Johannes hatte den ganzen Nachmittag auf einem großen Felsblock gesessen. Sein Herr war noch am vergangenen Abend davongegangen, um allein zu sein, nachdem am gestrigen Tag diese erstaunliche Sache geschehen war. Auf der einen Seite hätte sich Johannes zwar gern mit dem Propheten über das unterhalten, was gestern geschehen war, auf der anderen Seite war er froh, allein zu sein, um alles selbst erst einmal in Ruhe zu überdenken.

Die Sonne würde nun bald untergehen, und Johannes wurde langsam unruhig, wo sein Herr so lange blieb. Von seinem erhöhten Sitzplatz aus konnte er das Jordantal nach rechts und links ein ganzes Stück überblicken und bemerkte nun in der Ferne einen Mann, der sich näherte. Eigentlich konnte es nur der Täufer sein, aber er kam aus einer anderen Richtung als der üblichen.

Johannes stieg von dem Felsblock herunter und ging dem Herankommenden entgegen. Da die tiefstehende Sonne ihm direkt ins Gesicht schien, konnte er den anderen immer noch nicht richtig erkennen, als er endlich rief: „Herr, ich bin froh, daß du zurück kommst!"

Der andere antwortete amüsiert: „Nanu, seit wann nennst du mich denn Herr?"

Johannes blieb überrascht stehen. „Andreas?" fragte er ungläubig.

„Genau!" gab der andere zurück, den Johannes nun als seinen Freund erkannte.

„Das kann nicht wahr sein!" rief Johannes, als sie sich umarmten. „Was tust du hier?"

„Diese Frage könnte ich dir auch stellen", gab der andere lächelnd zurück.

„Natürlich. Aber du weißt doch, was ich hier tue."

„Ja. Zebedäus hat es uns gesagt. Warum, glaubst du, bin ich gekommen?"

Johannes überlegte. Andreas war der Bruder seines besten Freundes Simon aus Kapernaum. Sie kannten sich von Kindheit an. Andreas war immer stiller und zurückhaltender gewesen als sein Bruder. Was konnte er hier wollen? Er hatte den Namen seines Vaters erwähnt, das schien Johannes verdächtig. „Hat mein Vater dich geschickt, um mich zu überreden, nach Hause zu kommen?“ fragte er.

„Traust du mir das wirklich zu?“ antwortete Andreas.

„Warum bist du dann gekommen?“

„Ich war schon gestern hier, weil ich soviel gehört hatte und neugierig wurde. Da dein Vater mit den anderen von der Abordnung des Sanhedrins auch hierher gegangen war, hatte er uns frei gegeben. Diese Gelegenheit habe ich genutzt, um den Täufer selbst zu sehen und zu hören.“

„Und welchen Eindruck hast du gewonnen?“

„Oh, der Täufer und seine Predigt waren beeindruckender als alles, was ich gehört und erwartet hatte. Aber...“

„Was, aber?“

„Aber ich habe ganz sicher nicht geglaubt, daß...“ Andreas suchte nach Worten.

Johannes ahnte, was er dachte. „Du hast ganz sicher kein Wunder erwartet, wie?“ fragte er.

Andreas nickte. „Genau — und das läßt mich nicht mehr los. Geht es dir auch so?“

„Ich habe den ganzen Tag darüber nachgedacht“, antwortete Johannes.

„Johannes, wer war der Fremde?“ drängte Andreas. „Du bist des Täufers Jünger und weißt es wahrscheinlich. Was hatte es mit der Stimme und dem Licht auf sich?“

„Ich weiß es auch nicht“, antwortete Johannes nachdenklich. „Ich weiß nicht viel mehr als du, Andreas, und kann nur Vermutungen anstellen.“

„Aber du hast in der letzten Zeit eng mit dem Prediger zusammengelebt und weißt deshalb mehr, als wir anderen alle. Deine Vermutungen gehen also von größeren Kenntnissen aus, als wir haben.“

„Das mag stimmen", gab Johannes zu. „Und natürlich habe ich eine Meinung. Es ist aber eben nur eine Meinung."

„Ja, ja, schon gut, aber erzähle endlich, was du denkst."

Johannes überlegte und begann dann zögernd: „Du weißt, daß der Täufer Prophezeiungen des Propheten Jesaja erwähnte, die von einem zukünftigen Kommen des Herrn reden?"

„Ja", nickte Andreas.

„Dir ist sicher auch bekannt, daß alle großen Rabbiner diese Jesajaprophezeiung immer so verstehen, als spräche der Prophet hier von dem..." Johannes zögerte wieder und überlegte, ob er seine geheimsten Gedanken mit dem anderen teilen sollte. Doch da er einmal begonnen hatte, fuhr er fort: „... nun, vom Kommen des Messias."

Andreas zitterte vor Aufregung, seine Augen strahlten. „Du denkst", flüsterte er, „der Fremde war der Messias?"

Nachdenklich blickte Johannes über den Jordan hinweg. „Ich weiß es nicht", antwortete er endlich. Da es mittlerweile fast dunkel geworden war, forderte er seinen Freund auf, mit in die Wohnhöhle zu kommen. Während sie nach dort gingen, fragte er: „Wo bist du denn letzte Nacht gewesen? Bist du in der Wüste geblieben? Du hättest doch gleich zu mir kommen können."

„Ich wollte allein sein", erwiderte Andreas. „Es ist wohl vielen so gegangen, denn ich sah überall in der Wildnis kleine Feuer."

„Und wann willst du wieder nach Hause gehen?" wollte Johannes wissen, als sie den Eingang der Höhle erreichten.

Andreas zögerte. „Was würdest du sagen, wenn ich dir erzählte, daß ich gern wie du ein Jünger des Täufers würde und hierbleiben möchte?"

Johannes war die Überraschung anzusehen. „Meinst du das ernst?" fragte er endlich. „Ich würde mich riesig freuen und sagen: Sei willkommen. Du glaubst gar nicht, wie ich meine Freunde in den letzten Monaten vermißt habe. Aber natürlich muß der Täufer zustimmen. Er allein kann entscheiden, ob du bei uns bleiben kannst. Aber ich denke, er wird dich willkommen heißen."

„Fein“, antwortete Andreas. „Aber ich bin ja nie so eng mit dir befreundet gewesen wie mein Bruder Simon.“

„Macht nichts“, versicherte Johannes, „du warst eben immer wie der jüngere Bruder meines besten Freundes. Aber sag, warum ist Simon nicht auch gekommen? Ehe ich euch verließ, hat er einige Male davon gesprochen.“

„Er wäre sehr gern gekommen“, erzählte Andreas. „Aber Zebedäus hat deinem Bruder Jakobus und ihm die Verantwortung für alle Schiffe übertragen. Da gab es soviel zu tun, daß er nicht fort konnte.

Der Täufer kehrte am nächsten Morgen kurz nach Sonnenaufgang zurück. Als Johannes ihm seinen Freund Andreas vorstellte und von dessen Wunsch sprach, nahm ihn der Nasiräer freudig und gern auf und hieß ihn warm willkommen. Nach einem einfachen Frühstück machten sie sich gemeinsam auf zu dem üblichen Predigtplatz.

Nachdem sich herumsprach, was in Bethabara bei der Taufe des Fremden geschehen war, strömten noch größere Volksmengen zusammen als vorher, so daß die Tage ausgefüllt waren. Johannes und sogar Andreas mußten oft mithelfen, weil so viele Menschen sich taufen ließen.

Doch auch der Täufer selbst schien seit dem Erscheinen des Fremden irgendwie verändert zu sein. In der Art, in der er jetzt predigte, schien er gleichzeitig sagen zu wollen: „Meine Aufgabe ist nun bald beendet. Ich habe Ihn gesehen und sehne mich danach, daß Er zurückkehrt.“

Auch im Umgang mit seinen beiden Jüngern war er anders als früher, so daß Andreas nicht soviel profitieren konnte, wie es vorher Johannes möglich war. Der Prophet hatte sich vormals oft und lange mit Johannes unterhalten, nun fielen diese Unterhaltungen wesentlich kürzer aus. Dafür ging er noch viel häufiger als früher in die Einsamkeit. Und wenn er anwesend war, saß er viel am Eingang der Höhle und blickte mit verlangendem Gesicht in die Ferne.

Dann kam ein Tag, den Johannes nie vergessen würde. An diesem Morgen war der Täufer anders als in der letzten Zeit. Er schien fast sein altes Feuer wiedergewonnen zu haben und drängte zum Predigtplatz. Johannes bemerkte, wie Andreas ihren Herrn erstaunt von der Seite anblickte. Auch er schien zu spüren, daß etwas Besonderes in der Luft lag.

Ungewöhnlich viele Menschen hatten sich an diesem Morgen schon versammelt, als die drei an dem üblichen Platz erschienen. Der Täufer verlor keine Zeit. Aber seine Worte waren ganz andere als sonst. Er hob beide Arme empor und begann:

„Aber wer hat unserer Kunde geglaubt? Der Arm des Herrn — wem wurde er offenbar?“ Kräftiger als sonst in der letzten Zeit hallte seine Stimme über die Hügel, als er fortfuhr: „Vor Seinen Augen wuchs Er auf wie ein junger Sproß, wie ein Wurzeltrieb aus trockenem Boden. Er hatte keine schöne und edle Gestalt, so daß wir Ihn anschauen mochten. Er sah nicht aus, daß wir Gefallen fanden an Ihm. Er wurde verachtet und von den Menschen gemieden...“ Des Predigers Stimme war jetzt anzuhören, welchen tiefen Kummer er empfand, als er fortfuhr: „...ein Mann voller Schmerzen, mit Krankheit vertraut. Wie einer, vor dem man das Gesicht verhüllt, war Er verachtet; wir schätzten Ihn nicht.“

Tränen liefen jetzt über das Gesicht des Predigers. Er schwieg einige Augenblicke, ehe er mit neuer Kraft fortfuhr: „Aber Er hat unsere Krankheit getragen und unsere Schmerzen auf sich geladen. Wir meinten, Er sei von Gott geschlagen, von Ihm getroffen und gebeugt. Doch Er wurde durchbohrt wegen unserer Verbrechen, wegen unserer Sünden zermalmt. Zu unserem Heil lag die Strafe auf Ihm, durch Seine Wunden sind wir geheilt. Wir hatten uns alle verirrt wie Schafe, jeder ging für sich seinen Weg. Doch der Herr lud auf Ihn die Schuld von uns allen. Er wurde mißhandelt und niedergedrückt, aber Er tat Seinen Mund nicht auf. Er wurde aus dem Lande der Lebenden abgeschnitten und wegen der Verbrechen Seines Volkes zu Tode getroffen, obwohl Er kein Unrecht getan hat.“

Noch immer liefen dem Täufer Tränen über das Gesicht.

Doch es schien, als würde er seine hohe Gestalt nun noch mehr recken, als er fast triumphierend fortfuhr: „Doch der Herr fand Gefallen an Seinem zerschlagenen Knecht, Er rettete den, der Sein Leben als Sühnopfer hingab. Mein Knecht, der Gerechte, macht die vielen gerecht; Er lädt ihre Schuld auf sich. Denn Er trug die Sünden von vielen und trat für die Schuldigen ein.“

Erstaunt lauschte die Menge. Sie hatten diese Worte Jesajas noch nie so klar und zu Herzen gehend gehört. Sprach der Täufer dabei etwa von dem Fremden? War der Unbekannte wirklich der Messias? Und was meinte er damit, daß Gott die Schuld von uns allen auf Ihn geladen hat?

Der Prediger trat nun unmittelbar an den Rand des Wassers und rief laut: „Auf, ihr Durstigen, kommt alle zum Wasser! Auch wer kein Geld hat, soll kommen! Kommt, nehmt und eßt!“ Er machte eine weite, einladende Handbewegung und fuhr fort: „Sucht den Herrn, solange Er sich finden läßt, ruft Ihn an, solange Er nahe ist. Der Ruchlose soll seine Wege verlassen, der Frevler seine Pläne. Er kehre um zum Herrn, damit Er Erbarmen hat mit ihm, und zu unserem Gott; denn Er ist groß im Verzeihen!“

Und da kamen sie auch schon. Sie drängten sich geradezu von allen Seiten, um sich taufen zu lassen. Der Täufer winkte Johannes und Andreas heran, damit die ihm halfen. Während sie zu ihrem Herrn traten, flüsterte Andreas seinem Freund zu: „Johannes, es sieht so aus, als bekämen wir hohen Besuch.“

Von einem Hügel aus, bis jetzt verborgen von anderen, die vor ihnen gestanden hatten, schob sich eine Gruppe von Pharisäern und Sadduzäern, Abgesandte des Sanhedrins, zum Wasser herunter. Das Volk wich vor ihnen beiseite, aber trotzdem rafften sie noch ihre weiten Gewänder an sich, um nicht mit ihnen in Berührung zu kommen. An ihren Gesichtszügen konnte man erkennen, daß sie dieses Mal entschlossen waren, ihren Auftrag auszuführen.

Auch Zebedäus war wieder dabei. Er hielt sich, wie das letzte Mal, am Ende der Gruppe. Johannes erspähte ihn aber trotzdem. Als sich die Augen von Vater und Sohn trafen, schaute der alte Pharisäer sofort wieder weg, als wolle er deutlich machen, daß er nichts mehr mit seinem Sohn zu tun hatte. „Vater! Vater!“ flüsterte Johannes, „muß es denn nun für immer so bleiben?“

Mittlerweile hatten die Abgesandten des Sanhedrins das Jordanufer erreicht. Ihr Anführer, Rabbi Jakob Bar Harscha, stand direkt vor dem Täufer und starrte ihn an. Doch damit war der Prophet nicht einzuschüchtern. Er hielt den harten Blick des anderen aus. Rabbi Jakob, der sich dieses Mal durch nichts wieder aufhalten lassen wollte, fragte laut: „Wer bist du?“

Das war die Frage, die seit langem schon alle Versammelten beschäftigte. Johannes wußte, daß der andere nur fragte, um ihn vor dem Volk bloßzustellen. Der Urteilsspruch des Sanhedrins war lange gefallen. Mit seiner Antwort sorgte Johannes gleich für Klarheit: „Ich bin nicht der Messias!“ sagte er laut.

Diese Antwort brachte die Pharisäer aus dem Konzept. Rundum im Volk hörte man erregtes Murmeln. Die Pharisäer hatten nicht erwartet, eine so direkte Antwort zu der Messiasfrage zu erhalten, sondern hatten gemeint, sie könnten den Prediger erst nach langer Diskussion zu einer klaren Stellungnahme bewegen. Jetzt steckten sie ihre Köpfe zusammen und flüsterten miteinander. Endlich schienen sie zu einem Entschluß gekommen zu sein. Rabbi Jakob wandte sich wieder an den Täufer: „Wer bist du dann“, fragte er höhnisch, „etwa Elia?“

Doch dieser war nicht aus der Ruhe zu bringen. „Ich bin es nicht“, antwortete er ruhig aber laut, so daß alles Volk es mithören konnte.

Rabbi Jakob schien nun doch langsam nervös zu werden. Unruhig trat er von einem Fuß auf den anderen und suchte nach Worten. Dann fragte er: „Wer bist du dann, vielleicht Jeremia oder ein anderer der alten Propheten?“

Der Täufer schüttelte nur den Kopf und antwortete kurz aber ruhig: „Nein.“

Rabbi Jakob spürte, wie er immer mehr an Boden und Würde verlor. Im Volk begann man hier und da schon zu lachen über seine Hilflosigkeit. Da trat ein anderer Pharisäer, es war

Nikodemus, aus der Gruppe hervor. Er wollte Rabbi Jakob eine noch größere Blamage ersparen, deshalb wandte er sich jetzt freundlich an den Prediger und fragte: „So sage uns doch selbst, wer du bist, damit wir denen Antwort geben können, die uns gesandt haben. Was hast du über dich zu sagen?"

Der Täufer wußte, daß trotz dieser freundlichen Worte das Ganze hier so etwas wie eine Gerichtsverhandlung war. Deshalb blickte er Nikodemus traurig an, als wolle er sagen: „Du weißt doch auch, daß dies alles nur noch zum Schein geschieht." Doch dann antwortete er laut: „Ich bin die Stimme eines Rufenden in der Wüste, der dem Herrn den Weg bereitet!"

Nikodemus nickte zustimmend. Doch Rabbi Jakob schien nicht zufrieden zu sein. Sein Stolz war verletzt worden, und er wollte es dem Täufer nun heimzahlen. Voller Ironie sagte er: „Na ja, wir wissen ja, daß du dies von dir selbst sagst, aber wir wissen nicht, was es bedeutet. Aber sage uns doch wenigstens, warum du taufst, wenn du nicht der Messias und nicht Elia und auch nicht Jeremia bist?"

Kopfschüttelnd über soviel Hartnäckigkeit stand der Täufer dort und ließ seinen Blick über alle Versammelten schweifen. Seinem Gesicht war anzusehen, daß er langsam die Geduld verlor und zu einer harten Antwort bereit war. Doch plötzlich entdeckte er an einer freien Stelle auf einem Hügel, hinter allen anderen stehend, den Mann, bei dessen Taufe im Jordan neulich die Wunder geschehen waren. Er mußte unbemerkt gekommen sein, während die Pharisäer ihn verhörten. Da alle auf diese Auseinandersetzung achteten, war niemand auf ihn aufmerksam geworden. Die Miene des Predigers veränderte sich. Sein Gesicht begann zu strahlen. Dort stand Er, dem sein ganzer Dienst galt, der seine ganze Hoffnung war. Aller Ärger wich aus seinem Herzen, und unsagbare Freude erfüllte ihn.

Voller Zuversicht und Freude wandte er sich wieder Rabbi Jakob zu und rief: „Ich taufe zwar mit Wasser. Aber mitten unter euch steht der, den ihr nicht kennt und der nach mir kommt; ich bin es nicht wert, Ihm die Schuhe aufzuschnüren. Und Er ist es, der euch mit dem Heiligen Geist und mit Feuer taufen wird."

Aufregung bemächtigte sich der Zuhörer. Sprach er von dem Fremden, über den man im ganzen Lande redete? Und der Prophet hatte gesagt, Er stünde mitten unter ihnen. Überall blickte man sich um. Wo konnte er sein? Da reckte sich der Prophet unten im Wasser, streckte seine Hand nach dem Hügel aus, zu dem, der dort ein wenig allein stand. Aller Blicke folgten seiner Hand. Laut rief der Täufer: ,,Siehe, das ist Gottes Lamm, welches der Welt Sünde trägt!"

Ganz still war es geworden in Bethabara. Alle blickten zu dem Fremden hinauf, der noch einen kurzen Augenblick still stand, sich dann umwandte und hinter dem Hügelrücken ihren Blicken entschwand.

9. Kapitel

Johannes schlief kaum in dieser Nacht. Immer wieder mußte er über den Fremden und über die Worte des Täufers nachdenken. ,,War Er der Messias? Aber wieso war Er dann Gottes Lamm, das die Sünden trug? Und was sollte es bedeuten, daß Er mit dem Heiligen Geist und Feuer taufen würde?"

Ein leichtes Räuspern neben ihm deutete an, daß auch Andreas Schwierigkeiten mit dem Schlafen hatte. Johannes sah eine gute Gelegenheit, über das zu reden, was ihn beschäftigte. ,,Andreas?" flüsterte er.

,,Ja?" kam ebenso leise die Antwort.

,,Hast du geschlafen?"

,,Nicht sehr viel."

Einen Augenblick herrschte Stille, dann fragte Johannes: ,,Was glaubst du, wo der Fremde wohnt?"

Andreas überlegte. ,,Ich weiß es nicht. Irgendwo in der Wüste, nehme ich an, wie der Täufer auch."

,,Ob Er auch Jünger hat?"

„Ich habe niemand gesehen."
„Was glaubst du, wird Er lehren?" meinte Johannes nachdenklich.
„Das fragst du mich?" antwortete Andreas erstaunt.
„Ich frage eigentlich nicht, ich überlege nur."
„Der Fremde hat es dir angetan, wie?" meinte Andreas.
„Dir etwa nicht?" fragte Johannes zurück. Das Schweigen, welches folgte, war Antwort genug. „Jedenfalls", fuhr Johannes fort, „werde ich den Täufer nie um eines anderen Herrn willen verlassen."

Es war Freitag morgen. Heute würden nicht so viele Menschen nach Bethabara kommen, da man an diesem Tage mit den Vorbereitungen zum Sabbath beschäftigt war, der bei Sonnenuntergang begann. Als der Täufer sich erhob, war Johannes auch schon wach und folgte ihm. Andreas schlief noch. Die beiden anderen weckten ihn nicht auf.

Der Täufer ging zu einem hohen Felsen, auf dem er oft saß. Von hier aus konnte man ganz Bethabara überblicken. Als die beiden sich gesetzt hatten, fragte der Prophet nach einer Weile: „Erinnerst du dich an den Tag, an dem du zu mir kamst?"

Johannes mußte lächeln, als er daran dachte. Er nickte: „Ja, Herr, sehr genau."

„Und bist du seither enttäuscht worden?"

„Nein, Herr, ganz sicher nicht", kam die schnelle Antwort.

Jetzt blickte ihn der Täufer lächelnd an: „Aber Johannes, Sohn des Zebedäus, hast du mittlerweile gefunden, weshalb du gekommen bist?"

Johannes dachte lange und sorgfältig nach: „Herr", begann er zögernd, „du hast mir Gottes Wesen nicht erklärt und auch nicht alle meine Fragen beantwortet. Aber ich habe bei dir die Hoffnung gefunden, daß es Antworten gibt."

Der Täufer lachte. „Jedenfalls hast du entdeckt, daß ich auch nur ein Mensch bin, Johannes. Aber wenn du Hoffnung gefunden hast, ist das schon sehr viel, denn genau diese wollte ich bringen. Aber sage mir, worauf baut sich deine Hoffnung auf?"

Wieder zögerte Johannes, ehe er antwortete: „Herr, alles, was gestern und vor einiger Zeit schon einmal in Bethabara geschehen ist, gibt mir Hoffnung."

„Du sprichst von dem Fremden?" fragte der Täufer.

„Ja, Herr", stammelte Johannes. Dann platzte es aus ihm heraus: „Herr, ist Er der Messias?"

Der Täufer blickte gedankenverloren in die Wildnis hinaus. „Was würdest du tun, wenn ich dir sagte, Er ist es?"

„Ich weiß es nicht", antwortete Johannes unsicher.

„Ganz sicher würdest du Ihm folgen?"

Johannes fuhr auf: „Nein, Herr, ich würde dich nie verlassen!"

Der Täufer lächelte ein wenig traurig, als er begann: „Sohn, hör gut zu! Als du im Hause deines Vaters aufgewachsen bist, hast du da jemals geglaubt, du würdest einmal davonlaufen?"

„Nein, Herr", erwiderte Johannes. „Aber als ich meinen Vater verließ, war ich ärgerlich und bitter auf ihn, ich war ein Sucher. Doch bei dir ist das ganz anders, deshalb ist das kein Vergleich."

„Das stimmt", nickte der Prophet nachdenklich. „Und doch ist es so, daß du bei mir alles gefunden und gelernt hast, was möglich war. Du sagst, du hast Hoffnung gefunden. Das ist gut. Aber mehr kannst du bei mir auch nicht finden. Hoffnung zu geben, ist meine Aufgabe. Erfüllung kann nur ein anderer bringen. Du kannst bei mir nicht weiter wachsen, Johannes. Es war hier nur eine Vorbereitungszeit."

„Vorbereitung...?" echote Johannes. „Herr, willst du damit sagen, du schickst mich von dir fort?" Doch dann fiel ihm ein, was der Täufer immer gesagt hatte: „Die Stimme eines Rufenden in der Wüste, der dem Herrn den Weg bereitet." Schweigend saßen beide eine lange Zeit und blickten in die Wüste hinaus.

Plötzlich erblickte Johannes in der Ferne einen einsamen Mann, der auf einem schmalen Pfad dahinschritt, der nahe an

Bethabara vorüberführte. Es war der Fremde. Aber die Szene erschien ihm nahezu unglaublich. Es war genauso, wie er es an jenem Tag im Bild gesehen hatte. „Das kann nicht sein", flüsterte er, „und doch — genauso habe ich es gesehen."

Auch der Prophet hatte den einsamen Wanderer entdeckt. Wieder streckte er die Hand aus und sagte voller Ehrfurcht: „Siehe! Das Lamm Gottes, welches der Welt Sünde trägt!" Johannes war sprachlos.

Jetzt wandte sich der Täufer eifrig an Johannes: „Sohn, das ist Er, von dem ich gesagt habe: Nach mir kommt ein Mann, der mir voraus ist, weil Er vor mir war. Auch ich kannte Ihn nicht; aber ich bin gekommen und taufe mit Wasser, um Israel mit Ihm bekanntzumachen."

Voller Eifer ergriff er den Arm seines Jüngers. „Johannes, an jenem Tag in Bethabara, als dieser Mann kam, um sich taufen zu lassen, blickte ich zum Himmel auf, als der Lichtstrahl erschien, wie es alle anderen auch taten. Doch ich sah mehr als die anderen." Der Prophet bebte vor Erregung. „Ich sah, daß der Geist vom Himmel herabkam wie eine Taube und auf Ihm blieb."

Johannes blickte seinen Herrn erstaunt an. Dieser fuhr fort: „Auch ich kannte Ihn nicht; aber Er, der mich gesandt hat, mit Wasser zu taufen, Er hat mir gesagt: Auf wen du den Geist herabkommen siehst und auf wem Er bleibt, der ist es, der mit dem Heiligen Geist tauft." Wieder schwieg er einige Augenblicke und fügte dann mit fester Stimme hinzu: „Das habe ich gesehen, und ich bezeuge: Er ist der Sohn Gottes!"

Mittlerweile war der Sabbathmorgen angebrochen. Gerade eben zeigte sich der erste Rand der Sonne über dem östlichen Horizont. Nur ein einziger Satz war bisher gesprochen worden, aber der lag wie eine gewaltige Last auf den Herzen der drei Männer, die schweigend nebeneinander her gingen. Der Täufer hatte die beiden Jüngeren mit den Worten geweckt: „Steht auf! Es ist Zeit!"

Johannes blickte von der Seite verstohlen auf seinen Herrn. Dessen Gesicht trug den Ausdruck einer steinernen Härte und festen Entschlossenheit, sich nicht von der Notwendigkeit des Augenblicks abbringen zu lassen. Johannes wußte, daß es dem Täufer nicht leicht fiel, sie gehen zu lassen.

Doch plötzlich trat im Gesicht des Täufers wieder jene Verwandlung ein, die Johannes schon einige Male beobachtet hatte. Er blickte nach vorn und sah dort den Fremden auf dem Weg gehen, der in die bewohnteren Gegenden führte.

Der Täufer war stehengeblieben. Verlangend blickte er dem Mann nach, der dort Seinen Weg ging. Johannes und Andreas wußten, obwohl niemand es gesagt hatte, daß jetzt der Augenblick der Trennung gekommen war. Voller Kummer und Liebe zugleich blickte Johannes den Propheten an. Doch dieser streckte nur gebieterisch die Hand nach dem einsamen Wanderer aus und sagte: „Seht, das Lamm Gottes!"

Wieder blickten die beiden Jünger in die Richtung, in die der Finger des Täufers wies. Dann drehte Johannes sich um und sank mit einem Schluchzer an die Brust seines Herrn. Dieser umarmte ihn und zog ihn heftig an sich. „Herr...", flüsterte Johannes, „...es ist sehr schwer..."

Der Täufer faßte ihn jetzt an den Schultern, schob ihn ein wenig zurück und blickte ihm tief in die Augen. Johannes bemerkte, daß in den Augen des Täufers ebenfalls großer Kummer lag. Endlich seufzte der Prophet tief und sagte: „Johannes, es ist schwer, geboren zu sein, aber es ist Freude, das Leben zu finden." Johannes bemerkte, daß auch dieser gewaltige Mann jetzt alle Kraft zusammennehmen mußte, um zurückzutreten.

Als er und Andreas sich nochmals verabschiedet hatten, machten sie sich auf den Weg. Nur ein einziges Mal schauten sie zurück. Da hinten stand der Täufer, hoch aufgerichtet, wie ein Standbild des Glaubens und der Treue.

Als sie sich wieder nach vorn wandten, sahen sie weit vor sich den Herrn eines neuen Tages dahinschreiten.

Teil II

DER WEG

Alles, was Mir der Vater gibt,
wird zu Mir kommen; und wer zu Mir kommt,
den werde Ich nicht hinausstoßen
(Johannes 6, 37).

1. Kapitel

Es war mittlerweile schon recht spät am Vormittag. Johannes und Andreas folgten in ziemlicher Entfernung dem einsamen Wanderer, seitdem sie Bethabara verlassen hatten. Wenn Er sich ausruhte, ruhten sie auch. Ging Er weiter, gingen sie auch. Sie fragten sich, ob Er ihre Gegenwart überhaupt bemerkt hatte. Ihre Ehrfurcht vor dem Fremden hielt sie davon ab, sich bemerkbar zu machen. Sie wußten nicht, mit welcher Begründung sie das hätten tun sollen. Außerdem war Er allein. Vielleicht wünschte Er keine Begleitung und keine Jünger.

Die Tatsache, daß der Fremde die Richtung zum See Genezareth und nicht nach Jerusalem einschlug, überraschte Johannes einigermaßen. Von einem großen Rabbi hätte man erwarten sollen, daß er zur Hauptstadt zog, wo die klügsten der Schriftgelehrten zu finden waren. Obwohl Johannes auf seine Heimat Galiläa stolz war, wußte er doch, daß die Elite der Pharisäer und anderen Frommen verächtlich auf die Galiläer herabschaute.

Dabei kam ihm noch ein zweiter interessanter Gedanke. Es war Sabbath. Was hielt der einsame Fremde vor ihnen wohl von den Verordnungen der Ältesten, daß am Sabbath nur eine bestimmte Wegstrecke zurückgelegt werden durfte? War Er etwa auch einer, der gegen manche der unverständlichen jüdischen Vorschriften rebellierte? Der Gedanke bereitete Johannes Befriedigung.

Nun gingen die beiden Freunde schon wieder eine ganze Zeitlang schweigend nebeneinander her. Endlich meinte Andreas: „Na, wenigstens geht es unserer Heimatstadt zu."

„Wenigstens?" fragte Johannes.

„Nun, das ist doch ein Trost, im Falle ..." Andreas stockte plötzlich.

„Im Falle was?" wollte Johannes wissen.

„Nun, wenn Er uns vielleicht nicht haben will."

Johannes antwortete nicht gleich. Endlich sagte er unsicher: „Er wird uns haben wollen, sonst hätte der Täufer uns nicht aufgetragen, Ihm zu folgen."

Diese Antwort schien wiederum Andreas zu ermutigen. Er meinte: „Warum gehen wir dann nicht schneller und versuchen, Ihn einzuholen. Irgendwann müssen wir doch mit Ihm reden."

Johannes nickte, und die beiden beschleunigten ihre Schritte. Noch dazu, da der Fremde soeben hinter einem Hügel ihren Blicken entschwand. Als sie eilig über die Hügelkuppe schritten, sahen sie kurz vor sich eine Gruppe von Bäumen. Auf einer Bank, die in deren Schatten stand, saß der Fremde und blickte ihnen interessiert entgegen. Ihre Schritte verlangsamten sich. Doch sie gingen weiter und standen wenige Augenblicke später unmittelbar vor dem Mann, dem sie nun schon viele Stunden folgten. Weder Johannes noch Andreas brachten ein Wort heraus. Den Fremden schien ihre Verwirrung ein wenig zu amüsieren. Er erhob sich lächelnd und sagte: „Mir scheint, Meine Freunde, ihr seid Mir gefolgt. Wünscht ihr etwas?"

Johannes stammelte: „Sei gegrüßt, Meister... Wo wohnst Du?" Welch eine dumme Frage, ärgerte er sich sofort. Hätte er nicht fragen sollen: „Wie ist Dein Name?" oder „Dürfen wir mit Dir gehen?"

Doch der Wanderer schien seine Verlegenheit zu verstehen. Lächelnd wies Er mit der Hand auf den Weg vor ihnen und sagte: „Kommt und seht."

Als sie jetzt gemeinsam weitergingen, sagte der Fremde: „Ich bin Jesus von Nazareth. Und wer seid ihr?"

Auch ein Galiläer, durchzuckte es Johannes freudig. Dann sagte er schüchtern: „Ich bin Johannes Bar Zebedäus von Kapernaum, und dies ist Andreas Bar Jona von Bethsaida."

„Und was tut ihr hier?" forschte Jesus.

Johannes blickte Andreas hilfesuchend an. Endlich sagte er: „Herr, wir sind bis jetzt Jünger des Täufers in Bethabara gewesen. Doch er hat uns zu Dir gesandt." Andreas nickte bestätigend.

Jesus stellte keine weiteren Fragen, sondern bemerkte: „Wenn ihr wünscht, könnt ihr mit Mir kommen. Ich habe aber keine Wohnung, sondern schlafe heute nacht am See Genezareth."

Andreas reagierte schnell auf die Einladung. „Wir sind Fischer", sagte er eifrig. „Solch eine Nacht am See ist uns willkommen."

Die drei Wanderer erreichten Jesu Lagerplatz am Galiläischen Meer nicht vor dem späten Nachmittag. Während der ganzen Zeit hatte Johannes viele Gedanken bewegt. Was ihn zuerst an dem Täufer angezogen hatte, war, daß dieser so ganz anders war als die anderen Männer seiner Zeit. Dies drückte sich nicht nur in seinen Predigten aus, sondern auch in seiner äußeren Erscheinung. Darin schien schon ein Protest gegen die herrschenden Schichten der Gesellschaft zu liegen, und dies kam dem rebellischen Geist von Johannes entgegen. Doch Jesus war kein so auffälliger Mensch wie der Täufer.

Johannes wurde hin und her gerissen zwischen seiner tiefen Achtung vor Jesus, die durch die wunderbaren Ereignisse bei Seiner Taufe in Bethabara geweckt worden war, und seinen Zweifeln, die daher kamen, daß er nun wußte, daß Jesus aus Nazareth kam. Schon daß Jesus aus Galiläa und nicht aus Judäa kam, hatte Johannes erstaunt, aber die Nazarener waren nicht gerade jene, die unter den Galiläern den besten Ruf hatten. Und doch hatte sein bisheriger Herr, der Täufer, so hoch von Jesus gesprochen. Warum mußte er auch alle Dinge immer so skeptisch betrachten, seufzte Johannes, und konnte nicht einfach glauben und dem Wort des Täufers vertrauen, wie das Andreas tat? Aber es war nun einmal so, daß der Täufer von dem „Sohn Gottes“ gesprochen hatte, daran konnte man nicht so einfach vorübergehen.

Andreas bewegten zweifellos ebenfalls mancherlei Fragen, das konnte Johannes ihm ansehen. Doch auch der Nazarener schien bemerkt zu haben, daß in seinen beiden Begleitern mancherlei vorging. Nach längerer Zeit der Wanderung hielt Er an einer geeigneten Stelle inne, breitete Sein Obergewand im Schatten aus und wischte sich den Schweiß von der Stirn. „Es ist warm heute, wir wollen ein wenig rasten“, sagte Er. Als die drei sich gesetzt hatten, fuhr Er fort: „Ihr sagtet doch, daß ihr Fischer seid?“

„Ja, Meister“, nickte Andreas.

„Arbeitet ihr für andere Männer?“

„Ich schon, und auch mein Bruder Simon“, antwortete Andreas wieder. „Die Fischerboote gehören dem Vater von Johannes. Sein älterer Bruder leitet alles.“

„Wie heißt dein älterer Bruder“, wandte sich der Nazarener an Johannes.

„Jakobus, Meister. Er ist ein Rabbi.“ Johannes fragte sich, wie Jesus diese Information aufnehmen würde.

Jesus fragte interessiert: „Dann scheint deine Familie sich ja sehr treu an das Gesetz und die Vorschriften der Ältesten zu halten?"

„Ja, Herr", nickte Johannes, „so ist es." Im stillen fügte er hinzu: Ausgenommen ich selbst, natürlich.

Doch Jesus stellte Seine nächste Frage schon wieder an Andreas. „Und ihr alle seid gute Freunde, wie?"

„O ja, die allerbesten", lächelte Andreas stolz.

„Ich würde eure Brüder gern kennenlernen", erklärte Jesus ruhig und lächelte dabei freundlich.

Johannes und Andreas blickten sich überrascht an. Andreas schien erfreut über diese Aussicht, doch Johannes sah man einige Zweifel an. Andreas antwortete: „Vielleicht ergibt sich das, Herr. Wir würden uns jedenfalls sehr freuen."

Durch das Gespräch fühlte sich auch Johannes entspannter. Er fragte: „Herr, hast du auch ein Heim und eine Familie?"

„Meine Mutter, Meine Brüder und Meine Schwestern leben immer noch in Nazareth. Mein Vater war Joseph Bar Jakob."

„Lebt er nicht mehr?" fragte Johannes schüchtern.

„Nein."

„Das tut mir leid, Herr."

„Er ist schon lange Zeit gestorben", antwortete Jesus, als wolle Er dieser Tatsache den Kummer nehmen.

„Hast Du immer in Nazareth gelebt?" forschte Johannes weiter, immer noch nicht ganz mit der Tatsache versöhnt, in Jesus einen Nazarener vor sich zu haben.

„Ich wurde in Bethlehem geboren", antwortete Jesus, fügte aber gleich hinzu, als habe Er die Gedanken des Jüngers erkannt: „Aber aufgewachsen bin Ich in Nazareth. Johannes stellte keine weiteren Fragen.

Doch nun fragte Andreas: „Was ist Dein Beruf, Herr?"

„Mein Vater war Zimmermann. Ich habe bei ihm diesen Beruf ebenfalls gelernt. Wir haben Möbel hergestellt und viele andere Dinge aus Holz."

Für Johannes war dies ein weiterer Schock. Er hatte also einen einfachen Handwerker vor sich. Gewiß, die Rabbis schätzten die Handwerkskünste und hielten Handarbeit für sehr ehrenhaft. Aber ausgerechnet Zimmermann? Jesus konnte wirklich aus keinem reichen und angesehenen Haus stammen.

Andreas jedoch schien die Dinge anders zu sehen. „Das ist ja schon fast künstlerische Arbeit, Herr", rief er. „Johannes und ich hingegen tun nichts anderes, als Netze ins Meer zu werfen, um nasse und stinkende Fische herauszuziehen."

„Aber es ist ein einträgliches Geschäft", antwortete Jesus. „Und Ich denke, zu Zeiten braucht es allerlei Mut, auf den unruhigen See zu fahren. Und das Wetter, die frische Luft..." Er atmete tief. „Ich denke, daß viele euch um diesen Beruf beneiden."

Andreas strahlte über diese anerkennenden Worte. Johannes wußte nicht, wie er reagieren sollte und wurde deshalb von der nächsten Frage überrascht. Jesus wandte sich direkt an ihn: „Sag Mir, Johannes, wie kam es, daß du dem Täufer nachfolgtest?"

Es schien dem Jünger noch nicht an der Zeit zu sein, von dem Streit mit seinem Vater zu reden. „Ich habe nach Antworten auf manche Fragen gesucht, Herr", sagte er, „und war neugierig, ob ich sie bei dem Täufer finden würde."

„Und hatte er die Antworten?" Jesus blickte dem jungen Mann tief in die Augen.

„Herr, er hatte viele Antworten", bemerkte Johannes zögernd. Doch dadurch wurde auch klar, daß für ihn immer noch viele Fragen unbeantwortet waren.

Eine ganze Weile herrschte Schweigen. Dann erhob sich Jesus. „Wir haben noch ein ganzes Stück zu gehen", sagte Er; und zu Johannes gewandt fügte Er hinzu: „Sicher hast du noch viele Fragen, doch wir werden die Zeit finden, über sie alle zu sprechen."

Es waren nur noch knapp zwei Stunden bis zur Dunkelheit, als die drei Männer den Ort erreichten, wo Jesus zu lagern gedachte. Es war ein klarer Tag. Bald würde der Mond aufgehen und die Fischer würden auf den See hinausfahren. Andreas dachte an Kapernaum. ,,Glaubst du, unsere Schiffe werden heute nacht auch hinausfahren?" fragte er Johannes.

,,Es ist schwer zu sagen", antwortete dieser und blickte aufmerksam nordwärts. ,,Wenn der Himmel weiter im Norden genauso klar ist, dann ganz sicher."

Die drei Männer knieten im Sand und kümmerten sich um das Feuer, das sie soeben entzündet hatten. Jesus blickte Andreas an. Er hatte bisher kein Wort zur Unterhaltung der beiden Freunde gesagt. Jetzt meinte Er: ,,Folge Deinem Herzen, Mein Freund. Wir werden hier auf dich warten."

Sofort sprang Andreas auf. Überraschung und Freude zugleich waren in seinem Gesicht zu lesen. ,,Ja, Herr!" rief er eifrig und rannte den Strand hinunter.

Überrascht blickte Johannes ihm nach und fragte dann erstaunt den Nazarener: ,,Herr, ich begreife das nicht. Worum geht es eigentlich?"

,,Du wirst es bald sehen", lächelte Jesus.

Andreas rannte am Ufer entlang auf einen Fischer zu, den er in einiger Entfernung stehen sah. ,,Hallo, Fischer!" rief er. ,,Fischer, haben die Boote von Zebedäus aus Kapernaum hier in der Nähe gefischt?"

Der Fischer blickte ihn erstaunt an. Wer war dieser junge Mann, der hier am späten Sabbathnachmittag so atemlos angerannt kam? ,,Wer möchte das denn wissen?" fragte er.

,,Ein Freund der Leute von Zebedäus", antwortete Andreas.

,,Wenn du einer seiner Arbeiter bist, kommst du reichlich spät. Seine Schiffe haben in den letzten Tagen hier gefangen und ruhen heute am Sabbath ebenfalls. Aber sie liegen weiter in dieser Richtung." Er deutete mit ausgestrecktem Finger weiter den Strand hinunter.

,,Danke, Freund!" rief Andreas und lief eilig weiter. Immer wieder fragte er, bis jemand ihm die nicht weit entfernt liegenden Schiffe zeigte. Andreas eilte darauf zu und rief laut: ,,Simon! Simon!" Als er näher kam, wandten sich ihm eine ganze Reihe Gesichter zu. ,,Andreas, bist du das?" riefen viele der Fischer erstaunt.

„Ja, ich bin es."

„Was tust du hier?"

„Ich suche meinen Bruder Simon. Wo ist er?"

„Dein Bruder ist dort im letzten Boot, zusammen mit Jakobus."

„Danke", rief Andreas und lief eilig weiter.

Simon saß mit Jakobus zusammen im Heck des Bootes. Sie warteten auf das Ende des Sabbaths und den Sonnenuntergang, um zum Fischen hinauszufahren. Aufmerksam hob der große Fischer plötzlich den Kopf. „Jakobus", fragte er lauschend, „hast du es auch gehört? Ruft da jemand nach mir?" Auch Jakobus horchte jetzt aufmerksam.

„Da, wieder", sagte Simon. „Das ist doch... Das kann doch nicht sein?... Das klingt ja wie mein kleiner Bruder!" Er erhob sich und rief: „Andreas?!"

„Simon!" kam die Antwort, und schon war Andreas bei ihnen.

Der große breitschultrige Fischer sprang aus dem Boot und empfing seinen Bruder mit offenen Armen. „Andreas, du kleine Wasserratte", rief er lachend, während er ihn in die Arme schloß, „wo kommst du her? Du wirst uns mit deinem Lärm noch alle Fische vertreiben."

„Das macht gar nichts", rief Andreas, ebenfalls lachend. „Ich habe dich gefunden, Bruder, und darauf kam es mir an."

„So ist es", lächelte Simon. „Nun, bist du zurückgekommen, um wieder bei uns zu bleiben?" fragte er eifrig und zeigte damit seine Neugier.

„Bruder, ich bin hier, um dich mit mir zu nehmen", erklärte Andreas voller Eifer. „Simon, wir haben den Messias gefunden!"

2. Kapitel

Herodes hellenistische Hauptstadt Tiberias lag nicht allzuweit nördlich von Jesu Nachtlager. Die heidnische Stadt mit ihren mineralhaltigen warmen Quellen und den römischen Bädern war nicht nur der schönen Umgebung wegen hier erbaut worden, sondern auch aus militärisch-strategischen Gründen. Galiläa war zwar unzweifelhaft die schönste aller Provinzen Palästinas, aber gerade die Gegend, in der Tiberias lag, war überdurchschnittlich heiß.

Kurz nachdem Andreas davongelaufen war, um Simon zu suchen, hatte Jesus sich niedergelegt und war bald eingeschlafen. Johannes, der still am Feuer saß, sah dem Schlafenden an, daß Er sehr müde sein mußte, denn Er machte einen äußerst erschöpften Eindruck. Johannes hatte in einiger Entfernung eine Gruppe wilder Feigenbäume erspäht. Er beschloß, eine Anzahl Feigen zu pflücken, damit sie nachher etwas für das Abendessen hatten. Leise erhob er sich. Die Feigenbäume hingen voller Früchte, die reif waren. Er pflückte eine beträchtliche Anzahl davon, so daß sie reichlich haben würden.

Der Nazarener schlief immer noch, als Johannes zum Feuer zurückkehrte. Nun begann der Jünger den Meister aufmerksam zu studieren. Bald erkannte er, daß Jesus eine Zeit großer Anstrengung und Härte hinter sich haben mußte. Sein Gesicht hatte von längerem Aufenthalt im Freien eine tiefe Kupfertönung angenommen und war von Wind und Wetter gegerbt. Die Hände waren rauh und an vielen Stellen scheinbar von harter Arbeit irgendwelcher Art aufgerissen. In welchem Teil der Wüste war der Nazarener nur gewesen? fragte sich Johannes. Und welche Strapazen hatte Er ertragen müssen? Nicht einmal der Täufer hatte auf Johannes jemals einen so abgekämpften und erschöpften Eindruck gemacht. Johannes hätte den Meister gern danach gefragt.

Zu seiner Freude wurde der Nazarener durch den Hunger bald wach. „Herr“, sagte Johannes und wies auf die Feigen, „sieh, ich habe ein Abendbrot für Dich gesammelt.“

„Ah“, antwortete Jesus, während er die steifen Glieder streckte, „das ist gut, Johannes. Ich bin dir sehr dankbar.“

„Du warst sehr müde, Herr“, stellte Johannes zögernd fest.

„Das stimmt.“

Johannes konnte seine Neugier nicht mehr zügeln und fragte: „Wo bist du in der Zeit nach Deiner Taufe gewesen?“

Jesus griff nach einer Feige und zögerte mit der Antwort, ehe Er sagte: „Ich bin in die Wüste gewandert.“

„Ich dachte es mir, Herr. Aber...“

„Aber was, Johannes?“

„Ich habe mich gefragt...“, stammelte dieser.

Jesus blickte ihn verstehend an: „Du hast Mein Aussehen studiert, während Ich schlief?“ Johannes wurde vor Verlegenheit rot. Aber Jesus lachte nur. „Schon gut“, meinte Er ruhig. „Ich glaube, ich sehe aus wie ein abgenutztes Putztuch.“

Johannes mußte lächeln. Jesus hatte eine Art, die es leicht machte, sich in Seiner Gegenwart frei und entspannt zu fühlen. Jesus fuhr fort: „Freund, würde Ich dir jetzt von dem erzählen, was gerade hinter Mir liegt, würdest du Mir wahrscheinlich nicht glauben. Später wird einmal die Zeit kommen, daß ich davon reden werde.“

Zwei Männer kamen jetzt am Ufer entlang in ihre Richtung gegangen. Jesus winkte grüßend mit der Hand. Als Johannes sich umschaute, erkannte er Andreas, der voller Eifer seinen Bruder am Arm hinter sich herzog. Als sie näher kamen, war seine laute Stimme zu hören: „Sieh, Bruder, dort ist Er.“

„Zerre mich doch nicht wie einen Buben hinter dir her, Andreas“, knurrte Simon ein wenig ärgerlich. „Ich komme ja freiwillig...“

Als Johannes seinen Freund sah, wurde ihm auch klar, warum Andreas so plötzlich davongerannt war. Er lief den beiden entgegen und rief: „Simon, ich freue mich, dich zu sehen.“

Der Mund des großen Fischers blieb vor Staunen offen. „Johannes?“ schnaufte er. Dann zog er ihn mit aller Kraft in seine Arme und rief laut: „Johannes, mein Freund, du hast dich also doch nicht in einen Wüstendornstrauch verwandelt!“

Die beiden Freunde lachten fröhlich, dann blickte Simon zum Feuer, wo der Fremde stand. Andreas, der seinen Bruder beobachtete, sagte: „Simon, das ist Er, von dem ich dir erzählt habe — Jesus von Nazareth."

Jesus blickte den Herankommenden aufmerksam entgegen und reichte Simon die Hand, in die dieser kräftig einschlug. Tief blickte Jesus dem großen Fischer in die Augen. Er war es auch, der zuerst sprach: „Du bist Simon, der Sohn Jonas. Doch du sollst Petrus heißen ... ein Fels."

Die Männer saßen an diesem Abend noch eine ganze Zeit am Feuer, ehe sie sich zum Schlaf niederlegten.

Am nächsten Tag ging die Reise nordwärts am See entlang, weiter nach Galiläa hinein. Die Uferstraße war eine der belebtesten des ganzen Landes. Immer häufiger stießen sie auf einzeln stehende Häuser oder kleine Dörfer, in denen Fischer, Töpfer und andere Handwerker ihrer Arbeit nachgingen. Die Gegend hier in der Nähe des Sees war das Industriezentrum des Landes.

Bald tauchten die schimmernden Marmorpaläste von Tiberias vor ihnen auf. Majestätisch lag die Stadt über dem See. Sie war von Herodes Antipas, dem derzeitigen Herrscher von Galiläa und Peräa, gebaut worden und trug ihren Namen zu Ehren des jetzigen römischen Kaisers Tiberius, durch dessen Gnade Herodes Antipas hier Herrscher war.

Trotz der strahlenden Schönheit der Stadt lagen Unmoral und Heidentum wie eine schmutzige Decke über ihr. Außerdem waren ein Teil der Palastanlagen und auch die Festung über einem uralten Friedhof erbaut worden. Und aus diesem Grunde, und nicht nur der Heiden wegen, galt diese Stadt nach dem jüdischen Gesetz als unrein, weil die Fundamente vieler Gebäude Berühung mit Totengebeinen hatten. Deshalb vermieden es die orthodoxen Juden strickt, die Stadt zu betreten.

Ein Stück vor der Stadt teilte sich die Straße. Geradeaus ging es nach Tiberias hinein, während die nach links abzweigende Straße im Bogen um die Stadt herumführte. Alle frommen Juden benutzten diese Umgehungsstraße.

Als sie sich der Straßengabelung näherten, spie Petrus aus und zeigte damit die traditionelle Verachtung der frommen Juden für die heidnische Stadt auf ihrem Boden. An der Gabelung angekommen, blieb Jesus stehen. Verwundert blickten Johannes, Andreas und Petrus sich an. Johannes sagte verwirrt: „Herr, das ist Tiberias, Du willst doch sicher nicht hineingehen?"

Jesus blickte ihn an und fragte: „Warum sagst du das?"

„Meister", antwortete Petrus überrascht, „Du weißt doch sicherlich, daß diese Stadt auf einem alten Friedhof errichtet wurde. Es ist gegen das Gesetz, das zu berühren, was unrein ist."

Jesus blickte nachdenklich auf die Stadt hinunter und antwortete: „Es sind nicht die dort begrabenen Toten, welche die Stadt unrein machen, sondern die Herzen von vielen, die in ihren Mauern leben..." In den Gesichtern Seiner Nachfolger erkannte Er, daß sie mit Seinen Worten einverstanden waren. Heiden hatten nun einmal unreine Herzen. Doch Seine nächsten Worte schockierten sie: „... Es sind Herzen, wie sie die Menschen überall haben, auch die Menschen, die in Jerusalem leben."

Erstaunt schüttelte Johannes den Kopf: „Dann willst Du also in die Stadt gehen, Meister?"

Jesus fragte: „Fürchtet ihr euch davor?" Keiner antwortete. „Für dieses Mal", fuhr Jesus fort, „werde Ich um euretwillen vorübergehen. Doch nur die Toten müssen sich vor den Toten fürchten."

Etwa zwei Kilometer vor Magdala machten sie Rast. Johannes setzte sich ein wenig abseits von den anderen, weil er nachdenken wollte. Es fiel ihm immer noch nicht leicht, seine Zuneigung, die bisher dem Täufer gegolten hatte, nun ohne Einschränkung auf den ihm immer noch etwas fremden Nazarener zu übertragen. Gewiß, die Worte Jesu schienen voller Weisheit zu sein, wie zum Beispiel jene, die Er vorhin vor Tiberias gesprochen hatte. Doch was ihn störte, waren die für ihn noch immer unklaren familiären Verhältnisse und die scheinbar ärmliche Herkunft dieses Mannes. Dann fielen ihm aber wieder die Worte des Täufers ein: „Siehe, das ist Gottes Lamm, welches der Welt Sünde trägt.“ Zwar verstand er auch diese Worte noch nicht recht, doch sie gaben ihm neuen Mut. Er erhob sich, ging zu den anderen und fragte Jesus, der ihm entgegenblickte: „Meister, was ist das Ziel unserer Reise?“

„Wir gehen nach Kana“, antwortete dieser. „Im Hause eines Freundes unserer Familie findet in wenigen Tagen eine Hochzeit statt, an der Ich teilnehmen möchte.“ Seine Jünger würden ihn natürlich auf dieser Reise, die westwärts vom See hinwegführte, begleiten.

Bald erreichten sie die Hafenstadt Magdala. Johannes bemerkte, wie sein Freund Simon Petrus immer unruhiger wurde. Er zog ihn am Ärmel und hielt ihn so ein wenig zurück, während er Andreas mit dem Meister vorangehen ließ. „Was macht dir Sorgen?“ fragte er den großen Mann.

In Simons Gesicht arbeitete es. Endlich antwortete er: „Johannes, ich kann nicht weiter mit euch gehen, sondern muß euch verlassen, ehe es dunkel wird. Ich muß unbedingt übermorgen daheim sein.“

Erstaunt fragte Johannes: „Du willst nicht mit uns Jesus nachfolgen?“

„Ich kann nicht“, erwiderte Petrus traurig.

„Warum?“

„Nun, du mußt es doch erfahren“, seufzte Petrus. „Ich habe... geheiratet.“

Es dauerte eine Weile, ehe der Freund das verarbeitet hatte. Dann ging ein fröhliches Lächeln über Johannes Gesicht. „Du, Simon? Ich kann es fast nicht glauben!“

Auch Simon lachte jetzt. „Es ist aber wahr. Und selbst wenn du mir mit römischen Foltern drohst, kann ich es nicht verleugnen. Deshalb kann ich nicht mit euch gehen.“

„Weiß es Andreas schon?“ fragte Johannes.

„Ich habe es ihm noch nicht erzählt. Er hat ja nur noch Augen und Ohren für den Mann vor uns.“

„Wer ist denn deine Frau?“ wollte Johannes wissen.

„Erinnerst du dich an Debora?“

„Die Tochter von Tabigha?“ fragte Johannes. „Ich gratuliere dir. Ich wußte immer, daß du ein großer Fischer bist, aber wie ist dir dieser Fang gelungen?“ Mit diesem Scherz versuchte Johannes seine Enttäuschung zu verbergen.

„Ja“, nickte Petrus, „sie ist das schönste Mädchen der Stadt. Und ich war stolz und glücklich, sie zur Frau gewonnen zu haben ... Aber“, fügte er nach einer Weile hinzu, „jetzt beneide ich dich und Andreas, weil ich nicht mit euch diesem Mann dort folgen kann. Weißt du, Er ist ... Er ist ...“

„Faszinierend?“ fragte Johannes.

„Ja, genau das“, nickte Petrus nachdenklich. Nach einer Pause sagte er: „Aber weißt du, es wird kein Schaden entstehen, wenn ich noch einen Tag länger bei euch bleibe.“

3. Kapitel

Jesus und Seine Begleiter hatten nicht die Absicht, in Magdala anzuhalten. Sie mußten aber in die Stadt hinein, weil in ihr die Straße abbog, die nach links in die galiläischen Hügel führte.

Magdala war eine fleißige Hafenstadt voller Leben. Der Marktplatz war voller Käufer und Verkäufer und auch voller Lärm, weil überall in echt orientalischer Weise gehandelt wurde. Die Stadt war besonders für ihre fein gesponnene Wolle und den gesalzenen Fisch bekannt. Dieser Fisch war eine Spezialität Magdalas und wurde bis nach Rom und andere weit entfernt liegende Teile des großen Weltreiches ausgeführt. Deshalb kamen auch viele Fischer aus anderen Städten und Dörfern des Sees nach Magdala und verkauften hier ihren Fang.

Hauptsächlich die Anwesenheit dieser vielen fremden Fischer, die hier oft mehrere Tage blieben, bis sie ihre Fische gut verkauft hatten, hatte noch etwas anderes bewirkt. Magdala war eine Stadt der Prostituierten geworden. Im ganzen Lande gehörten die Begriffe Magdala und Prostitution fast zusammen.

Während die vier Männer durch die Stadt gingen, bemerkten sie überall in den Eingängen vieler Häuser diese verrufenen Frauen, die auf Kunden warteten. Johannes beobachtete aufmerksam den Meister, ob dieser ein Zeichen von Entrüstung von sich geben würde. Doch ihm war, als wenn eher ein Schimmer von Bedauern und Mitleid in Jesu Zügen zu sehen sei.

Ein ganzes Stück nach der Abzweigung der Straße nach Kana gab es, schon fast am Stadtrand, unter einer Gruppe von Feigenbäumen einen schattigen Rastplatz. Dort beabsichtigten die Wanderer, wieder auszuruhen. Während sie sich dem Platz näherten, saßen dort schon zwei andere Männer im Schatten und unterhielten sich. Der eine war Johannes gut bekannt. Es war Philippus von Bethsaida, ein sehr kluger und noch recht junger Lehrer, bei dem auch Johannes in der Akademie von Kapernaum lange Unterricht gehabt hatte. Er war so etwas wie der Lieblingsschüler von Philippus gewesen.

Der andere war der engste Freund von Philippus, nämlich Nathanael Bar Tholomäus von Kana. Die beiden hatten sich hier per Zufall getroffen. Nathanael war auf dem Weg nach Kana, und Philippus kam von da und wollte nach Kapernaum. Voller Freude hatten sie sich begrüßt und saßen nun schon eine ganze Weile in einem nachdenklichen Gespräch beisammen. „Ich bezweifle deine Worte nicht, Philippus", hatte Nathanael gerade gesagt, „denn ich weiß, daß du die Philosophie der Griechen studiert hast."

Philippus mußte lachen. „Gerade das macht mich ja unter den konservativen Frommen von Kapernaum und Bethsaida so verdächtig", meinte er. „Aber es ist trotzdem wahr, daß man in vielen Schriften der griechischen Philosophen und sogar schon bei den alten Ägyptern Hinweise darauf finden kann, daß auch sie ahnen, daß einmal ein von Gott gesandter Mann kommen wird, der der Not, den Problemen und Fragen unserer Welt ein Ende macht."

„Und du meinst, sie haben dabei an den Messias gedacht?" wollte Nathanael wissen.

,,Ich glaube nicht, daß sie unbedingt an einen Messias aus den Juden gedacht haben. Aber sie alle hoffen auf einen von Gott gesandten Mann, der Neues bringt. Vor allem neue Hoffnung. Aber allein unser Volk hat die klaren Verheißungen, die Gott den Propheten gab, daß dieser Mann aus unserer Mitte und zum Heil unseres Volkes kommen soll.“

Nathanael nickte nachdenklich und fragte endlich: ,,Wenn sich sogar die Heiden nach dem Messias sehnen, denkst du, Philippus, daß Er dann bald kommen wird? Meinst du, wir werden Sein Kommen vielleicht erleben?“

,,Freund“, lachte Philippus, ,,es hat seit Jahrhunderten in unserem Volk keine Generation mehr gegeben, die nicht diese Frage ebenfalls gestellt hätte. Wir können es nicht wissen. Aber eines wissen wir: Er wird aus unserem Volk kommen, denn so sagen es unsere Propheten.“

Damit begann er die Worte des Propheten Jesaja zu zitieren: ,,Denn ein Kind ist uns geboren, ein Sohn uns gegeben, und die Herrschaft ruht auf Seiner Schulter.“ Hier fiel Nathanael mit ein, und sie sprachen die ihnen so bekannten Worte gemeinsam: ,,Und man nennt Seinen Namen: Wunderbar, Berater, starker Gott, Vater der Ewigkeit, Friedefürst. Die Mehrung der Herrschaft und der Friede werden kein Ende haben auf dem Thron Davids und über sein Königreich, um es zu befestigen und zu stützen durch Gericht und durch Gerechtigkeit, von nun an bis in Ewigkeit.“

Die beiden Männer saßen noch einige Augenblicke still, dann meinte Nathanael: ,,Nein, die Griechen erwarten ganz sicher keinen solchen Messias, aber uns hat unser Gott Ihn verheißen.“ Er erhob sich. ,,Ich muß mich jetzt auf den Weg machen, sonst wird es dunkel, ehe ich heimkomme. Es war schön, dich hier getroffen zu haben, Philippus.“

Auch Philippus hatte sich erhoben. ,,Wir werden uns wiedersehen“, antwortete er. Sie verbeugten sich voreinander und verabschiedeten sich mit dem traditionellen ,,Friede sei mit dir“. Philippus ging in Richtung Stadt, um nach Kapernaum abzubiegen, und Nathanael wanderte Kana zu.

Philippus mußte über die Unterhaltung noch nachdenken und achtete deshalb nicht auf die Gruppe der vier Männer, die ihm entgegenkamen. Erst als er an ihnen schon fast vorüber war, wurde ihm bewußt, daß jemand seinen Namen gerufen hatte. Noch immer halb abwesend blieb er stehen und drehte sich den Männern zu. Solche Gruppen waren in Israel nichts Besonderes. Überall zogen Gruppen von jungen und manchmal auch älteren Männern mit einem großen und bekannten Rabbi für einige Tage durch das Land. Doch wer konnte ihn gerufen haben? Dann aber erkannte er die Leute seiner Heimatstadt. „Simon, Andreas", rief er überrascht, „und Johannes Bar Zebedäus!" Seiner Stimme war die Freude anzuhören.

Es war eine frohe Begrüßung, vor allem zwischen dem Lehrer und seinem ehemaligen Lieblingsschüler. „Ich bin froh, daß du mich durch deinen Ruf aus meinen Gedanken geweckt hast", sagte er zu Johannes. „Ich hätte nicht gemerkt, wer da an mir vorübergeht."

Johannes lächelte, sagte aber: „Herr, auch ich habe dich nicht gesehen. Nicht ich habe dich gerufen, sondern der Meister war es."

„Der Meister?" fragte Philippus erstaunt.

„Ja", nickte Johannes und führte ihn zu Jesus. „Dies ist Philippus von Bethsaida, ein früherer Lehrer von mir... Und dies ist mein Meister, Jesus Bar Joseph von Nazareth."

Philippus bemerkte, mit welchem Stolz Johannes den Fremden vorstellte. Er verbeugte sich: „Friede, Herr. Ich freue mich, Dir zu begegnen." Verwundert fügte er hinzu: „Doch warum hast Du mich gerufen, und woher weißt Du meinen Namen?"

Jesus lächelte warm. Doch Seine Antwort traf Philippus ins Herz. „Ich rief dich, weil Ich wußte, was du in deinem Herzen bewegtest", sagte Er. „Ich kenne die Worte, über die du nachdenkst."

Philippus wurde blaß. Wieso wußte der Fremde, daß er nachgedacht hatte? Doch dann faßte er sich. Gewiß hatte er einen völlig abwesenden Eindruck gemacht, als er vorüberging, daran hatte man es leicht erkennen können. Um den Fremden auf die Probe zu stellen, fragte er: „Welche Worte waren es denn?“

„Worte, die den Messias betrafen“, antwortete Jesus. „Aber es waren viele Worte der Heiden darunter“, fügte er sanft hinzu.

Philippus fühlte sich wie erschlagen. Und die Jünger schauten einander erstaunt an, weil sie die Unterhaltung überhaupt nicht verstanden. Doch der Lehrer aus Bethsaida begann zu zittern, als ihm klar wurde, was hier geschah. „Und was hast Du zu mir gesagt, als ich vorüberging?“ stammelte er.

Jesus blickte ihn freundlich an. „Ich sagte: »Folge Mir! Philippus.« Denn Ich bin der, von dem du vorher gesprochen hast. Ich bin es, den du suchst.“

Philippus war ein Intellektueller. Er konnte kaum glauben, was er jetzt hörte, und brauchte einige Augenblicke, bis er sich wieder gefaßt hatte. Doch dann blickte er die Straße entlang in Richtung Kana. „Herr“, rief er eifrig, „geh bitte nicht fort. Ich werde bald zurückkehren.“

Jesus ging mit den erstaunten Jüngern, die dem eilig davonlaufenden Philippus nachblickten, noch bis zu dem Rastplatz und setzte sich dort.

Schon ein ganzes Stück weiter rannte der respektgebietende Schullehrer mit wedelnden Armen und spähte scharf nach vorn. Es waren erst wenige Minuten vergangen, seit sie aufgebrochen waren, und Nathanael konnte noch nicht weit sein. Endlich erspähte er ihn ein Stück vor sich. „Nathanael“, begann er zu rufen. Er mußte es noch einige Male tun, bis er so nahe war, daß der andere ihn hörte.

Nathanael drehte sich um. „Philippus“, rief er erstaunt, „was ist geschehen?“

Der Lehrer blieb atemlos vor ihm stehen und hielt sich einen Augenblick an seiner Schulter fest, bis er sich erholt hatte. „O Freund“, schnaufte er dann, „wir haben Ihn gefunden.“

„Gefunden, wen?“ fragte Nathanael.

„Wir haben den gefunden, von dem Mose im Gesetz geschrieben und die Propheten, Jesus, den Sohn Josephs, von Nazareth.“

Nathanael blickte seinen Freund so an, als überlege er, ob dieser irgendwo ein wenig zuviel Wein bekommen habe. Lachend antwortete er: „Kann denn aus Nazareth etwas Gutes kommen?"

Doch Philippus blieb ernst, das wurde auch Nathanael klar. Nachdem der junge Lehrer noch einmal tief Luft geholt hatte, sagte er einfach: „Komm und sieh."

Nathanael ging mit seinem jungen Freund zurück. Als die beiden vor Jesus standen und dieser die Skepsis in Nathanaels Zügen bemerkte, sagte Er: „Siehe, wahrhaftig ein Israelit, der ganz aufrichtig ist."

Nathanael wurde verlegen. Konnte man ihm sein Mißtrauen so deutlich ansehen? dachte er. Nervös lächelnd fragte er: „Woher kennst Du mich?"

Jesus schaute ihn freundlich an und antwortete: „Ehe Philippus dich rief, als du unter dem Feigenbaum warst, sah Ich dich."

Nathanael starrte ihn verständnislos an. Es dauerte einige Zeit, ehe ihm die Bedeutung der Worte klar wurde. Dann wandte er sich zu Philippus. Dieser nickte bestätigend mit dem Kopf. Konnte es wahr sein? Wie konnte dieser Mann wissen, wo er vorher gewesen war? Er hatte ihn noch nie gesehen. „Meister", flüsterte er, „Du bist der Sohn Gottes, Du bist der König Israels." Seine Hände zitterten, als er an die Unterhaltung dachte, die er mit Philippus geführt hatte, und Tränen traten in seine Augen.

Jesus trat zu ihm, legte ihm die Hand auf die Schulter und sagte: „Nathanael Bar Tholomäus, glaubst du an Mich, weil Ich dir gesagt habe, Ich sah dich unter dem Feigenbaum?"

Als Nathanael nickte, fuhr Jesus fort: „Du wirst Größeres als dies sehen. Wahrlich, wahrlich, Ich sage euch: Ihr werdet den Himmel geöffnet sehen und die Engel Gottes auf- und niedersteigen auf den Sohn des Menschen."

Durch Johannes Kopf rasten die Gedanken nur so. Zu viel war in so kurzer Zeit geschehen. Wie konnte er das alles begreifen? Es schien, als habe Jesus die Fähigkeit, Nachfolger zu sammeln wie man in der Erntezeit die reifen Trauben vom Weinstock las. Immer noch wurde er innerlich hin und her gerissen und mußte sich oft an die Worte des Täufers erinnern, der diesen Nazarener den „Sohn Gottes" genannt hatte. Auch als Er mit Philippus und Nathanael sprach, war Jesus ihm fast göttlich erschienen. Und dann die Stunde der Taufe — das Licht und die Stimme vom Himmel?

Aber wer war dieser Mann wirklich? Durch welche geheimnisvolle Fähigkeit konnte Er so schnell Männer so verschiedener Art an sich ziehen, so daß sie ihr Heim und ihren Beruf vergaßen, um mit Ihm zu sein? Da waren berufsmäßige Fischer wie Andreas und sein jungverheirateter Bruder Simon; ein Gelehrter wie Philippus; ein liberaler Jude wie Nathanael — und endlich er selbst, der rebellische Sohn eines Pharisäers. Sie alle folgten diesem Nazarener nach, ohne wirklich verstanden zu haben, wer Er war, was Er glaubte und was Er von sich selbst zu sagen hatte.

Es war eine sehr schweigsame Gruppe, die hier in Richtung Kana ging. Alle anderen schienen ebenfalls mit ihren Gedanken beschäftigt zu sein. Johannes war das recht. Auch er mußte zunächst wieder Ordnung in die Geschehnisse bringen. Was hatte doch Jesus zu Nathanael gesagt? Er sei der „Sohn des Menschen"? Daniel hatte einmal in einer seiner Prophezeiungen von einem „Sohn des Menschen" gesprochen. Konnte Jesus sich darauf beziehen?

Und wie war das mit den Engeln, die vom Himmel auf- und niederstiegen? Johannes fiel der Bericht von dem Traum ihres Erzvaters Jakob ein, der eine Leiter in den Himmel ragen sah und darauf viele Engel. Wieder dachte er an den Tag der Taufe Jesu. Der Lichtstrahl damals vom Himmel herab war auch so ähnlich wie eine Leiter gewesen, und der Himmel hatte sicherlich in jenem Augenblick weit offen gestanden. Manchmal war ihm, als müsse sein Kopf zerspringen unter der Menge der Gedanken.

Auch die anderen dachten über vieles nach auf dem Weg nach Kana. Was zog sie hinter diesem Mann her? Der „Sohn des Menschen", hatte Er gesagt, sei Er. Was bedeutete das? Und der „Sohn Gottes", war Er das wirklich? Sie zitterten — sie hofften — und sie folgten Ihm.

4. Kapitel

Überall hörte man laute Musik und Lachen. Zehn junge Mädchen, mit Fackeln in den Händen, bahnten sich auf der Straße den Weg durch die fröhliche Menge und sangen dabei von der großen Schönheit der Braut, die hinter ihnen in einer Sänfte gefahren wurde.

Ein stolzer junger Mann mit einer Blumengirlande um den Hals versuchte sich einen Platz ganz in der Nähe der Sänfte zu erkämpfen und wurde daran immer wieder neckend von seinen Freunden gehindert, die dabei laut Geschichten von seiner großen Tüchtigkeit und Tapferkeit erzählten.

Irgendwo entlang des Weges hatten sich auch Jesus und Seine Jünger dem Brautzug angeschlossen. Die Braut war an diesem Abend von ihrem Bräutigam und seinen besten Freunden „entführt" worden. Beim Auszug aus ihrem Hause hatte ihr Vater einen Segen über sie ausgesprochen, und nun wurde sie zum Haus des Bräutigams geführt, wo das sechs Tage dauernde Hochzeitsfest stattfinden sollte. Die „Entführung" war natürlich vorher verabredet, und die Braut trug ihre kostbare Brautkleidung. Lange hatte sie voller Erwartung und Freude auf diesen Tag gewartet, seit der Vater des Bräutigams für sie den Brautpreis bezahlt hatte. Und nun war es so weit.

Endlich erreichte der Zug das Haus des Bräutigams. An der Schwelle begrüßte der Hausherr das Brautpaar und sprach wieder einen Segen über sie. Dann betrat der ganze Zug das Haus.

Die Jünger standen an einer Seitenwand und warteten, bis ihnen Plätze angewiesen wurden. Der Zeremonienmeister teilte die Plätze nach dem Rang der Gäste oder der Zugehörigkeit zur Familie zu. Das Brautpaar saß am Kopfende des ersten Tisches, der ein wenig erhöht stand. Da Jesus und Seine Begleiter nicht zur unmittelbaren Familie gehörten, mußten sie ein wenig warten. Doch der Zeremonienmeister, der in Ihm einen Rabbi erkannt hatte, teilte Ihm und den Jüngern respektvoll gute Plätze zu. Bald begannen die Festlichkeiten.

Es gab in Israel viele Rabbis, die solche Feierlichkeiten bei Hochzeiten ablehnten. Doch Jesus schien es nicht zu stören. Heiter bewegte Er sich unter den fröhlichen Gästen. Und doch fiel es Johannes auf, daß Er sich trotzdem auch hier auf diese geheimnisvolle Weise von all den anderen abhob. Er saß direkt neben Jesus und fragte Ihn: „Herr, sind die Braut und der Bräutigam Deine Freunde?"

„Sie sind entfernte Verwandte Meiner Mutter."

„Dann ist es schade, daß Deine Mutter nicht hier sein kann", meinte Johannes.

„Aber sie ist hier, Johannes." Jesus deutete zu einer Frau hinüber, die einen sehr netten und doch würdigen Eindruck machte und sich mit einer Reihe anderer Frauen unterhielt.

Johannes fragte sich, ob sie die Anwesenheit des Meisters schon bemerkt hatte. „Sie ist eine sehr stattliche Frau", bemerkte er etwas verschämt. Doch Jesus schien das Kompliment nicht übel zu nehmen.

Die Familie des Bräutigams war nicht übermäßig wohlhabend. Trotzdem gab es reichlich zu essen und zu trinken. Es wurde ein sehr fröhlicher Abend. Nun nahte der festlichste Augenblick. Der Bräutigam nahm die Braut bei der Hand, beide erhoben sich, und er führte sie zu einem prächtigen Baldachin, der als Symbol ihrer nun beginnenden Ehegemeinschaft diente. Der beste Freund des Bräutigams stand vor ihm und fragte: „Willst du versprechen, dieser Frau zu gefallen, sie zu ehren, sie zu ernähren und für sie zu sorgen, wie es Sitte unter den Männern Israels ist?"

„Ich verspreche es", antwortete der Bräutigam.

„Dann heirate diese Frau nach den Gesetzen von Mose und Israel."

Freudige Glückwünsche wurden jetzt ausgesprochen. Die Eltern von Braut und Bräutigam segneten das Paar nochmals, und die Freunde des Bräutigams führten ihn und die Braut zu dem Diwan zurück, der am Kopf des ersten Tisches stand.

Die Freude und der Lärm stiegen noch. Gesang setzte ein, und es wurde getanzt. Der Zeremonienmeister hatte wenig Mühe, das Fest in Gang zu halten und brauchte nur dafür zu sorgen, daß es nicht an Nachschub von Speisen und Getränken fehlte. Sorge ergriff ihn deshalb, als einer der Diener ihn aus dem Raum rief, die Sorge, die Vorräte könnten vielleicht nicht reichen, da er ja auch wußte, daß die Familie nicht sehr wohlhabend war und sich schon Gedanken gemacht hatte über die vielen Hochzeitsgäste.

Als er den Vorratsraum betrat, in dem die Diener standen, schauten diese ihn besorgt an. Einer von ihnen murmelte: „Herr, der Wein geht zu Ende."

Der Zeremonienmeister wurde blaß. „Das kann doch nicht sein", erregte er sich. „Habt ihr alles genauso gemacht, wie ich euch gesagt habe, immer ein Teil Wasser auf vier Teile Wein?"

„Ja, Herr, genau wie du befohlen hast."

„Habt ihr auch bestimmt nicht selbst zu viel davon getrunken?" wollte er wissen.

„Nein, Herr, ganz bestimmt nicht", versicherten alle empört. „Aber was sollen wir jetzt tun?"

„Ich weiß es auch nicht", meinte er verzweifelt. „So eine schöne Hochzeitsfeier wird nun ruiniert. Das Fest soll sechs Tage dauern, und schon jetzt geht der Wein aus. Welch eine Schande für das Haus." Er ging zur Tür und blickte vorsichtig durch den Vorhang in den Festraum. Als er das glückliche Brautpaar erblickte, wäre er am liebsten vor Scham davongelaufen. Doch dann faßte er sich und ging zum ersten Tisch zurück.

Niemand im Raum schien etwas von der Sache zu ahnen. Doch Maria, die das sorgenvolle Gesicht des Zeremonienmeisters sah, als er zurückkehrte, ahnte etwas, da auch sie den bescheidenen Wohlstand der Familie kannte. Sie erkundigte sich vorsichtig und überlegte dann, wer vielleicht helfen konnte. Als sie sich aufmerksam in dem großen Raum umsah, erblickte sie ihren Sohn Jesus, den sie bisher nicht bemerkt hatte. Freude erfüllte sie. Sie erhob sich, ging zu ihm und flüsterte, während sie Seine Hand ergriff: „O mein Sohn."

„Ich war schon die ganze Zeit hier, Mutter", sagte Jesus. „Doch du warst so mit anderen Gästen beschäftigt, daß du Mich nicht bemerkt hast."

Auch sie sah, wie Johannes vor wenigen Tagen, daß Er eine harte Zeit hinter sich haben mußte. „Wo bist Du gewesen?" fragte sie leise.

Doch Jesus antwortete nur: „Mach dir keine Sorgen, Mutter, es geht Mir gut."

Maria beugte sich noch ein wenig näher zu Jesus. Ihr Gesicht nahm einen bittenden Ausdruck an. „Sohn", sagte sie leise, „hier im Hause geht der Wein zu Ende."

Da Johannes aufmerksam zuhörte, bekam auch er mit, worum es ging, obwohl rundum fröhlicher Lärm herrschte. Wie würde der Meister reagieren, fragte er sich. Jesus war einen Augenblick still und antwortete freundlich aber fest: „Was habe Ich mit dir zu schaffen, Frau? Meine Stunde ist noch nicht gekommen."

Maria schien im ersten Augenblick nicht zu wissen, was sie mit der Antwort anfangen sollte. Doch dann zog ein Hoffnungsschimmer über ihr Gesicht. Sie entfernte sich wieder, ging aber nicht zu ihrem Platz zurück, sondern nach hinten zu den Dienern. Diese machte sie auf Jesus aufmerksam und sagte: „Was Er euch auch sagen mag, das tut."

Nur die Jünger, vor allem Johannes, hatten einiges von dem mitbekommen, was zwischen Mutter und Sohn vorgegangen war. Als Jesus sich deshalb nach einer Weile erhob und auch nach hinten in die Vorratsräume ging, fragten die Diener sich, was Er von ihnen wolle. Auch die Jünger überlegten, was jetzt wohl geschehen würde.

In einem Raum, der zum Hof hinausging, standen sechs riesige steinerne Wasserkrüge, von denen jeder etwa 100 Liter faßte. Jesus führte die Diener dorthin und befahl: „Füllt diese Krüge mit Wasser.“

Die Diener wußten zwar nicht, was dieser seltsame Auftrag bedeuten sollte, erinnerten sich aber an das, was Maria zu ihnen gesagt hatte. Außerdem ging von diesem Mann auf geheimnisvolle Weise soviel Autorität aus, daß keiner auch nur zu fragen wagte, wozu diese mühsame Arbeit gut sein sollte. Auch die Jünger im Festraum unterhielten sich flüsternd darüber, was ihr Meister wohl bei den Dienern zu tun gedachte.

Es dauerte einige Zeit, bis die sechs riesigen Krüge bis zum Rand mit Wasser gefüllt waren. Als es soweit war, sagte Jesus zu den Dienern: „Füllt damit einen Becher und bringt ihn dem Zeremonienmeister.“ Der Oberdiener wollte zuerst lachen, unterdrückte diese Regung aber wieder, als er Jesu Gesichtsausdruck sah, und forderte einen der Diener auf, den Befehl auszuführen.

Der Diener füllte einen großen Becher und ging damit recht zögernd in den Festraum, weil er sich den Zorn des Zeremonienmeisters vorstellten konnte, wenn dieser merkte, daß er gefoppt wurde. Alle anderen Diener versammelten sich hinter dem Vorhang, der sie vom Festraum trennte, um durch einen Spalt zu beobachten, was geschah. Als der Diener dem Zeremonienmeister den Becher reichte, brummte dieser besorgt und etwas ärgerlich: „Was bringst du mir denn da? Etwa Ziegenmilch?“

Als der Diener ihm erklärte, ein gewisser Jesus von Nazareth habe ihn gebeten, dieses Getränk zu kosten, brummte er: „Ich kenne diesen Jesus nicht. Und von Nazareth, sagst du?“ Verächtlich verzog er den Mund. „Aber vielleicht gab es in Nazareth doch einen reichen Verwandten des Hauses, der von den Schwierigkeiten gehört hatte und nun helfen wollte“, dachte er, nahm den Becher und kostete. Was er zu schmecken bekam, bereitete ihm eine große Überraschung. Schnell nahm er einen weiteren großen Schluck und ließ ihn genießerisch auf der Zunge zergehen. „Wer immer du bist, Jesus von Nazareth“, dachte er, „jedenfalls bist du ein sehr großzügiger Herr.“

Eiligst ging der Zeremonienmeister nach hinten in die Küche und ließ auch den Bräutigam rufen. Zu diesem sagte er vor den Ohren der staunenden Diener: „Jeder Mensch setzt zuerst den guten Wein vor, und wenn sie trunken geworden sind, dann den geringeren. Du aber“, sagte er mit anerkennendem Ton und breitem Lächeln, um so der Familie das Lob zukommen zu lassen, „du hast den guten Wein bis jetzt aufbewahrt.“

Johannes hatte nie zuvor einen Wundertäter gesehen. Gewiß — gehört hatte er schon von solchen Menschen; die heiligen Schriften und die Geschichte Israels waren voll von Berichten über solche Taten. Was hier in Kana geschehen war, erinnerte ihn an den Bericht über den Propheten Elia, der vor vielen hundert Jahren auf wunderbare Weise im Haushalt einer armen Witwe für ständige Versorgung mit Öl und Mehl gesorgt hatte. Aber konnten solche Dinge auch heute noch geschehen? Außer den Dienern hatte ja so genau niemand mitbekommen, was wirklich geschehen war. Trotzdem fand keiner der Jünger einen rechten Grund zum Zweifeln, auch Johannes nicht; und so wurde seine Bewunderung für den Meister nur noch größer. Als Jesus mit Seinen Nachfolgern Kana verließ, war es Johannes, der neben Ihm ging.

Auch Jesu Mutter Maria und ihre anderen Kinder, Jakobus, Judas, Joseph, Simon und Jesu Schwestern, die ebenfalls auf der Hochzeit gewesen waren, verließen mit ihnen das Fest. Doch während sie zusammen über die Straße zogen, bemerkte Johannes erstaunt, daß Jesus zwar zu Seiner Mutter ein gutes Verhältnis hatte, daß aber vor allem Seine Brüder Ihn eher wie einen Außenseiter behandelten, der nicht recht ernst zu nehmen ist.

Johannes hatte geglaubt, Jesus würde den Weg nach Nazareth einschlagen. Doch da Er dies nicht tat, fragte Johannes erstaunt: „Herr, wohin gehen wir?“

„Ich möchte gern eure Heimatstadt näher kennenlernen“, antwortete Jesus.

„Wir gehen nach Kapernaum?"

„Ja, und auch nach Bethsaida", lächelte Jesus.

Jesus wandte sich zu Petrus um, der schweren Herzens vorgehabt hatte, sie nun doch zu verlassen, um zu seiner Frau zurückzukehren, und erzählte ihm vom Ziel ihrer Reise. Ein frohes Lächeln ging über das Gesicht des großen Mannes. „Herr", rief er, „dann mußt Du zum Essen in unser Haus kommen, meine Frau und meine Schwiegermutter werden Dich sicher kennenlernen wollen."

Jesus nahm die Einladung mit einem freundlichen Kopfnicken an; und Petrus schien noch ein Stück größer zu werden, als er schon war.

5. Kapitel

Johannes kannte Petrus Frau Debora nicht näher. Gewiß, Petrus hatte ihn einige Male von weitem auf das hübsche Mädchen aufmerksam gemacht. Doch das war nicht besonders bemerkenswert gewesen, denn Petrus fielen häufig hübsche Mädchen auf. Deshalb war Johannes nun doch ein wenig gespannt, die Frau seines Freundes kennenzulernen.

Je näher sie Bethsaida kamen, um so mehr schien die anfängliche Begeisterung des Petrus über die Einladung an Jesus zu schwinden. Vielleicht machte sich Petrus Gedanken über Deboras Reaktion, wenn er so unangemeldet ein ganzes Haus voller Begleiter mitbrachte. Sicher würde sie sich auch fragen, wieso ihr Gatte plötzlich soviel Begeisterung für einen fremden Nazarener zeigte. Doch an dem entschlossenen Zug um Petrus Mund war zu lesen, daß er entschieden war, sich davon nicht beeinflussen zu lassen.

Als sie dann in Bethsaida waren und das Haus betraten, mußte Johannes doch staunen, welche Verwandlung das bescheidene Heim der beiden Junggesellen Simon und Andreas, das er von früher her kannte, unter den Händen einer Frau in der letzten Zeit erlebt hatte. Petrus trat mit festen Schritten ein und rief laut: „Debora!"

Man konnte eilige Schritte hören. Aus den hinteren Räumen tauchte die Hausfrau auf. „O Simon", rief sie. Ihr Gesicht strahlte, weil ihr Gatte nun heimgekehrt war. Doch als sie seine Begleiter bemerkte, unterdrückte sie den Impuls, ihn zu umarmen. „Simon, wer sind diese Männer?" flüsterte sie.

Petrus räusperte sich und erklärte: „Das sind liebe Gäste, Debora." In autoritärem Ton fügte er hinzu: „Beeile dich, Frau, bereite uns ein Essen und mache das Haus fertig; sie werden einige Tage hierbleiben."

Die Sitte jener Zeit in Israel verpflichtete einen Mann nicht, seiner Frau zu erklären, warum er unerwartet Besuch mitbrachte. Auch hatte er es nicht nötig, seiner Frau die Gäste vorzustellen. Doch nun sagte er in sanfterem Ton als vorher: „Debora, ich möchte dir meine Gefährten vorstellen."

Überrascht drehte sich Debora, die sich schon zum Gehen gewandt hatte, wieder um und blieb mit niedergeschlagenen Augen, wie es die Sitte verlangte, stehen. „Debora", begann Petrus, „das ist der Rabbi Jesus Bar Joseph von Nazareth. Ich bin seit einigen Tagen mit Ihm gewesen. Er wünschte, uns zu besuchen."

„Ich freue mich, Herr, Dich kennenzulernen", begrüßte sie Jesus mit einer Verbeugung.

„Ich hoffe, daß unsere Gegenwart dich nicht belasten wird", antwortete der Meister.

So rücksichtsvolle Worte sagten Männer gewöhnlich nicht. Debora wußte deshalb kaum, was sie antworten sollte, und ihr: „Sicherlich nicht, Herr", klang deshalb noch demütiger, als es nötig gewesen wäre. Sie fragte sich, ob der fremde Rabbi um ihre Mühe und ihre Gefühle besorgt war.

Petrus stellte ihr auch noch die anderen Jünger vor, was sie wohltuend als eine Anerkennung empfand. Schwierig wurde es für sie erst wieder bei ihrem Schwager Andreas, den sie bisher noch nicht kennengelernt hatte. Unzweifelhaft hatte er ja auch Anrecht auf einen Teil des Hauses. Würde er dieses Recht von nun an beanspruchen und würde sie auch noch für ihn mit sorgen müssen, fragte sie sich? Es gelang ihr aber, ihre Fassung zu bewahren. Mit den Worten: „Ich werde mein Bestes tun, um dir zu dienen", verbeugte sie sich auch vor Andreas.

Andreas schien ihre Gedanken zu erahnen und war ein wenig verlegen. Er zögerte kurz und antwortete dann: „Ich glaube, mein Bruder hat eine sehr gute Wahl getroffen." Zum ersten Mal blickte Debora kurz auf und lächelte leicht.

Johannes wartete bis zum nächsten Morgen, ehe er nach Kapernaum ging. Er hoffte im stillen, sein Vater würde vielleicht nicht zu Hause sein. Das große Haus hatte sich nicht verändert, und sein Herz schlug schneller, als er es erblickte. Würde seine Mutter Salome in der Küche sein? Dort fand man sie oft. Obwohl es genug Diener im Hause gab, lag es ihr nicht, untätig herumzusitzen. Sie legte überall selbst mit Hand an. Johannes sehnte sich nach seiner Mutter, das spürte er jetzt ganz deutlich.

Seine Hand zitterte ein wenig, als er jetzt die Haustür öffnete. Dabei wurde ihm bewußt, daß er äußerlich doch etwas heruntergekommen aussah. Es machte sich an seiner Kleidung und auch an seinem Aussehen bemerkbar, daß er so lange in der Wildnis gelebt hatte. Schnell versuchte er, sein Haar und die Kleidung noch ein wenig zu ordnen, doch das nützte nicht viel.

Als Johannes an der Schwelle des Wohnraums stand, sah er darin seine Mutter mit einer Dienerin an einem niedrigen Tisch stehen, auf dem verschiedene Stoffe lagen. Die beiden Frauen unterhielten sich eifrig. Salome hatte die Schritte gehört und drehte sich um. Ein kleiner überraschter Seufzer entfloh ihrem Mund, als sie ihren Sohn sah. Sie zitterte und schien ohnmächtig werden zu wollen.

Die Dienerin stützte ihre Herrin schnell und führte sie zu einem Stuhl. Mit strahlenden Augen blickte sie ihren Sohn an. Man konnte erkennen, daß seine äußere Erscheinung sie nicht störte. Als Tränen aus ihren Augen zu laufen begannen, ging Johannes zu ihr, kniete, wie er es als Kind oft getan hatte, neben ihrem Stuhl nieder und legte seinen Kopf in ihren Schoß. Lange blieben die beiden still. Endlich flüsterte sie: „Mein Kind."

Als die beiden dann beieinander saßen, begann Johannes, seiner Mutter vom Täufer und von Jesus von Nazareth zu erzählen. Ihrem Gesicht war anzusehen, wie fasziniert sie war. Salome stand treu zu ihrem Gatten Zebedäus. Sie bewunderte seinen frommen Eifer und seinen Verstand. Auch im Blick auf die Religion hatte sie nie etwas anderes gekannt als den Judaismus, und doch wurde sie von dem, was ihr Sohn erzählte, gepackt. „Sohn", sagte sie endlich zögernd, „dieser Jesus — du sagtest, du warst bei Seiner Taufe anwesend?"

„Ja, Mutter."

Nachdenklich strich sie über ihr Haar, das schon silberne Strähnen bekam. „War es so, wie die Leute sagen?"

„Was sagen sie denn?" forschte Johannes ruhig.

„Sie sagen, da war ein... ein Licht...?"

„Ja, Mutter, da war ein Licht."

„Und... und eine Stimme...?"

„Ja."

Salome schüttelte erstaunt den Kopf. An den Worten ihres Sohnes konnte sie nicht zweifeln. „Johannes", fragte sie besorgt, „dieser Jesus, wer immer Er auch sein mag, glaubst du, dein Vater würde Ihn akzeptieren?"

Johannes schritt zum Fenster und blickte nachdenklich hinaus. „Mutter", meinte er dann, „Vater war auch dort, als Jesus getauft wurde. Er hat alles selbst gesehen und gehört. Er hat euch sicher davon berichtet."

„Nein, Sohn", antwortete sie. „Ich weiß zwar, daß er dort war, denn er gehörte zu der Kommission, aber er hat nie ein Wort darüber gesprochen."

„Siehst du, Mutter", meinte Johannes traurig, „das habe ich befürchtet. Er will die Wahrheit nicht sehen. Aber", fügte er schnell hinzu, als er den kummervollen Blick seiner Mutter bemerkte, „laß uns von etwas anderem reden. Ich wünschte, du könntest den Meister kennenlernen, dann würden all deine Fragen unnötig. Hättest du den Täufer an jenem Tage gehört, als er den Nazarener taufte, dann würdest du nichts anderes mehr wollen als... ja, als mehr von Jesus zu wissen. Vielleicht wirst du Ihm eines Tages begegnen."

„Begegnen? Wem?" war eine bekannte Stimme von der Tür her zu hören.

Johannes fuhr herum und lief seinem Bruder entgegen. „Jakobus", rief er freudig. Die beiden Brüder fielen sich in die Arme.

„Bruder, bist du das wirklich?" rief Jakobus.

„Ja, ich bin's!"

„Und wirst du bei uns bleiben?"

„Für einige Tage", lachte Johannes warm.

„Na, das werden wir noch sehen", erwiderte Jakobus ebenso eifrig. „Jetzt setz dich und erzähle mir alles vom Anfang an. Rede von dem Täufer und von allem, was du gesehen und erlebt hast, aber nicht davon, uns wieder zu verlassen."

Johannes spürte, wie immer größere Freude sein Herz erfüllte. Er verstand plötzlich besser, warum Andreas sich damals so eifrig auf die Suche nach seinem großen Bruder gemacht hatte. Während Johannes berichtete, betrat plötzlich der Hausherr den Raum. Johannes erhob sich von dem Stuhl, auf den er sich wieder gesetzt hatte. Jakobus blieb sitzen und fragte sich, was jetzt geschehen würde. Salome breitete bittend die Arme aus, als wolle sie ihren Jüngsten verteidigen.

„Vater...", begann Johannes.

Zebedäus schien ihn nicht zu hören, doch sein Gesicht wurde blaß und verkrampft, seine Hände zitterten ein wenig. Es war, als würde er durch seinen Sohn hindurchblicken. Man spürte, wie er mit sich um eine Entscheidung kämpfte.

Salome schien nicht glauben zu wollen, was sie sah. Sie sprang auf und ging auf Zebedäus zu. „Mein Herr...", flehte sie, „sieh doch, dein Sohn ist zurückgekehrt." Doch dieser sagte immer noch nichts. Salome zitterte. „Bitte, Zebedäus", weinte sie.

Der alte Jude schien unter diesem Flehen ein wenig zu wanken. Doch dann richtete er sich noch höher auf. Sein Gesicht verhärtete sich. Er ging zu seinem Platz in der Nähe des Feuers, setzte sich, rief den Diener und forderte einen Becher Wein. Eilig verließ der Diener den Raum wieder. Er spürte die gespannte Atmosphäre.

Jetzt erhob sich Jakobus, machte einige Schritte auf seinen Vater zu und sagte ärgerlich: „Vater, dein Sohn ist zurückgekehrt. Kannst du dein Verlangen verleugnen, ihn im Hause zu behalten?“

Zebedäus starrte mit entschlossenem Gesicht in die Flammen. „Mein jüngerer Sohn“, sagte er bedächtig, „ist gestorben.“

Eine kalte und schwere Stille erfüllte den Raum für einige Augenblicke. Dann sank Salome mit einem Seufzer auf ihren Stuhl zurück. „Jahwe, hilf mir“, stöhnte sie. „Was soll ich tun?“ Jakobus trat zu ihr und legte ihr tröstend den Arm um die Schulter.

Johannes sah sich in derselben Lage, in der er, seit er aus den Kinderschuhen herauswuchs, seinem Vater gegenüber immer wieder einmal gewesen war. Er wandte sich um und ging zur Tür. Salome streckte ihre Hände nach ihm aus und rief: „Mein Sohn!“

An der Tür blickte er sich noch einmal um und schaute einen langen Augenblick seiner Mutter in die Augen. Dann verließ er das Haus. Es war schon dunkel geworden. Die Nachtluft, die ihn umfing, war mild und bitter zugleich.

6. Kapitel

Obwohl erst Frühling war, gab es schon sehr heißes Wetter, was sich besonders in den trockeneren Provinzen Judäas bemerkbar machte. Trotzdem war die Straße von Jericho nach Jerusalem in diesen Tagen besonders voller Pilger, die zum größten jüdischen Fest, dem Passahfest, in die heilige Stadt wollten.

Johannes ging nachdenklich neben dem Meister. Ihm war gerade eingefallen, daß auch eines der großen jüdischen Feste gewesen war, als er zum ersten Mal das Elternhaus verlassen hatte, um zu dem Täufer zu gehen. Damals war Hanukkah gewesen. Und nun floh er wieder vor seinem Vater; diesmal vor dem Passahfest. Ein Jahr und ein halbes waren fast vergangen, seit er nicht mehr daheim wohnte. Er fragte sich, ob er je wieder zu seiner Familie zurückkehren würde.

Jesus schritt gemächlich, aber in gleichmäßigem Tempo voran. Der Weg von Jericho nach Jerusalem ging stetig bergauf, da zwischen beiden Städten ein Höhenunterschied von rund 1000 Metern besteht. Es war noch fast eine Woche bis zum Passahfest, also brauchten sie sich nicht zu beeilen. Jesus wandte sich zu Petrus um und meinte: „Debora wird dich vermissen."

„Ja", nickte der große Fischer und wunderte sich darüber, daß Jesus wieder einmal seine Gedanken erraten hatte.

„Debora war sehr großzügig, dich gehen zu lassen", fuhr Jesus fort. „Es ist nicht leicht für eine jungverheiratete Frau, so lange allein zu sein."

„Schon", meinte Petrus achselzuckend, „aber sie hatte gar keine andere Wahl."

Jesus nickte und schaute einen kleinen Augenblick lächelnd zu Andreas, der neben Petrus ging und ebenfalls lächeln mußte. Philippus und Nathanael, die sonst meist tiefsinnige Gespräche führten, waren heute ebenfalls recht schweigsam. Sie dachten über die Ereignisse der letzten Zeit, besonders über die Hochzeit in Kana nach.

Jesus wandte sich jetzt an den jungen Mann an Seiner Seite.

Irgendwie hatte es sich in der letzten Zeit so ergeben, daß Johannes meist neben dem Meister ging und am nächsten zu Ihm war. „Johannes", begann Er, „Ich habe den Eindruck, daß es dir daheim nicht gut ergangen ist."

„Nein, Herr", seufzte dieser.

„Fällt es dir schwer, deine Familie zu verlassen?"

„Ja, Herr, schon... besonders meine Mutter und meinen Bruder."

„Und deinen Vater?"

„Den habe ich innerlich schon vor langer Zeit verlassen", meinte Johannes bitter.

Eine Zeit herrschte Schweigen, dann fragte Jesus: „Kannst du diesen inneren Schmerz, den du fühlst, überwinden, Johannes?"

Johannes wußte nicht, worauf Jesus mit dieser Frage hinaus wollte, antwortete aber: „Das wird nicht leicht sein, Herr."

„Das stimmt", nickte Jesus. „Und es wird dir nie ganz gelingen, wenn du nur vor deinem Vater fortläufst. Du mußt ein Ziel vor dir haben, dem du zustrebst, sonst schaffst du es nicht."

Johannes dachte darüber nach und meinte endlich: „Ja, das verstehe ich."

„Bist du manchmal noch traurig, wenn du an den Täufer denkst?" forschte Jesus weiter.

„Ich vermisse ihn, Herr. Doch ich verließ ihn, um Dir zu folgen, das macht es leichter."

Jesus lächelte: „Wenn es immer dein Ziel bleibt, Mir zu folgen, dann werden dich keine Probleme und Schwierigkeiten besiegen." Jetzt begriff Johannes, was Jesus ihm sagen wollte, und neue Freude strahlte aus seinen Augen.

Vor sich sahen sie nun schon die Heilige Stadt liegen, in die von allen Seiten die Festpilger strömten. Es war ein überwältigender Anblick. Besonders der großartige Tempel strahlte hell im Sonnenlicht. Wie oft Johannes auch schon nach Jerusalem gekommen war, es packte ihn jedesmal neu, wenn er die Stadt, das Wahrzeichen der Geschichte seines Volkes und der Wohnplatz Gottes, vor sich sah.

Jesus und Seine Jünger betraten die Stadt vom Ölberg her. Johannes fragte sich, wo sie das Passahfest feiern würden. Im Stadthaus ihrer Familie würde es nicht möglich sein, weil Zebedäus selbst kommen wollte und sie deshalb dort nicht willkommen sein würden. Doch die Juden der Stadt stellten zu Festzeiten den Pilgern gewöhnlich ihre Gastzimmer zur Verfügung. Sie würden also eine Unterkunft finden.

Die Gruppe betrat die Stadt durch ein Tor an der Nordseite der Mauer. In den Straßen herrschte ein unwahrscheinlicher Betrieb. Überall wurde gehandelt, gelacht und gestritten. Ein Fremder würde sich vielleicht gewundert haben, wie heilig den Juden dieses Fest wirklich war oder ob es nur um Geschäfte ging, die damit gemacht wurden. Das Passahfest wurde in Erinnerung daran gefeiert, daß vor vielen Jahrhunderten, als ihre Vorfahren unter Mose aus Ägypten auszogen, Gott sie in der Nacht des Auszugs vor dem Würgeengel bewahrte, der durch Ägypten ging und in allen ägyptischen Häusern den Erstgeborenen tötete. Den Israeliten war von Gott befohlen worden, das Blut eines geschlachteten Lammes an die Türpfosten ihrer Häuser zu streichen. Überall, wo er das Blut sah, wollte der Engel vorübergehen.

Jesus und Seine Jünger schoben sich mit den anderen Pilgern durch die überfüllten engen Straßen langsam und mühevoll dem Tempelplatz zu. Der Tempel selbst nahm nur den kleinsten Teil des riesigen Platzes ein, der rechts und links von zwei langen, offenen Säulenhallen flankiert wurde. Eine hieß ,,Die Halle des Königs" und die andere ,,Die Halle Salomos". Von hier aus ging es stufenförmig durch die verschiedenen Vorhöfe bis zum Tempel hinauf.

Jesus wandte sich zunächst zur ,,Halle des Königs", durch deren gewaltige Säulenreihen sanft die warme Frühlingsluft zog. Hier blieb Er stehen und beobachtete mit Seinen Jüngern das geschäftige Treiben. Hier saßen die Denker des Judentums, diskutierten die Gesetze und debattierten über die Propheten. Alle waren hier vertreten: Leviten, Priester, Schriftgelehrte, Rabbis mit ihren Schülern, Pharisäer, Sadduzäer, Zeloten aller Richtungen und andere. Wenn ein Fremder etwas vom Wesen des orthodoxen Judentums verstehen wollte, der mußte hierher kommen.

Im Zentrum der Halle standen sich zwei Gruppen orthodoxer Pharisäer und liberaler Sadduzäer in einer hitzigen Diskussion gegenüber. Sie diskutierten über die Auferstehung, die von den Sadduzäern unter Berufung auf Bibelstellen aus dem „Prediger" verleugnet wurde. Ebenso eifrig verteidigten die Pharisäer die Auferstehung, hauptsächlich unter Heranziehung von Stellen aus dem Buche „Hiob". Hier blieb Jesus lange stehen, sagte aber selbst kein Wort zu den vorgetragenen Argumenten.

In einer Ecke der Halle stand auf einer einfachen Kiste ein Zelot und wetterte über die römische Besatzungsmacht; an einer äußeren Säule saß ein Wundertäter, der für jede Wunderkur einen Schekel verlangte; weiter hinten sang eine Gruppe frommer Juden einen Psalm. Hier und da saßen Rabbis, umgeben von ihren Schülern. Wahrhaftig, dieser Platz hier im Orient konnte sich mit dem Forum in Rom und dem Parthenon Athens messen.

Endlich ging Jesus weiter, ohne daß Er ein Wort gesagt hätte. Die Jünger hätten gern die Meinung ihres Meisters über die Auferstehung gewußt, wagten aber nicht, Ihn zu fragen, weil sich während der Zeit ihres Aufenthalts hier über Seinem Gesicht eine große Traurigkeit ausgebreitet hatte. Jesus blickte jetzt über die Stufen der einzelnen Vorhöfe zum Tempel hinauf und machte sich nach dort auf den Weg. Petrus stieß Johannes leicht in die Seite und blickte ihn fragend an. Doch dieser wußte auch nicht, was in ihrem Meister vorging und zuckte nur mit den Achseln.

Über eine Reihe von Stufen erreichten sie nun die erste Terrasse, die auch als der „untere Hof" oder als „Vorhof der Heiden" bekannt war. Kein Heide durfte weitergehen, als bis zu diesem Hof, sonst drohte ihm die Todesstrafe. Dies war hier unübersehbar in großen Buchstaben in lateinischer, griechischer und hebräischer Schrift geschrieben. Die Aufmerksamkeit des Meisters wurde offensichtlich von den vielen Geschäften gefangengenommen, die es hier überall gab. Es war so etwas wie der Tempel-Marktplatz.

Schon von der Zeit an, als die Juden aus der babylonischen Gefangenschaft zurückgekehrt waren, gab es hier solche Geschäfte. Seit dieser Zeit wohnten viele Juden in fremden Ländern und kamen nur ab und zu nach Jerusalem, vor allem zu den großen religiösen Festen. Da sie dann auch ihre Tempelsteuer entrichteten, die aber nur mit jüdischem Geld bezahlt werden durfte, mußten sie das aus dem Ausland mitgebrachte Geld umtauschen. Dadurch waren hier im „Vorhof der Heiden" die ersten Geldwechslergeschäfte entstanden, zu denen im Laufe der Zeit auch andere hinzukamen, wo man Opfertiere, wie Tauben, Schafe usw. sowie Zutaten zu den verschiedenen Opfern, die im Tempel dargebracht wurden, verkaufte.

Nach und nach war allerdings diese an sich vernünftige Einrichtung entartet. Es gab jetzt eine große Anzahl solcher Verkaufsstände, und die Händler überboten sich gegenseitig mit lautem Geschrei, um die Kunden anzulocken, indem sie ihre Opfertiere als die besten und billigsten anpriesen usw. Überall wurde lautstark gehandelt und gefeilscht, so daß sich dieser Tempelvorhof kaum noch von irgendeinem anderen orientalischen Basar unterschied. Ein Fremder, der nicht wußte, wo er sich befand, wäre nie auf die Idee gekommen, hier im Vorhof des Tempels des einzigen, ewigen und heiligen Gottes zu sein.

Mit Erstaunen bemerkte Johannes, welche Veränderung mit seinem sonst so ruhigen und freundlichen Meister vor sich ging, als Er dieses Treiben beobachtete. Auf der Stirn Jesu erschienen Zornesfalten, Seine Augen begannen Feuer zu sprühen, und Seine Hände ballten sich zu Fäusten. Johannes und die anderen Jünger schauten sprachlos zu, als Jesus nach einem dicken Seil griff, das auf einem Verkaufsstand für Opfertiere lag und es so zusammenlegte, daß daraus eine Art Geißel wurde. Der Verkäufer wollte protestieren. Doch der Nazarener blickte ihn so zornig an, daß dieser schwieg und einige Schritte zurücktrat.

Erregt schwenkte Jesus die zur Geißel geformten Enden des dicken Seiles in Seiner rechten Hand hin und her. Jetzt reckte Er den linken Arm anklagend in die Höhe. Johannes wurde bei diesem Anblick an seinen früheren Herrn, den Täufer, erinnert, der oft so draußen in Bethabara gestanden hatte, wenn er dem Volk die Sünden vorhielt und sie zur Buße rief. Die Menschen rundherum wurden jetzt ebenfalls aufmerksam und blickten überrascht auf den Mann, der mit erhobenem Arm und geschwungener Geißel wie ein Prophet aus alter Zeit in ihrer Mitte stand.

„Hinaus!" schrie Jesus mit Donnerstimme, in der die ganze Empörung Seiner Seele lag. „Hinaus!" schrie Er wieder und schwenkte dabei die Geißel. Die Umstehenden gingen ängstlich nach rückwärts und stolperten dabei über die Füße der anderen, als sie versuchten, der schwingenden Geißel zu entkommen. Seine Arme, die durch jahrelange Arbeit als Zimmermann kräftig und muskulös waren, packten einen der am nächsten stehenden Tische und stießen ihn um. Viele Münzen von dem Tisch fielen auf die Erde und rollten über den Platz. Es entstand ein wildes Durcheinander, weil einige sich nach den Geldstücken bückten und andere vor dem Zorn dieses Mannes flüchten wollten.

Jesu nächstes Ziel waren einige Stände mit Opfertieren. Er löste Schafe und Böcke von den Seilen, an denen sie gebunden waren, öffnete Taubenkäfige und stieß sie um, so daß die Tiere erschreckt davonflatterten. Tiere blökten, Menschen schrien und Händler schimpften und riefen nach der Tempelwache. Es war ein unbeschreibliches Durcheinander. Buchstäblich Hunderte von Menschen flohen vor diesem einen zornigen Mann, von dem etwas Unbeschreibliches ausging. „Fort!" schrie Er immer wieder, „fort mit euch!" während Er weitere Tische und Verkaufsstände umstieß. „Tragt das alles hinaus!" rief Er den Händlern zu. „Heißt es nicht in der Schrift: »Mein Haus soll ein Haus des Gebets für alle Völker sein«? Ihr aber habt daraus eine Räuberhöhle gemacht!"

Endlich legte sich Jesu Zorn. Er schaute sich noch einmal

hoheitsvoll um und verließ dann den Platz. Die Anwesenden drängten sich zurück und machten Ihm achtungsvoll Raum. Keiner wagte Ihn aufzuhalten. Johannes und die anderen Jünger folgten Ihm schweigend, ergriffen und ehrfurchtsvoll. Sie hatten ihren Meister wieder von einer ganz neuen Seite kennengelernt.

Es war am Vorabend des Passahfestes. Eine gastfreundliche Familie hatte Jesus und den Seinen die obere Etage ihres zweigeschossigen Hauses für die Festtage zur Verfügung gestellt. Jesus war ins Erdgeschoß gegangen, um sich mit dem Hausherrn und seiner Familie zu unterhalten. Die anderen Jünger ruhten schon auf ihren Lagern und versuchten zu schlafen. Nur Johannes stand noch am Fenster und schaute in die dunkler werdende Straße hinunter. Viele Gedanken gingen ihm durch den Sinn.

In ganz Jerusalem hatte man heute davon geredet, was im „Vorhof der Heiden“ geschehen war. Überall hatten die Menschen in Gruppen beieinander gestanden und sich gefragt, was das wohl zu bedeuten hätte. Niemand wußte eine Antwort darauf. Die Pharisäer und Schriftgelehrten waren zusammengekommen und hatten den Vorfall ausführlich besprochen. Sie befürchteten, daß ihnen dadurch neue Schwierigkeiten erwachsen würden und überlegten, wie sie den Nazarener unschädlich machen könnten.

Auch Johannes war in Gedanken bei seinem Herrn und dachte über alles nach, was er in der letzten Zeit mit Jesus erlebt hatte. „Meister“, dachte er, „wenn ich nur besser verstehen könnte, was alles geschieht. Ich habe nur einen Wunsch: Ich möchte Dich mehr und besser kennenlernen. Würde ich Dich besser kennen, so könnte ich Dich sicherlich auch besser verstehen. So aber...“

In diesem Augenblick hörte er hinter sich einige leise Schritte. Er drehte sich um und blickte dem Meister, der leise eingetreten war, in die Augen, in denen tiefes Verständnis zu lesen war. „Johannes“, sagte Jesus freundlich, „du sollst Mich besser kennenlernen; so gut, wie kein anderer Mensch.“

7. Kapitel

Am Morgen des Passahfestes gingen Jesus und Seine Jünger wieder zum Tempel. Da mittlerweile jedermann in Jerusalem wußte, was vor zwei Tagen im Tempel geschehen war, erregten sie überall Aufsehen. Viele kannten Jesus schon und machten ihre Freunde oder Verwandten auf Ihn aufmerksam. Je näher sie dem Tempel kamen, um so mehr drängte sich das Volk um sie, so daß Johannes ein wenig besorgt wurde. „Meister, es sind so viele", flüsterte er Jesus zu. Doch dieser antwortete nicht, sondern machte nur eine beruhigende Handbewegung. Er schien sich ganz auf das zu konzentrieren, was vor Ihm lag.

Als sie den „Vorhof der Heiden" erreichten, kam ihnen eine Gruppe jüdischer Ältester entgegen. Ihr Führer, ein würdig aussehender Mann, der die reiche Kleidung eines Schriftgelehrten trug, wandte sich an Jesus und fragte: „Bist Du nicht der Mann, der vorgestern auch hier im Vorhof war?"

Jesus betrachtete den Ältesten sorgfältig und antwortete dann: „An diesen Ort hier kommen jeden Tag viele Menschen."

„Das stimmt", nickte der Schriftgelehrte lächelnd. „Aber Du bist doch der Mann, der hier die Tische umgeworfen und die Händler hinausgetrieben hat? Dadurch hast Du alles, was an diesem heiligen Ort geschieht, erheblich gestört."

Jesus nickte: „Ich bin der Mann. Und ich stimme dir zu, dies ist ein heiliger Ort. Doch nicht alles, was hier geschieht, ist heilig, genausowenig wie Milch nicht dadurch schon zu Wein wird, daß man sie in einem Weinschlauch transportiert."

Hier und da wurde gelacht über diese treffende Antwort. Da der Älteste dagegen nichts zu sagen wußte, fragte er nunmehr: „Aber dies ist das Haus Jahwes. Welches Recht hast Du, Dich hier so zu benehmen?" Das war eine kluge Frage. Konnte er Jesu Argument nicht widerlegen, so versuchte er, Jesu Berechtigung, so aufzutreten, in Zweifel zu ziehen. Damit hatte er alle orthodoxen Juden auf seiner Seite. Hier konnte nicht einfach jeder herkommen und tun was er wollte, denn dies war das Haus Jahwes.

Deshalb war Jesu Antwort um so unglaublicher. „Selbst wenn du den Tempel zerstören würdest", erklärte Er, so würde Ich ihn in drei Tagen wieder aufbauen." In dem Protestgeschrei, das sich erhob, ging alles andere unter. „Gotteslästerung", schrien die Zuhörer, und hier und da sah man schon geballte Fäuste.

Johannes erschrak. „Meister", rief er, „was sollen wir tun?"

Doch Jesus blieb ganz ruhig stehen. Er schien in der sie umgebenden Menge jemand zu suchen. Endlich hatte er ein Kind entdeckt, dessen eines Bein völlig zusammengeschrumpft war. Um gehen zu können, benutzte der Junge Krücken. Jesus ging auf ihn zu. Die gleichen Hände, die die Stände der Händler umgeworfen hatten, legten sich nun sanft auf den Kopf des Kindes. Rundum war wieder Ruhe eingekehrt. Mit angehaltenem Atem beobachteten alle, was geschehen würde.

Jesus beugte sich zu dem Jungen hinunter und flüsterte ihm etwas ins Ohr. Erstaunt blickte dieser zuerst auf Jesus und dann auf seine Krücken. Doch er tat, was Jesus ihm zugeflüstert hatte und warf die Krücken, die ihm Halt gaben, von sich. Er benötigte sie auch nicht mehr, denn sein Bein war gerade, fest und stark und konnte ihn tragen. Tränen traten in die Augen des Jungen, als er nun ohne jede Hilfe gehen, rennen und springen konnte.

Der Nazarener ging weiter durch die Menge, die jetzt ehrfurchtsvoll vor Ihm beiseite wich. Überall, wo Er auf Kranke traf, rührte Er sie an. Und Behinderte, Gelähmte, Blinde und Krüppel wurden gesund. Nun waren Freuden- und Jubelschreie zu hören, die nach jeder Heilung immer lauter wurden. Vergessen war, daß man Ihn eben noch der Gotteslästerung beschuldigt hatte. Überall pries man Ihn und drängte sich zu Ihm.

Doch Jesus verließ den Vorhof wieder, ohne ein Wort zu sagen. Er ging nicht auf das Jubelgeschrei der Menge ein, denn Er kannte ihre wetterwendischen Herzen.

Am Abend nach dem Passahmahl saß Jesus noch lange mit

Seinen Jüngern beisammen. Es war schon lange dunkel geworden, als es an die Tür klopfte. Wer wohl so spät noch etwas von ihnen wollte?

Petrus nahm eine Öllampe, ging zur Tür und fragte: „Wer ist da?"

„Ein Freund", war die leise und doch drängende Antwort.

„Laß ihn herein", sagte Jesus, und Petrus öffnete die Tür.

Als Johannes den Fremden im Schein der Öllampe erkannte, stockte ihm der Atem. Dies war doch einer der Männer, die zu der Kommission gehört hatten, die der Sanhedrin damals zum Täufer nach Bethabara sandte. Was wollte er hier?

„Ich suche den Galiläer", sagte der Besucher. Man merkte ihm an, daß es ihm ein wenig ungemütlich war.

„Ich bin hier", antwortete Jesus. „Sei uns willkommen. Ich bin Jesus von Nazareth. Willst du dich setzen und uns sagen, was dein Anliegen ist?"

Zu Johannes Überraschung nickte der alte Jude zustimmend und setzte sich. „Ich bin Nikodemus, ein Angehöriger des Sanhedrins", begann er und fuhr nach einigen Augenblicken fort: „Herr, Dir ist sicher bewußt, daß der Hohe Rat sich Gedanken über Dich macht. Und es sind nicht nur gute Gedanken. Deshalb bin ich gekommen, denn ich weiß, daß Du ein Lehrer bist, der von Gott gekommen ist; denn niemand kann die Zeichen tun, die Du tust, wenn nicht Gott mit ihm ist."

Es mußte den alten Pharisäer viel Überwindung gekostet haben, hierher zu kommen und dies zuzugeben. Das wußte auch Jesus. Deshalb sah Er Nikodemus aufmunternd an und erwiderte: „Ich weiß, daß du ein aufrichtiger Mann bist. Doch Ich muß dir etwas sagen: »Wenn jemand nicht von neuem geboren wird, kann er das Reich Gottes nicht sehen.«"

Die Jünger waren ebenso erstaunt wie Nikodemus, das konnte man ihnen ansehen. Jesus erklärte nochmals, mit noch mehr Nachdruck: „Ein Mensch muß nicht nur nach dem Fleische geboren werden, sondern noch ein zweites Mal durch den Geist, sonst kann er nicht in das Reich Gottes kommen."

Eine ganze Weile herrschte Schweigen. Dann schüttelte

Nikodemus nachdenklich den Kopf: „Das verstehe ich nicht", meinte er. „Wie kann ich noch ein zweites Mal geboren werden?"

Jesus erhob sich, ging zur Tür und öffnete sie. Der Hauch eines sanften Abendwindes wehte durchs Zimmer. „Siehst du, Nikodemus", sagte Er, „der Wind weht, wo er will; du hörst sein Brausen, weißt aber nicht, woher er kommt und wohin er geht..." Er schloß die Tür wieder und fuhr eindringlich fort: „... so ist es mit jedem, der aus dem Geist geboren ist."

„Wie kann das geschehen?" fragte Nikodemus.

Freundlich antwortete Jesus: „Du bist der Lehrer Israels und verstehst das nicht? ... Wenn Ich zu euch über irdische Dinge gesprochen habe und ihr nicht glaubt, wie werdet ihr glauben, wenn Ich zu euch über himmlische Dinge spreche? Niemand ist in den Himmel hinaufgestiegen außer dem, der vom Himmel herabgestiegen ist: der Menschensohn. Denn Gott hat die Welt so sehr geliebt, daß Er Seinen einzigen Sohn hingab, damit jeder, der an Ihn glaubt, nicht zugrunde gehe, sondern das ewige Leben habe. Denn Gott hat Seinen Sohn nicht in die Welt gesandt, damit Er die Welt richtet, sondern damit die Welt durch Ihn gerettet wird."

Langes Schweigen folgte diesen Worten. Endlich erhob sich Nikodemus, bedankte sich und ging.

Johannes lag noch lange wach an diesem Abend, die vielen Gedanken wollten ihn nicht schlafen lassen. Was hatte Jesus gesagt? Der Menschensohn sei vom Himmel herabgestiegen? Bisher hatten er und die anderen Jünger immer geglaubt, Jesus rede von sich, wenn Er vom Menschensohn redete. Und dann hatte der Meister noch gesagt, Gott habe Seinen Sohn in die Welt gesandt, um den Menschen ewiges Leben zu bringen. Ewiges Leben...?

Hier der „Menschensohn", und da der „Sohn Gottes!" Konnte es sein, daß der Meister meinte, Er sei beides? Hatte nicht auch der Täufer Jesus den „Sohn Gottes" genannt? Johannes war es, als habe er ein wenig mehr von der Wahrheit, die er suchte, erkannt.

8. Kapitel

Es war in diesem Jahr besonders heiß und trocken, so daß es in der Gegend von Bethabara, wo der Täufer sich gewöhnlich aufhielt, nicht mehr genug Wasser gab. Deshalb hatte der Bußprediger seinen Aufenthaltsort gewechselt und war nach Änon gegangen, wo er nun predigte und taufte. Hier gab es noch genug Wasser. Schon der Name „Änon" zeigte dies an, denn das Wort heißt „Quellenort". Doch für die Juden war es fast eine Beleidigung, denn Änon lag im Lande der verhaßten Samariter.

Jesus hatte kurz nach dem Passahfest mit Seinen Jüngern Jerusalem wieder verlassen und war in den Norden Judäas gezogen, nicht weit entfernt von der Grenze zu Samaria. Eines Tages hatte der Meister Johannes beiseite genommen und ihm drängend geraten, doch den Täufer wieder für einige Zeit aufzusuchen. Obwohl Jesus keinen Grund dafür angab, hatte Johannes doch gespürt, daß es Ihm wichtig war. Deshalb hatte er sich ohne Zögern auf den Weg gemacht.

Es war das erste Mal, daß Johannes nach Samaria ging, denn rechtgläubige Juden betraten normalerweise dieses Land, mit dessen Bewohnern sie verfeindet waren, nicht. Wenn ein Jude von Judäa nach Galiläa reisen wollte, machte er lieber den weiten Umweg über das Ostufer des Jordans durch Peräa, nur um nicht mit Samaritern in Kontakt zu kommen. Die Samariter waren ein Mischvolk. Als die Israeliten des nördlichen Königreichs in die assyrische Gefangenschaft geführt wurden, war ein kleiner Teil von ihnen im Lande zurückgeblieben. Nach und nach waren Angehörige anderer Völker in das entvölkerte Land eingewandert und hatten sich mit den zurückgebliebenen Israeliten vermischt. Daraus waren die Samariter entstanden.

Die Juden wollten dieses Mischvolk nicht als echte Israeliten anerkennen, sondern verachteten sie. Dazu kam außerdem noch, daß die Samariter auf dem Berge Garizim ihren eigenen Tempel gebaut hatten und nicht an dem Gottesdienst im Tempel von Jerusalem teilnahmen. Die Samariter wurden in den jüdischen Synagogen öffentlich beschimpft, und kein Samariter durfte vor jüdischen Gerichten als Zeuge auftreten. Außerdem verweigerten die Juden selbst den Samaritern, die es wollten, den Übertritt zur jüdischen Religion.

An all das mußte Johannes denken, als er jetzt durch samaritisches Land wanderte, um den Täufer zu finden. Sein Vater Zebedäus hätte darin sicherlich einen neuen Grund gesehen, ihn zu verurteilen, überlegte Johannes lächelnd. Doch er selbst fühlte sich auch nicht wohl dabei, denn obgleich er in vielen Dingen anders dachte als die orthodoxen Juden, waren die Samariter auch für ihn verachtete Menschen und „Hunde" und die Feinde seines Volkes.

Doch da er sich jetzt Änon näherte, wandten sich seine Gedanken wieder der bevorstehenden Begegnung mit seinem alten Herrn zu. Sicherlich hatte er in der Zwischenzeit neue Jünger gefunden. Wie es ihm wohl hier in Samaria ging? Dann hatte er endlich den letzten Hügel erreicht und schaute ins Jordantal hinunter. Richtig, da stand der Täufer wie immer vor einer großen Zuhörerschar und predigte.

Zuerst beabsichtigte Johannes, sich einfach unter die Zuhörer zu mischen und sich unter der Menge zu verbergen. Doch da hatte der Prediger ihn schon erspäht und winkte ihm zu. Johannes spürte, wie ihm die Freude warm durch das Herz strömte. Er eilte zu seinem alten Herrn, der seine Arme weit öffnete und ihn fest an seine Brust zog. In den Augen des Predigers glitzerten einige Tränen.

An diesem Tage beendete der Täufer sein öffentliches Auftreten sehr früh und zog sich dann mit Johannes zurück, um sich mit ihm zu unterhalten. Johannes brannten viele Fragen auf der Seele, vor allem seit dem Gespräch Jesu mit Nikodemus. Er hätte gern gewußt, ob Jesus von sich selbst gesprochen hatte, als Er den „Sohn des Menschen" erwähnte. „Herr", begann er, „ich hätte viel mit dir zu besprechen."

Der Täufer lächelte: „Du hast ereignisreiche Monate hinter dir, wie?" fragte er.

„Ja", nickte Johannes. „Man kann sich das gar nicht vorstellen. Dieser Jesus von Nazareth tut wunderbare Dinge."

„Ich hörte, daß Er Wunder wirkt", bestätigte der Nasiräer.

„Ja, und zwar Wunder ganz verschiedener Art", erzählte Johannes eifrig.

„Es muß wunderbar sein, mit Ihm zu gehen", bemerkte der Täufer ein wenig wehmütig.

„Ja, das ist es..."

„Du zögerst ein wenig?" forschte der Täufer.

Johannes blickte nachdenklich zu Boden. „Eigentlich nicht, denn ich habe den Meister sehr lieben gelernt."

„Was ist es dann?"

„Ach, ich habe ganz einfach viele Fragen."

Jetzt mußte der Prophet lachen. „Wann hättest du die einmal nicht gehabt", rief er. „Also gut, heraus damit."

Johannes nickte und wollte gerade beginnen, als er in der langsam nahenden Abenddämmerung eine Gruppe von Männern kommen sah. Es war erstaunlich, daß sie zu solch vorgerückter Stunde noch kamen. Als sie sich näherten, erkannte er eine Anzahl Pharisäer und Sadduzäer, die schon damals in Bethabara mit dem Täufer und in Jerusalem auch mit Jesus gesprochen hatten. Sie wurden von den Jüngern des Täufers begleitet, die einen etwas verstörten Eindruck machten.

„Werden meine Feinde mich denn nie in Ruhe lassen?" murmelte der Täufer.

Die Abgesandten grüßten den Propheten höflich. Doch Johannes bemerkte, daß ihr Lächeln nicht echt war. „Herr", sagte der Anführer der Gruppe, „wir kommen aus Judäa und möchten dir gern einige Fragen stellen."

„Warum kommt ihr zu so später Stunde?" forschte der Täufer.

„Entschuldige, daß es so spät wurde", antwortete der Wortführer. „Doch wir hatten etliche Stunden zu reisen. Wir waren im Norden Judäas und hörten, du seist hier, da beschlossen wir, dich aufzusuchen."

„Nun, meine Herren", meinte der Prediger nachdenklich,

„ihr müßt Wichtiges auf dem Herzen haben, daß ihr es sogar auf euch nahmt, durch Samaria zu ziehen."

„Wir haben uns unterwegs mit deinen Jüngern über einige Fragen der Reinigung unterhalten und wurden uns nicht ganz einig. Sie sollen selbst sagen, um welche Fragen es ging."

Den Jüngern des Täufers schien die Sache ein wenig unangenehm zu sein, doch endlich sagte einer: „Herr, du bist nicht der einzige, der tauft. Wo diese Männer gerade herkommen, ist ein anderer Rabbi. Du kennst Ihn; es ist jener, der in Bethabara bei dir war und auf den du deine Zuhörer hingewiesen hast. Er tauft auch, und viele folgen Ihm nach."

Johannes war erstaunt. Konnte wirklich von Jesus die Rede sein? Er hatte doch bisher nicht getauft. Nur Seine Jünger taten es ab und zu. Doch, daß viele Ihn suchten und Ihm nachfolgten, stimmte schon. Aufmerksam lauschte Johannes der weiteren Unterhaltung. Es war ihm allerdings klar, daß es den Pharisäern und Sadduzäern gar nicht in erster Linie um die Beantwortung damit zusammenhängender Fragen ging. Sie wollten damit vielmehr versuchen, Neid im Herzen des Propheten gegen seinen Konkurrenten zu wecken und so die beiden Männer gegeneinander aufzubringen. Diese Gelegenheit hätten sie dann zu ihrem Vorteil genutzt. Doch die Antwort, die jetzt kam, überraschte alle.

Freudig lächelnd antwortete der Täufer: „Kein Mensch kann sich etwas nehmen, wenn es ihm nicht vom Himmel gegeben ist."

Johannes sah die erstaunten und enttäuschten Mienen der Juden, die merkten, daß sie ihr Ziel nicht erreichten. Im stillen wunderte er sich über die kluge Antwort seines früheren Herrn. Doch daß es mehr war, als nur eine kluge Antwort, merkte er sogleich, denn der Prediger fuhr fort:

„Ihr selbst könnt mir bezeugen, daß ich gesagt habe: Ich bin nicht der Messias, sondern nur ein Gesandter, der Ihm vorausgeht. Wer die Braut hat, ist der Bräutigam; der Freund des Bräutigams aber, der dabeisteht und Ihn hört, freut sich über die Stimme des Bräutigams. Diese Freude ist nun für mich Wirklichkeit geworden."

Ehrfürchtige Stille hatte sich über die Zuhörer gelegt. Weder die Jünger noch die Juden wußten etwas zu sagen, denn alle spürten, daß hier ein Mann von der Erfüllung seines Auftrags sprach. Nach einer ganzen Weile fügte der Täufer leise und nachdenklich hinzu: „Er muß wachsen, ich aber muß kleiner werden."

Johannes wollte sich auflehnen, als er das hörte und hätte am liebsten gerufen: „Nein, Herr, das darf dir nicht geschehen." Doch er bemerkte, daß dem Täufer diese Feststellung nicht Trauer, sondern eine stille Genugtuung bereitete. Deshalb schwieg er.

Statt dessen fuhr nun der Prophet fort: „Er, der von oben kommt, steht über allen. Denn der, den Gott gesandt hat, verkündet die Worte Gottes; denn Er gibt den Geist unbegrenzt. Der Vater liebt den Sohn und hat alles in Seine Hand gegeben. Wer an den Sohn glaubt, hat das ewige Leben; wer aber dem Sohn nicht gehorcht, wird das Leben nicht sehen, sondern Gottes Zorn bleibt auf ihm."

Da waren die Gedanken wieder, die Jesus schon zu Nikodemus geäußert hatte. Genau darüber hatte Johannes mit dem Täufer reden wollen. Nun war ihm, als hätte er seine Antworten schon erhalten. Auch die Juden schienen nach diesen Worten nicht zu wissen, was sie noch sagen sollten. Sie verabschiedeten sich eilig und gingen davon.

Noch lange klangen die Worte des Täufers in Johannes nach, als er sich schlafen legte: „Wer an den Sohn glaubt, hat das ewige Leben; wer aber dem Sohn nicht gehorcht..."

Johannes schlief unruhig, weil diese Gedanken ihn nicht verlassen wollten. Sehr zeitig am nächsten Morgen wachte er auf und ging leise hinaus, um die anderen nicht zu wecken. In der Nähe des Wassers setzte er sich auf einen Stein. Der Täufer war also davon überzeugt, daß Jesus der „Sohn des Menschen" und gleichzeitig auch der „Sohn Gottes" war, und daß Er vom Himmel auf die Erde gekommen war. Was bedeutete das für ihn, Johannes, selbst? Ich muß Ihn annehmen oder Ihn verwerfen, dachte er. Was habe ich denn bisher getan? argumentierte er mit sich selbst, ich bin Ihm doch tagein tagaus nachgefolgt.

Ja, was hatte er eigentlich getan? Er hatte sein Elternhaus verlassen, um vor seinem Vater zu fliehen und die Wahrheit zu finden und war zu dem Täufer gekommen. Der Täufer hatte ihn zu Jesus gesandt, und seither war er Jesus nachgefolgt. Warum? Aus Diensteifer? Aus Neugier? Aus Gottesfurcht und Liebe zu Jesus? Oder vielleicht gar... aus Verzweiflung?

Da war ihm, als könne er plötzlich wieder ein Stück der Wahrheit erkennen. Nirgends in dieser Liste kam der Glaube vor, die Hingabe und der Gehorsam. Dabei hatte Jesus doch gesagt: „Wer an den Sohn glaubt..." Und auch der Täufer hatte gestern erklärt: „Wer an den Sohn glaubt...; wer aber dem Sohn nicht gehorcht..." Es wurde eine Unterhaltung mit dem nicht anwesenden Nazarener, als Johannes jetzt seufzte: „Das also willst Du von mir: Ich soll Dir glauben, Dir vertrauen und Dir gehorchen! Ich soll Dich als den Herrn meines Lebens annehmen?!"

Ihm war, als höre er in seinem Herzen die Antwort: „Ja, so ist es." Lange starrte Johannes nachdenklich in das vorüberfließende Wasser.

Plötzlich hörte er leise Schritte. Als er aufblickte, sah er den Täufer neben sich stehen. „Hier bist du also", redete dieser ihn an. „Plagst du dich immer noch mit deinen Fragen herum?"

„Nein, Herr, ich denke, ich weiß jetzt die Antwort. Aber..." Er brach ab, weil er nicht wußte, wie er ausdrücken sollte, was er empfand.

Mit wissenden Augen blickte der Prophet ihn an. „Du kämpfst mit dir, Johannes", sagte er. „Ich glaube, es ist etwa so, als hättest du endlich die Brücke gefunden, die dich über den Strom führt, aber du weißt nicht, ob du dich ihr anvertrauen sollst."

„Ja, Herr, so ist es."

„Ich weiß", nickte der Täufer. „Doch diese Frage mußt du dir selbst beantworten."

In diesem Augenblick tauchte auf einem Hügel eine Schar Soldaten auf. „Herr", stammelte Johannes, „was suchen die hier?" Der Täufer beobachtete sie mit großen Augen, sagte aber nichts.

Die Soldaten kamen geradewegs zu ihnen herabmarschiert. Vor ihnen ritt ein Offizier auf einem prächtigen Pferd. In diesem Augenblick erschienen von der anderen Seite her auch die Jünger des Täufers.

Als die Soldaten näher kamen, rief der Offizier: „Wir suchen einen Johannes mit dem Zunamen »der Täufer«."

Hoch aufgerichtet stand der Prophet da und antwortete: „Ihr habt ihn gefunden."

„Du mußt mit uns kommen, Täufer", forderte der Offizier barsch.

„Aus welchem Grund?" wollte der Prophet wissen.

„Das wird dir Herodes selbst sagen", antwortete der Offizier und gab seinen Soldaten einen Wink.

Auch Johannes war aufgestanden. Was wollte Herodes von dem Propheten? Was ging hier vor? „Herr!" rief er hilflos, als die Soldaten jetzt den Täufer packten.

Johannes und die anderen Jünger des Täufers machten Anstalten, sich auf die Soldaten zu stürzen, um den Propheten zu befreien. „Zurück", fuhr sie der Offizier hart an und zog sein Schwert, „oder ihr werdet das Schicksal eures Herrn teilen."

Der Prophet wurde hinweggeführt. Seine Hände waren mit groben Stricken gebunden, und die Soldaten zerrten ihn hinter sich her. Als Johannes seinem ehemaligen Herrn und Freund nachblickte, liefen Tränen über sein Gesicht. „Herr!" rief er nochmals, doch er erhielt keine Antwort.

Johannes blickte den Soldaten nach, bis sie hinter dem Hügel verschwunden waren. Dann packte ihn plötzlich die Angst. Herodes..., das war ein Name, bei dem es allen Einwohnern Palästinas kalt den Rücken hinablief. Waren doch in diesem Namen zu viele Grausamkeiten begangen und zuviel Blut vergossen worden. Johannes befürchtete, auch er könne noch verhaftet werden, da man ihn bei dem Täufer angetroffen hatte. Deshalb warf er den Jüngern des Predigers nur noch einen kurzen Gruß zu und machte sich auf den Weg, um ein Versteck zu finden.

Herodes Antipas, der jetzige Herrscher von Galiläa und Peräa, in dessen Namen der Täufer verhaftet worden war, war ein Sohn von Herodes dem Großen, der Palästina jahrzehntelang mit rücksichtsloser Gewalt regiert hatte. Zwar hatte er den Juden auch den großartigen Tempel in Jerusalem gebaut, um sie mit seiner Herrschaft zu versöhnen, aber andererseits war seine Regierungszeit eine endlose Kette von Gewalttaten und Unrecht gewesen. Herodes war auch für den schauerlichen Kindermord damals in Bethlehem verantwortlich, von dem man in aller Welt mit Entsetzen gehört hatte. Die Juden hatten Herodes nie so recht als König akzeptiert, weil er selbst kein Jude, sondern ein Idumäer war, also eher ein Nachkomme Esaus als Jakobs.

Herodes Antipas, sein Sohn, hatte sich nun des Täufers bemächtigt. Johannes mußte daran denken, daß der Prophet oft das lasterhafte Sündenleben von Antipas öffentlich gerügt hatte. Herodes Antipas lebte nämlich in offenem Ehebruch mit Herodias, der Frau seines Bruders Herodes Philippus. Diese offene Verhöhnung der jüdischen Gesetze war ein Skandal in den Augen jedes echten Juden. Doch Johannes vermutete, daß in diesem Falle die Pharisäer und Priester gemeinsame Sache mit Herodes Antipas gemacht hatten, weil sie den Täufer haßten und weil Antipas es sich nicht mehr länger gefallen lassen wollte, daß er von dem Prophet öffentlich als Ehebrecher angeklagt wurde.

Dies alles ging Johannes durch den Kopf, während er noch ziemlich ziellos die Straße entlang wanderte. Endlich stellte er sich die Frage, wohin er eigentlich gehen solle. Samaria war wohl nicht der richtige Aufenthalt für einen Juden, der jeden Samariter verachtete. Sollte er zu Jesus zurückgehen? Aber es bestand die Möglichkeit, daß der Nazarener jetzt auch in Gefahr war. Hatte man es gewagt, den Täufer zu verhaften, würde man es bei Ihm wohl auch wagen. „Worauf habe ich mich nur eingelassen“, dachte Johannes, während seine Schritte immer zögernder wurden. Doch dann fielen ihm die Worte des Täufers wieder ein: „Er muß wachsen, ich aber muß kleiner werden.“ Wahrhaftig, mit dem kleiner werden hatte es schon begonnen.

Johannes blieb stehen und überlegte. Wieder war ihm wie am frühen Morgen, als sei er an eine Brücke gekommen und müsse nun eine Entscheidung treffen, ob er sie passieren wolle. Dann ging ein Ruck durch seine Gestalt. „Jesus, ich komme“, flüsterte er und machte sich entschlossen auf den Weg.

9. Kapitel

Die Entscheidung, die Johannes damals auf der Straße in Samaria getroffen hatte, klang wenige Wochen später nur noch wie ein hohles Echo in seinem Gedächtnis. Er war ein einsamer junger Mann, als er an diesem Morgen am Ufer des galiläischen Sees stand. Groß waren seine Illusionen gewesen, dachte er, aber der Nazarener hatte sie gründlich zerstört. Nie würde er vergessen, was er an jenem Tage am Brunnen vor den Toren Sychars gesehen hatte.

Johannes hatte nicht gewußt, daß der Meister mittlerweile ebenfalls nach Samaria gegangen war. Deshalb war er sehr überrascht, als er sich dem Jakobsbrunnen außerhalb Sychars näherte, dort den Nazarener sitzen zu sehen. Johannes erkannte ihn schon aus der Ferne. Jesus saß allein dort, keiner Seiner Jünger war bei Ihm, und unterhielt sich mit einer Frau. Das war etwas, was ein rechter Rabbi nie tat. Und noch schlimmer wurde es, weil die Frau eine Samariterin war. Alle moralischen Werte und religiösen Empfindungen, die Johannes besaß, empörten sich in ihm, als er das sah. Er beschloß, nicht zum Brunnen zu gehen, sondern aus einiger Entfernung, hinter Büschen verborgen, weiter zu beobachten.

Um der Schändlichkeit, die dort am Brunnen geschah, die Krone aufzusetzen, mußte Johannes feststellen, daß die Frau offensichtlich auch bei ihren Mitbürgern in schlechtem Ruf stand und von ihnen abgelehnt wurde; sie wäre sonst wohl nicht in der Mittagszeit zum Brunnen gekommen, während der sonst kein Mensch Wasser holen ging. Sie mußte ihren Mitbürgern ganz offensichtlich aus dem Wege gehen. Das erklärte sicher auch die Abwesenheit der Jünger. Jesus hatte sie wohl weggeschickt, um mit der Frau allein sein zu können. Johannes fiel wieder ein, wie Jesus in Magdala auf die Prostituierten reagiert hatte. Damals hatte er sich noch nichts dabei gedacht. Aber nun sah er alles in einem anderen Licht.

Seine Träume und Illusionen brachen zusammen. Jesus war auch nur ein Mann wie alle anderen. Vielleicht schlimmer, denn Er nahm für sich in Anspruch, so viel mehr zu sein. Was sollte er nun tun, fragte sich Johannes? Zu dem Nazarener wollte er nicht gehen. Zu dem Täufer konnte er auch nicht mehr zurück. Es blieb nur noch ein Weg: Nach Kapernaum zu seinem Vater Zebedäus. Es schien so, als habe dieser immer recht gehabt. Es war Johannes schwer gefallen, nach Hause und zu seinem Vater zurückzukehren. Doch der hatte ihn warm willkommen geheißen.

Er war so in Gedanken versunken, daß er zunächst gar nicht bemerkte, daß sein Bruder Jakobus ebenfalls zum Ufer gekommen war. Erst als dieser an dem Netz, das Johannes gerade flickte, mit zufaßte, um zu helfen, nahm er ihn wahr. Schweigend arbeiteten die beiden Brüder eine geraume Zeit, bis Jakobus endlich sagte: „Vater ist stolz, daß du wieder daheim bist."

„Wirklich?" in Johannes Stimme klangen Zweifel.

„Ganz sicher. Stolz und glücklich", nickte der Ältere.

Ironisch bemerkte Johannes: „Er ist wohl deshalb stolz, weil ich mich bei ihm entschuldigt habe und er nun recht behalten hat."

Jakobus schüttelte den Kopf. „Du urteilst zu hart. Vater hat dich viel lieber, als du denkst. Er war ein gebrochener Mann, als du uns verlassen hattest."

„Aber nicht, weil er einen Sohn verlor", beharrte Johannes, „sondern weil er seinen Willen nicht durchsetzen konnte."

Jakobus seufzte, gab es aber auf, seinem jüngeren Bruder weiter zuzureden. Außerdem bemerkte er, daß ihr Vater zum Ufer kam. Der alte Mann schien wirklich neu aufgelebt zu sein, seit Johannes wieder daheim war. In aufrechter Haltung und beschwingten Schrittes kam er auf seine beiden Söhne zu. „Schöner Tag heute“, rief er ihnen zu. „Wir werden heute nacht einen guten Fang machen, denke ich.“

Jakobus erwiderte den Gruß, doch Johannes blieb schweigsam, was ihm einen verwunderten Blick von seinem Bruder eintrug. „Ah, welch schöne Luft wir heute haben“, fuhr Zebedäus fort, indem er einen tiefen Atemzug nahm. „Meint ihr nicht auch?“

„Es stimmt, Vater“, nickte Jakobus.

Zebedäus stand neben seinem heimgekehrten Sohn und schaute ihm zu. „Du hast heute schon wieder gute Arbeit geleistet“, sagte er. Man merkte, wie er sich bemühte, mit Johannes ins Gespräch zu kommen. Doch dieser antwortete nur mit einem unverständlichen Murmeln.

Ein ungemütliches Schweigen trat ein. Zebedäus wußte wohl auch nicht mehr, was er noch sagen sollte. Endlich, um das Gespräch nicht so enden zu lassen, klopfte er seinem jüngeren Sohn noch auf die Schulter und sagte: „Ich bin froh, daß du wieder daheim bist, Johannes.“ Damit ging er davon.

Als Jakobus und Johannes später vom Ufer in die Stadt zurückkehrten, sahen sie schon von weitem in der Nähe des Zollhauses eine größere Menschenansammlung. Johannes ließ sich noch nicht gern in der Stadt sehen und wäre diesen vielen Menschen am liebsten aus dem Wege gegangen. Er fürchtete sich davor, gefragt zu werden, warum er den Nazarener verlassen hatte. Doch er fand Jakobus gegenüber keinen vernünftigen Grund, den Menschen auszuweichen, also ging er weiter mit.

Der diensttuende Zöllner am Zollhaus war heute Matthäus Bar Alphäus, den die Leute in Kapernaum auch kurz Levi nannten. Matthäus war in die gleiche Schule gegangen wie Johannes, nur einige Klassen vorher. Als der begabte Schüler dann den Dienst eines römischen Steuereinnehmers annahm, war er von seinen Mitbürgern in Kapernaum nur noch verachtet und als Verräter angesehen worden. Auch Johannes mied ihn seither, so gut er konnte.

Als sie das Zollhaus bald erreicht hatten, meinte Jakobus erstaunt: „Was mag hier nur los sein?“

„Ich weiß nicht“, antwortete Johannes. „Hör doch einmal, was sie reden.“

Die beiden Brüder wollten nicht stehen bleiben, gingen aber sehr langsam, um zu sehen, was hier geschah. Sie konnten nur hier und da einige Worte erhaschen, wie „nahe am Sterben“ ... „geheilt“ ... „Herr Bar Arnan“ ... „siebente Stunde“ ...

„Es ist hoffnungslos“, meinte Jakobus. „Wir werden jemand fragen müssen.“ Alle Herumstehenden schienen sehr erstaunt und aufgeregt zu sein. Eine ältere Frau, die es wohl eilig hatte, die Neuigkeit in der ganzen Stadt zu erzählen, drängte sich gerade aus der Menge heraus und wollte davongehen.

Jakobus trat auf sie zu. „Mutter“, sprach er sie in der üblichen Weise an, „sage uns doch, was hier vorgeht.“

Die kleine, schon etwas gebeugte Frau schaute ihn ein wenig empört an. „Du hast es doch selbst gehört“, antwortete sie kurz.

„Nur einige Worte, aus denen wir nicht schlau wurden“, lächelte Jakobus freundlich.

Seufzend willigte die Frau ein, da sie merkte, daß sie den jungen Mann sonst nicht los werden konnte. „Herr Bar Arnan, einer der vornehmsten Männer der Stadt...“, begann sie.

„Wir kennen ihn“, nickte Jakobus.

„Sein Sohn war so krank, daß er dem Tode nahe war.“

„Wir wissen es“, bestätigte Jakobus wieder.

„Also — der Junge ist geheilt“, berichtete sie. „Es geschah gestern. Gerade haben wir es erfahren. Herr Bar Arnan ist nach Kana zu einem Rabbi gegangen, und dieser Mann hat seinen Sohn dort auf der Stelle geheilt.“

„Dort? Hat Herr Bar Arnan seinen Sohn denn mitgenommen?“

„Nein", antwortete die Frau ungeduldig. „Er wurde von dort aus geheilt. Aus der Ferne."

Jakobus mußte lächeln und blickte seinen Bruder ungläubig an. „Lach mich nicht aus, junger Mann", zürnte die Frau. Dort drüben stehen die Diener von Bar Arnan. Sie haben die Sache erzählt, denn sie haben es miterlebt. Weil sein Sohn ganz überraschend gesund wurde, gingen sie ihm nach Kana entgegen, um ihm zu sagen, daß er den Rabbi nicht mehr nach Kapernaum zu bitten brauche. Sie trafen ihn, als er schon auf dem Rückweg war. Als ihr Herr sie fragte, um welche Zeit sein Sohn gesund geworden wäre, berichteten sie ihm, es sei um die siebente Stunde gewesen. Genau zu der Zeit, hatte Bar Arnan geantwortet, sei er bei dem Rabbi in Kana gewesen, und dieser habe ihm gesagt, sein Sohn sei jetzt gesund."

Johannes hatte schweigend zugehört. Sein Herz war bei dem Bericht der Frau immer schwerer geworden. Er wurde ganz blaß im Gesicht, als Jakobus jetzt fragte: „Mutter, wer war der Rabbi?"

Sie antwortete: „Wer denkst du wohl? Es war Jesus von Nazareth."

Am nächsten Tag ging Johannes nicht mit an den See, um dort an den Geräten für den Fischfang zu arbeiten. Er hatte offensichtlich schlechte Laune, saß neben dem Feuerplatz und brütete vor sich hin. Seine Mutter Salome, die auch im Wohnraum saß und mit einer Handarbeit beschäftigt war, beobachtete ihn mit Sorge. „Sohn", sagte sie endlich, „willst du mir nicht sagen, was dich drückt?"

„Was soll ich sagen?" antwortete Johannes. „Gewiß, ich könnte viel erzählen. Aber das würde sich anders anhören als das letzte Mal, als ich euch besuchen kam."

„Das glaube ich gern", nickte Salome. „Damals warst du so begeistert von diesem Jesus und so..."

„Hör bitte auf, Mutter, und sage davon nichts mehr. Das ist vorbei und vergangen."

In Salomes Augen schimmerten Tränen. „Aber was ist denn mit dem Täufer und mit dem Nazarener?"

Johannes zuckte mit den Schultern. „Sicher hast du schon gehört, daß der Täufer von Soldaten des Herodes Antipas gefangen genommen wurde. Und der Nazarener? Von mir aus kann es ihm auch bald so gehen wie dem Täufer."

Salome schwieg eine Zeitlang. Sie wußte, er hatte nun einmal ein heißblütiges Temperament und urteilte und handelte manchmal sehr schnell. Wenn er sich wieder beruhigt hatte, sahen die Dinge oft ganz anders aus. Endlich fragte sie: „Sohn, was gedenkst du nun zu tun? Wirst du wieder bei uns bleiben, und hast du deine Suche nach der Wahrheit endgültig eingestellt? Ich kann mir nicht vorstellen, daß du einfach den Mut verloren hast. Bleibe du selbst, Johannes", bat sie, „und gib nicht auf, die Wahrheit zu suchen. Wenn du sie gefunden hast, bringe sie auch zu uns nach Hause. Vielleicht wird auch dein Vater seine harte Einstellung dann noch ändern."

Johannes blickte erstaunt auf. „Meinst du das wirklich, Mutter", fragte er überrascht. „Du weißt ja nicht, was ich ..."

In diesem Augenblick betrat eine Dienerin den Raum und verkündigte, eine junge Frau sei gekommen und wünsche die Herrin zu sprechen. Wenige Augenblicke später stand Debora, die Frau von Simon Petrus, auf der Schwelle. „Debora!" rief Salome freudig überrascht, „was treibt dich zu uns?"

„Herrin", antwortete Debora eifrig, „ich wollte dir gern die gute Neuigkeit mitteilen. Mein Mann hat mir eine Nachricht gesandt, daß er und sein Bruder nach Hause kommen."

Salome warf einen schnellen Blick auf Johannes, der bestätigend mit dem Kopf nickte, als wolle er sagen: „Sind sie nun endlich auch zur Vernunft gekommen?"

Doch Debora fuhr fort: „... und sie werden Jesus von Nazareth mitbringen. Er wird Gast in unserem Hause sein."

10. Kapitel

Am See Genezareth begann es zu dämmern. Johannes schien es, als sei die Nacht zu schnell vergangen. Da er wußte, daß heute Petrus nach Kapernaum zurückkehren würde, wäre ihm lieber gewesen, die Nacht hätte nie geendet. Er hatte Angst vor den Fragen seines Freundes. Außerdem wollte er Petrus nicht erzählen, was er in Sychar gesehen hatte. Er wußte, sein Freund würde dadurch innerlich zutiefst erschüttert.

Allzubald gab Zebedäus den Befehl an seine Boote, heimzufahren, und als die ersten Strahlen der Sonne im Wasser glitzerten, fuhren sie in den Hafen von Kapernaum ein. Noch war die Arbeit nicht getan. Die Fische mußten ausgeladen und gewaschen und sortiert werden. Dann mußte man sich um die Netze und die Boote kümmern. Doch an diesem Tag war Johannes alles recht, wenn er nur nicht in die Stadt zurück mußte. Jakobus, der neben ihm arbeitete, sagte plötzlich: „Heute ist es nun so weit."

Weitere Worte waren nicht nötig. Johannes wußte wohl, wovon sein älterer Bruder sprach. Auch Jakobus hatte sich für den Täufer und in letzter Zeit vor allem für den Nazarener interessiert. Wenn er auch nicht so schnell aufbrauste wie Johannes, so steckte doch ein Stück von dem gleichen Widerspruchsgeist und ein waches Interesse an allem, was geschah, auch in ihm. Da Johannes nicht wußte, was er auf seines Bruders Bemerkung antworten sollte, schwieg er.

Es war schon später Vormittag und ging langsam auf Mittag zu, als Jakobus sagte: „Ich habe für heute genug. Vater scheint wieder einmal zu meinen, wir beide sollen alle Arbeit hier allein machen. Ich gehe nach Hause. Du kannst ja machen, was du willst."

„In Ordnung", nickte Johannes. „Ich bleibe noch."

Jakobus legte das Werkzeug beiseite und ging. Doch wenige Augenblicke später hörte Johannes in einiger Entfernung laute Stimmen und frohes Lachen. Als er aufblickte, sah er Petrus und Andreas, die Jakobus begrüßten. Schnell wandte er sich wieder um in der Hoffnung, sie würden ihn nicht erkennen.

„Johannes!" Dieser kannte die vertraute Stimme nur zu gut. Petrus eilte auf ihn zu. „Johannes, alter Seehund", rief Petrus. „Wo hast du dich nur so lange versteckt?"

Als sein riesiger Freund jetzt neben ihm stand, erhob sich Johannes resignierend; dabei spürte er, wie es ihm warm ums Herz wurde. „Simon", antwortete er, „ich freue mich, dich zu sehen, alter Bursche."

Die beiden umarmten sich und setzten sich nebeneinander in den Sand. Petrus kam gleich zur Sache. „Du findest also die Fische anziehender als den Nazarener?" fragte er offen.

In Ermanglung einer besseren Antwort erwiderte Johannes: „Mindestens verdient man sich dabei sein tägliches Brot."

Die beiden schwiegen einige Zeit. Doch Petrus kannte seinen Freund gut genug, um zu merken, daß einiges nicht stimmte. Während er Johannes weiter bei der Arbeit zuschaute, fragte er endlich in einem für ihn ungewohnt sanften Ton: „Du weißt, Johannes, daß du mir die Wahrheit nicht verheimlichen kannst. Ich werde dir solange in den Ohren liegen, bis du mir sagst, warum du nicht zu uns zurückgekehrt bist."

Johannes spürte die Zuneigung, die in der Stimme seines Freundes mitschwang, doch er blieb zurückhaltend. „Simon ..." begann er.

„Nenne mich doch Petrus", korrigierte der große Mann ihn.

„Petrus", sagte Johannes, „ich habe einfach erkannt, daß das Leben eines herumziehenden Wanderers doch nichts für mich ist."

„Seit wann ist dir das klar?" fragte Petrus skeptisch.

Johannes wußte, daß seine Ausrede nicht gut genug war. Er würde nur Ruhe bekommen vor Petrus, wenn er ihm alles erzählte. „Also gut", nickte er entschlossen, „ich will offen zu dir sein."

„So, wie wir es immer miteinander waren", stimmte Petrus zu.

Johannes suchte nach Worten, mit denen er beginnen sollte. Endlich meinte er: ,,Du mußt wissen, ich habe über Jesus etwas herausgefunden, was mich davon überzeugt hat, daß er ein Heuchler ist.“

,,Da bin ich aber gespannt“, meinte Petrus sarkastisch.

,,Es wird dir aber nicht gefallen.“

,,Es kann nicht halb so schlimm sein, als was ich im Augenblick von dir denke“, erwiderte Petrus.

,,Willst du es nun hören oder nicht?“ zürnte Johannes.

,,Ja, nur los.“

Es war mühsam, aber so nach und nach brachte Johannes die Geschichte zusammen, obwohl ihm die Worte: ,,Samaritische Frau... eine Hure...“ gar nicht recht über die Zunge wollten. Endlich war er fertig und fügte noch hinzu: ,,Freund Petrus, ich weiß nicht, wo du und die anderen an jenem Tag waren, doch ich nehme an, Jesus hat euch unter einem Vorwand fortgeschickt, um seine Begegnung mit dieser... dieser Frau geheim zu halten. Glaub mir, es ist mir schwer gefallen, dir das zu erzählen.“

Vorsichtig blickte Johannes aus den Augenwinkeln auf Petrus, weil er erwartete, einen zerbrochenen und enttäuschten Mann zu sehen. Statt dessen brach dieser in sein dröhnendes Lachen aus. Er schlug Johannes kräftig mit der Hand auf den Rücken und rief: ,,Ha, glaubst du wirklich, daß es das war, was du in Sychar gesehen hast?“

Verwirrt blickte Johannes seinen Freund jetzt offen und fragend an. Petrus fuhr fort: ,,Ich mag Samariter genausowenig wie du. Doch du hast dem Meister Unrecht getan.“

,,Wieso?“

,,Als Jesus hörte, daß die Pharisäer wegen der vielen Leute, die wir tauften, ärgerlich waren, ging er nach Samaria. Es stimmt, wir waren nicht bei Ihm, als Er mit der Frau am Brunnen sprach. Wir waren nach Sychar gegangen, um Lebensmittel zu kaufen. Als wir zurückkamen und Jesus mit der Frau sahen, dachten wir zuerst ähnliche Dinge wie du und waren schockiert, daß der Nazarener hinter unserem Rücken mit einer Hure redete. Doch keiner wagte zunächst, Ihn zu fragen. Und kurz darauf stellte sich heraus, daß unser Urteil falsch war."

„Das mußt du mir erklären", forderte Johannes.

„Wir hatten den Brunnen noch nicht ganz erreicht", fuhr Petrus fort, „als die Frau, offensichtlich sehr aufgeregt, sie vergaß sogar ihren Wasserkrug, davonlief. In Sychar ist sie dann durch die ganze Stadt gelaufen und hat allen Leuten erzählt: »Kommt her, seht, da ist ein Mann, der mir alles gesagt hat, was ich getan habe. Ist Er vielleicht der Messias?"

Johannes schwieg noch immer. Petrus erzählte eifrig weiter: „Der Meister fing an, zu uns davon zu reden, daß Er eine andere Speise zu essen habe, von der wir noch nichts wüßten. Und während Er noch redete, kamen viele Leute aus der Stadt. Ich sage dir, wir hatten zuerst Angst, weil wir nicht wußten, was sie von uns wollten; doch dann merkten wir, daß sie kamen, um den Meister kennenzulernen und reden zu hören. Wir sind dann noch zwei Tage bei den Leuten geblieben und — glaube es oder glaub es nicht —" lächelte er, „als wir gingen, glaubten viele von ihnen an Jesus und nannten Ihn Messias, Christus und Erlöser der Welt."

„Samariter haben das gesagt?" rief Johannes erstaunt. „Und Er hat erlaubt, daß Samariter Ihn Messias nannten?"

Petrus nickte. „Weißt du", sagte er nachdenklich, „ich verstehe auch nicht alles, was Jesus sagt oder tut. Hätte ich alles so gesehen wie du, wäre ich vielleicht auch davongelaufen. Du weißt ja, mir liegen die Samariter auch nicht."

Beide lachten, und Johannes nickte zustimmend.

„Aber", begann Petrus wieder, „da war noch etwas, das ich dir erzählen muß: Auf unserem Rückweg nach Kapernaum sind wir auch in Jesu Heimatstadt Nazareth gegangen. Da Sabbath war, gingen wir in die Synagoge. Die Ältesten baten Jesus, die Schriftlesung zu übernehmen. Er bat um die Rolle des Propheten Jesaja und las dann: »Der Geist des Herrn ruht auf Mir; denn der Herr hat Mich gesalbt. Er hat Mich gesandt, damit Ich den Armen eine gute Nachricht bringe; damit Ich den Gefangenen die Entlassung verkünde und den Blinden das Augenlicht;

damit Ich die Zerschlagenen in Freiheit setze und ein Gnadenjahr des Herrn ausrufe."

Wieder herrschte eine Weile Schweigen. Endlich fuhr Petrus leise fort: „Johannes, als Jesus diese Worte gelesen hatte, waren alle verblüfft. Dann legte der Meister die Schriftrolle beiseite und fügte hinzu: »Diese Worte der Schrift, die ihr eben gehört habt, haben sich heute erfüllt.«"

Johannes hatte in dieser Nacht nicht mit zum Fischen fahren müssen, da er in den letzten Tagen viel mehr gearbeitet hatte, als ihm zukam. Da er aber eine unruhige Nacht verbrachte, war er schon beim ersten Dämmerlicht zum See gegangen und erwartete nun die zurückkommenden Boote.

Seit drei Tagen war Jesus nun mit Seinen Nachfolgern in Kapernaum. Jakobus hatte Ihn gesehen und erzählte immer wieder von Seinen Lehren und Wundern. Die ganze Stadt war von dem Nazarener begeistert. Doch Johannes hatte sich fern gehalten. Petrus Worte hatten ihm klargemacht, daß er Jesus Unrecht getan hatte. Doch nun hatten Scham und Stolz in ihm eine Sperre aufgerichtet. Wieder stand er vor einer Entscheidung wie damals in Änon. Er konnte so weiterleben und sich vor Jesus verschließen, doch dann würde sein Herz für immer leer und unglücklich bleiben; oder er mußte sich ganz für Jesus entscheiden. Er durfte dann nicht nur die Lehren des Nazareners bewundern und die Wunder bestaunen, die Er tat, sondern er mußte Jesus in seinem eigenen Leben ganz Herr sein lassen und Ihm ohne zu zweifeln nachfolgen.

Endlich kehrten die Boote zurück. Petrus und Andreas waren in dieser Nacht auch mitgefahren. Sie waren entschlossen, solange sie in Kapernaum blieben, soviel Geld wie möglich zu verdienen. Die Tagesstunden wollten sie auch noch nutzen, um vom Ufer aus mit ihren Netzen weitere Fische zu fangen. Johannes, der seine Entscheidung mittlerweile getroffen hatte, begrüßte die heimkehrenden Fischer und half ihnen bei der nun anstehenden Arbeit. Petrus und Andreas gingen ein wenig das Ufer hinunter, um dort weiter Fische zu fangen.

Johannes blieb unruhig. Immer wieder blickte er von der Arbeit auf und musterte den See und die Ufer zu beiden Seiten. Im Laufe des Vormittags sah er plötzlich von weitem einen Mann am Ufer entlang kommen. Das war doch... Sein Herz klopfte schneller, als er jetzt noch schärfer hinblickte. Ja, unverkennbar, das war Jesus, der dort langsam aber stetig näherkam. „Mein Herr...“, flüsterte Johannes leise. Erregung ergriff ihn. Suchte der Meister etwa ihn? Konnte es sein, daß Er ihn noch zurück haben wollte?

Petrus und Andreas arbeiteten eifrig weiter. Sie schienen den Meister noch nicht bemerkt zu haben, ebensowenig wie die anderen, die mit ihm arbeiteten. „Jakobus“, flüsterte Johannes heiser, „siehst du Ihn nicht?“

„Wen?“

Johannes deutete mit dem Finger das Ufer entlang. Aufmerksam blickte Jakobus in die Richtung. „Es ist Jesus“, rief er endlich aufgeregt. „Was kann Er so zeitig schon wollen?“

Dann hatte Jesus die Stelle erreicht, wo Petrus und Andreas im Wasser standen und fischten. „Petrus! Andreas! Ihr Söhne Jonas“, rief Er. Die beiden Männer wirbelten herum und blickten erstaunt auf den Meister. Ehe sie ein Wort sagen konnten, rief Jesus wieder: „Folgt Mir nach, Ich will euch zu Menschenfischern machen!“

Sofort kamen die beiden aus dem Wasser, legten ihre Netze beiseite und gesellten sich zu dem Meister. Die drei näherten sich nun den Fischerbooten des Zebedäus, wo Johannes sie atemlos erwartete. Auch die anderen, die mit ihnen arbeiteten, waren mittlerweile aufmerksam geworden.

Jesus blieb stehen und betrachtete sorgfältig einen nach dem anderen der Männer. Dann begegneten Seine Augen denen von Johannes, der nicht eine Sekunde den Blick von Ihm gewandt hatte. Lange schauten sich die beiden an. Dann hob Jesus einladend eine Hand und rief: „Jakobus! Johannes! Ihr Söhne des Zebedäus, folgt Mir!“

Jakobus atmete hörbar aus. Er starrte ungläubig zuerst auf den Nazarener und dann auf seinen Bruder, über dessen Gesicht heiße Tränen liefen. Dann eilte Johannes auf den Meister zu. Der Weg schien endlos lang zu sein. Hinter sich hörte er die Schritte und den schweren Atem seines Bruders, und ihm war, als würde er auch die tadelnden Blicke seines Vaters in seinem Rücken brennen fühlen. Doch nichts hielt ihn. Er warf sich in die weitgeöffneten Arme seines Herrn. „Meister!“ rief er dabei voller Freude.

Während Jesus ihn an sich zog und er an der Schulter seines Herrn weinte, kamen ihm plötzlich die Worte des Täufers in den Sinn: „Es ist Freude, das Leben zu finden...“

Endlich schob Jesus ihn sanft ein Stückchen zurück und blickte ihm nochmals tief in die Augen. „Herr...“, flüsterte Johannes.

„Johannes“, erwiderte der Meister, „willkommen daheim!“

Teil III

DIE WAHRHEIT

Bleibt in Mir, dann bleibe Ich in euch.
Wie die Rebe aus sich keine Frucht bringen kann,
sondern nur, wenn sie am Weinstock bleibt,
so könnt auch ihr keine Frucht bringen,
wenn ihr nicht in Mir bleibt...
Denn getrennt von Mir könnt ihr nichts vollbringen
(Johannes 15, 4.5).

1. Kapitel

Johannes hatte zwar seine Entscheidung getroffen, doch die Umwandlung seines Wesens hatte gerade erst begonnen. Die Dinge, die seiner Bekehrung folgten, waren wie ein Siegel der Gewißheit, daß Jesus wirklich der Messias war. Johannes hatte in Kana und auch auf dem Fest in Jerusalem schon miterlebt, wie der Herr Wunder tat. Doch nun geschahen so viele und erstaunliche, daß er sie kaum verarbeiten konnte.

Eines der ersten und wohl auch spektakulärsten war die

Befreiung eines Besessenen von den dämonischen Mächten. Es geschah am Sabbath während einer Versammlung in der Synagoge. Jesus war gebeten worden, zu den Anwesenden zu sprechen. Plötzlich sprang ein unordentlich gekleideter Mann mit wilden Blicken auf und schrie mit einer nicht mehr irdisch zu nennenden Stimme, die geradewegs aus der Hölle zu kommen schien: „Was haben wir mit Dir zu tun, Jesus von Nazareth? Bist Du gekommen, um uns ins Verderben zu stürzen? Ich weiß, wer Du bist: Der Heilige Gottes!"

Die Versammlung war starr vor Schrecken. In Johannes kroch die Furcht hoch. Obwohl der unglückliche Mensch ein Einwohner der Stadt war, den alle kannten, schien er jetzt ein ganz anderer Mensch zu sein. Jesus schaute ihn unerschüttert an und sagte ruhig, doch voller Autorität: „Schweig still und verlaß ihn!"

In diesem Augenblick war der Besessene durch eine Macht, die stärker war als er, mit aller Gewalt auf den Fußboden geworfen worden. Dort lag er einige Zeit, wand sich, als hätte er Krämpfe, und kratzte sich mit seinen Fingernägeln tiefe Wunden. Dabei kamen aus seinem Mund so unirdische Schreie, daß Johannes fühlte, wie ihm die Haare zu Berge standen. Plötzlich bäumte sich der Besessene noch einmal auf und lag dann vor der Versammlung, als wäre er tot.

Johannes erinnerte sich, daß auch Petrus ganz weiß im Gesicht geworden war. Nach einiger Zeit gingen die beiden Jünger zu dem auf dem Boden Liegenden und halfen ihm, aufzustehen. Zwar zitterte der Mensch noch ein wenig, doch sonst war er völlig heil und normal. Voller Staunen fragten sich die Zuschauer flüsternd: „Was ist das für eine Sache, die wir gesehen haben? Sogar die unreinen Geister müssen diesem Jesus von Nazareth gehorchen." Von da an hatte sich der Ruf des Nazareners noch mehr als bisher im ganzen Lande verbreitet.

Am gleichen Tag noch, es war mittlerweile nachmittags, zog sich Jesus mit Seinen Jüngern in Petrus Haus in Bethsaida zurück. Als sie das Haus betraten, eilte ihnen eine sehr aufgeregte Debora entgegen und berichtete, ihre Mutter, die mit ihnen im Hause lebte, habe ein ganz schreckliches Fieber und sei schon bewußtlos.

Jesus verlor keine Zeit. Er trat an das Bett der alten Frau, beugte sich über sie und befahl: „Fieber und Krankheit, weiche!" Augenblicklich ging eine sichtbare Verwandlung mit der Kranken vor. Ihr Gesicht verlor den fiebrigen Glanz, der Atem wurde ruhiger, und sie kam langsam zu sich. Als sie die Augen aufschlug, fühlte sie sich völlig gesund, erhob sich und begann ihre Gäste zu bewirten.

Durch die Heilung der Schwiegermutter des Petrus kehrte auch Frieden in dessen Haus ein. Debora, die es bisher nicht gern gesehen hatte, wenn ihr Mann immer mit Jesus ging, drängte ihn nach der Heilung ihrer Mutter direkt, nur ja allezeit zu tun, was der Meister sagte.

Doch auch andere Menschen kamen herbei, weil sie Jesus hören wollten oder Seinen Rat oder Hilfe in Krankheitsnöten suchten. Es wurden so viele, daß man sich in Petrus Haus fast nicht mehr rühren konnte, und auch draußen auf der Straße herrschte noch ein großes Gedränge. Johannes fragte sich, ob es dem Meister überhaupt gelingen würde, so vielen Menschen zu helfen.

Und auch das war nur der Anfang. Von nun an wurde Er überall in Palästina, wo immer Er sich aufhielt, von Menschen gesucht, die Ihm nachliefen, Ihn umgaben wie die Fliegen und sich zu Ihm drängten. Und Jesus wurde nicht müde zu lehren, zu trösten und zu heilen mit einem Eifer und einem Herzen voller Barmherzigkeit, daß die Jünger nur staunen konnten.

Johannes war todmüde und völlig erschöpft. Seit Wochen waren die Jünger nun mit Jesus kreuz und quer durch Galiläa unterwegs gewesen. Überall, wo sie hinkamen, in Städten und Dörfern, und sogar draußen im Land, hatten sich Menschenmassen um sie gedrängt. Und immer war Jesus für diese Menschen dagewesen, die zu Ihm wollten. Er schien nie müde zu werden. Dieses Mal war auch Jakobus, sein älterer Bruder, mitgegangen, worüber sich Johannes besonders gefreut hatte.

Jetzt waren sie auf dem Rückweg nach Kapernaum. Gerade zur Mittagszeit hatten sie diesen Ort erreicht, an dem einige schattige Bäume wuchsen, weil sich da auch ein Brunnen befand. Hier unter den Bäumen lagerten sie nun in der heißesten Zeit des Tages, um ein wenig auszuruhen. Die anderen Jünger waren eingeschlafen. Doch Johannes schien zu müde zu sein, um Schlaf finden zu können. Er öffnete die Augen und blickte sich um. „Habe Ich dich etwa aufgeweckt?" fragte der Meister, der neben ihm lag, flüsternd.

„Eigentlich nicht, Herr." Johannes wurde munterer. „Mir ist, als würde der Schlaf heute vor mir fliehen."

„Das verstehe Ich", nickte Jesus. „Mir geht es auch manchmal so."

„Dir, Herr?"

Jesus lachte leise. „Warum bist du so überrascht, Johannes? Glaubst du, Mir ginge es anders, und Ich könnte deshalb nicht mitfühlen?"

Johannes nickte beschämt. „Manchmal hatte ich den Eindruck, Herr, als würdest Du gar keinen Schlaf benötigen."

„Freund", sagte Jesus ruhig, „auch ich fühle die Müdigkeit. Aber wenn Ich die vielen Menschen um mich herum sehe, die in Not sind, und das große Arbeitsfeld, dann treibt es Mich über Meine Müdigkeit hinaus immer wieder dazu, den Elenden zu helfen, soweit Meine Kraft reicht." Eine Weile herrschte Schweigen, dann meinte Jesus: „Du hast ein hartes Leben gewählt, Johannes, indem du dich entschlossen hast, Mir zu folgen. Ich verstehe deine Müdigkeit wohl, denn Ich fühle sie auch." Wieder blickte Jesus sinnend vor sich hin, ehe Er fortfuhr: „Erinnerst du dich noch, daß du dir Gedanken gemacht hast, wo Ich wohl die Zeit nach Meiner Taufe im Jordan zugebracht hatte? Du hast Mich damals gefragt, weil Ich äußerlich so abgemagert und abgerissen ausschaute."

Johannes nickte.

„Damals sagte Ich, eines Tages würde Ich es dir erzählen", fuhr der Meister fort." „Vielleicht sollte Ich es jetzt tun..."

„Ja, Herr", antwortete Johannes eifrig. „Ich möchte es gern wissen."

Man spürte dem Nazarener die Last jener Tage förmlich an, als Er jetzt berichtete: ,,Ich bin für 40 Tage ohne Nahrung in der Wüste gewesen. Dort hat der Teufel mich versucht und geplagt...“ Jesus erzählte Seinem gespannt lauschenden Jünger, was Ihm dort in der Wüste widerfahren war. Er schloß mit den Worten: ,,Ja, Johannes, auch Ich werde müde, genau wie du, aber Ich kann nicht ausruhen, wenn noch so viel zu tun ist.“

Beide schwiegen wieder. Johannes dachte darüber nach, welch eine Aufgabe und welche Last der Meister wohl zu tragen hatte. ,,Nicht einmal mein Vater Zebedäus arbeitet so eifrig für seine Religion wie Jesus.“ Als er an Zebedäus dachte, kam Johannes ein weiterer Gedanke, für den er sich fast schämte: ,,Konnte es sein, daß Jesu Leben nur eine andere Art von Pharisäertum war? Einfach nur ein Leben voller Werke und guter Taten für eine religiöse Idee?“

Als wolle der Meister Antwort auf die unausgesprochene Frage geben, sagte Er jetzt: ,,Aber weißt du, Johannes, du mußt das richtig verstehen. Sieh, Ich kann nichts von Mir selber tun. Meine Kraft kommt von oben, von Meinem Vater, der im Himmel ist. In Meiner eigenen Energie kann Ich nichts tun, es ist Seine Kraft, auf die Ich Mich verlasse. Wenn Ich Meine Müdigkeit überwinde, dann deshalb, weil Mir Mein Vater die Kraft dazu gibt.“

Johannes war erstaunt. Noch nie hatte er so etwas gehört. Verwundert fragte er: ,,Du willst sagen, Jahwe gibt Dir die Kraft, damit Du nicht müde wirst?“

Wieder lachte Jesus leise und fragte zurück: ,,Bist du ein Kind Israels und verstehst das nicht?“

Johannes schüttelte verwundert den Kopf. ,,Ich kann mich nicht erinnern, je von so einer Möglichkeit gehört zu haben.“

Jesus antwortete: ,,Hast du nie gehört, daß der Prophet Jesaja sagt: »Er gibt den Müden Kraft, dem Kraftlosen verleiht Er große Stärke...“

Die anderen Jünger waren durch die Unterhaltung wach geworden und hatten schon eine Zeitlang aufmerksam zugehört.

Jetzt fielen sie mit ein und zitierten gemeinsam mit ihrem Meister die bekannten Worte: „,... Die Jungen werden müde und matt, junge Männer stolpern und stürzen. Die aber, die dem Herrn vertrauen, schöpfen neue Kraft, sie bekommen Flügel wie Adler. Sie laufen und werden nicht müde; sie gehen und werden nicht matt."

Jetzt mußte auch Johannes lächeln, als er antwortete: „Meister, ich denke, ich habe diese Worte und ähnliche gehört und gelernt, aber ich bin nie auf den Gedanken gekommen, sie auf mein eigenes Leben anzuwenden."

„Siehst du", erwiderte Jesus, „da geht es dir wie Nikodemus. Er hat auch sein Leben lang in den Schriften Gottes gelesen und hat sie doch in so vielen Dingen nicht verstanden."

„Aber Leute wie er und mein Vater und die anderen glauben doch, sie seien die gerechten Leute in Israel und lebten nach dem Gesetz?" gab Johannes verwundert zu bedenken.

„Sie versuchen, nach dem Gesetz zu leben. Aber es gelingt ihnen nicht immer und sie mißverstehen es auch oft", erwiderte Jesus.

Nachdenklich nickte Johannes. „Ja, Herr, das stimmt. Sie versuchen wohl, nach dem Gesetz zu leben, aber sie versagen. Es mangelt an Friede, Barmherzigkeit und Liebe. Aber Meister, wie kann ein Mensch dann vor Gott gerecht werden?"

Jesus blickte Seine Jünger einen nach dem anderen nachdrücklich an und sagte dann die seltsamsten Worte, die sie seit der Unterhaltung mit Nikodemus von Ihm gehört hatten: „Ich bin der Weg zum Vater, denn der Vater und Ich sind eins. Kommt nur zu Mir, wenn ihr mühselig und beladen seid, Ich werde euch Ruhe geben. Doch getrennt von Mir könnt ihr nichts tun."

2. Kapitel

Die Jünger waren mit Jesus nach Kapernaum zurückgekehrt und blieben für einige Zeit dort. Wie üblich gingen die Fischer unter ihnen in solchen Zeiten wieder ihrer Arbeit nach, um ihren Lebensunterhalt zu verdienen. Auch in dieser Nacht waren sie auf dem See. Doch aus irgendeinem Grunde schienen die Fische alle verschwunden zu sein. Es war ein sehr kärglicher Fang, den sie mitbrachten, als sie in der Morgendämmerung müde in den Hafen zurückkehrten. So gut wie nichts war ihnen in die Netze gegangen.

Während Jakobus und Johannes müde von der Nachtarbeit die Netze zum Trocknen aufhängten, meinte der Jüngere ein wenig ärgerlich: „Der Meister belehrt uns immer so gut über alle möglichen geistlichen Dinge. Aber könnte Er nicht auch einmal für uns etwas tun, wenn wir uns beim Fischen plagen, daß wir wenigstens einen guten Fang machen können?"

Etwa um die Mitte des Vormittags hörten die Fischer das Geräusch vieler Stimmen von der Stadt her. Als sie aufblickten, sahen sie Jesus zum Ufer kommen, hinter Ihm eine große Menge Menschen. Erstaunt fragten sich die Fischer: „Warum bringt Er sie hierher?"

Es waren so viele Menschen, daß offensichtlich in der Synagoge kein Raum für alle gewesen war und wohl auch nicht auf dem engen Marktplatz. Also war Jesus nichts anderes übrig geblieben, als mit diesen vielen Menschen nach draußen vor die Tore der Stadt zu gehen. Petrus rief seinen Freunden eifrig zu: „Kommt, wir wollen zusehen, daß wir für den Meister einen Platz freihalten, sie werden Ihn sonst erdrücken."

Mittlerweile war Jesus mit der Menge herangekommen und betrachtete interessiert die am Ufer liegenden Boote. Endlich wandte Er sich an Petrus und fragte: „Ist das dein Boot?"

„Ja, Herr", nickte der riesige Fischer.

Der Meister stieg unverzüglich in das Boot und forderte Petrus auf: „Rudere uns ein klein wenig vom Land ab."

Eifrig folgte Petrus dem Wunsch des Herrn. „Gut, das reicht“, meinte Jesus. „Ich danke dir, Petrus.“ Dann begann Er vom Boot aus zu den am Ufer versammelten Menschen zu reden.

Erstaunt hatte Johannes alles beobachtet. „Natürlich“, dachte er. „Das ist die richtige Idee. Wenn man mit dem Boot einige wenige Meter vom Land entfernt ist, kann man gut zu diesen Menschenmengen reden, ohne bedrängt zu werden. Man muß nur darauf kommen.“

Jesus lehrte die geduldig ausharrende Volksmenge eine lange Zeit. Endlich, es ging schon in den Nachmittag hinein, wandte Er sich von den Menschen ab und Seinen Jüngern zu, die mit Ihm im Boot saßen. „Mir scheint, ihr habt heute nacht kaum etwas gefangen?“ fragte Er.

„Das stimmt, Herr“, bestätigte Johannes.

Jesus blickte eine Zeit nachdenklich auf den See hinaus und sagte dann zu Petrus: „Fahrt hinaus in das tiefe Wasser“, Er zeigte mit der Hand nach draußen, „und werft dort eure Netze aus.“

Petrus, Johannes und die anderen blickten Ihn erstaunt an. Was dachte sich der Herr da? Verstand Er so wenig von ihrer Arbeit? Man ging am frühen Nachmittag nicht fischen. Petrus sprach aus, was alle dachten: „Herr, wir haben die ganze Nacht gefischt und nichts gefangen.“

Jesus gab keine Antwort, sondern blickte die Männer nur fest an. Als Seine Augen in die von Petrus tauchten, räusperte dieser sich und sagte: „Also gut, Herr, weil Du es sagst, wollen wir hinausfahren und die Netze auswerfen.“

Sie kamen sich ziemlich töricht vor, als sie jetzt, in der heißen Sonne, auf den See hinausruderten. Da kein Wind ging, hatte es auch keinen Zweck, das Segel zu setzen. Sie mußten ihre eigenen Kräfte gebrauchen. „Wie werden die anderen über uns lachen“, dachte Johannes. „Wir werden zum Gespött der ganzen Stadt.“ Aber keiner wagte dem Meister zu widersprechen.

Endlich hatten sie den tiefen Teil des Sees erreicht. „Jetzt wollen wir das Netz auswerfen“, befahl Petrus. Das Netz war kaum ein Stück in das tiefe Wasser hinabgesunken, als die Männer ein starkes Zerren daran verspürten. Hunderte von Fischen verfingen sich in dem Netz. Groß und silbrig glänzend zappelte da eine riesige Menge. Es waren so viele, daß das Netz zu reißen drohte unter dem Gewicht. Jakobus und Johannes, die mit ihrem Boot dem von Petrus gefolgt waren, sahen voller Staunen, was hier geschah. Petrus rief mit lauter Stimme zu ihnen hinüber: „Jakobus, Johannes, kommt und helft uns, wir können es nicht schaffen."

„Ja", antwortete Jakobus, und schnell waren sie mit ihrem Boot heran. Die vier Fischer und ihre Helfer arbeiteten mit aller Kraft. Auch Jesus griff mit zu, um den Fang zu bergen. Endlich hatten sie die Beute an Bord. Als sie ihre Netze noch mehrere Male ausgeworfen hatten, waren beide Boote bis zum Rand voll mit den besten Fischen, die im See lebten. „Herr, Jahwe!" rief Petrus voller Staunen, „wie kann das sein?"

Immer noch wurden Fische aus den Netzen an Bord gebracht. „Es ist genug", rief Petrus endlich. „Die Boote können mehr nicht tragen." So schnell es die übervollen Boote erlaubten, ruderten sie zurück nach Kapernaum. Als sie dort ankamen und Zeit hatten, die Beute zu betrachten, stellten sie fest, daß nicht ein einziger kleiner Fisch darunter war, der unbrauchbar gewesen wäre. Es war der perfekteste Fang, den sie je gemacht hatten.

Schweigend standen die Männer, von Ehrfurcht überwältigt. „Herr, gehe fort von mir", rief Petrus, während Tränen über sein Gesicht liefen. „Gehe fort, Herr, denn ich bin ein sündiger Mensch."

Doch Jesus schaute freundlich auf den riesigen Fischer und sagte ermutigend: „Fürchtet euch nicht, von jetzt an sollt ihr Menschen fangen."

Es war eine warme Nacht. Johannes saß an der Feuerstelle, die nur noch ganz niedrig brannte, und dachte nach. Jesus hatte sich mit Seinen Jüngern in die Wildnis zurückgezogen und war, als es Abend wurde, allein fortgegangen, um zu beten. Dies tat Er oft, und die Jünger hatten sich daran gewöhnt. Während die anderen sich bald schlafen legten, wenn es ganz dunkel geworden war, wartete Johannes manchmal auf die Rückkehr des Meisters, weil ihm diese Stunden genügend Zeit gaben, die zurückliegenden Ereignisse zu überdenken.

Vor wenigen Tagen war wieder ein unerhörtes Wunder geschehen. Jesus und die Seinen waren unterwegs auf der Straße einem Aussätzigen begegnet. Normalerweise hielten sich diese armen Menschen von den Gesunden fern. Doch dieser hier hatte wohl von Jesus gehört und suchte dessen Hilfe. Deshalb stand er am Straßenrand, als sie herankamen, und wich nicht zurück. Die Jünger begannen über das ungewöhnliche Verhalten des Aussätzigen zu schimpfen, einige überlegten sogar schon, ob sie ihn mit Steinen vertreiben sollten. Doch da Jesus sich nicht äußerte, wußten sie nicht recht, was sie tun sollten. Jedenfalls begaben sie sich, als sie nahe an den Aussätzigen herangekommen waren, alle auf die andere Straßenseite, um nicht in die Nähe des Menschen mit der ansteckenden Krankheit zu kommen.

Nur den Meister schien der arme Mann nicht zu stören. Er ging vielmehr geradewegs auf ihn zu. Der über und über mit Aussatzwunden bedeckte und nur in schmutzige Lumpen gekleidete Kranke flehte Jesus um Hilfe an. Und dieser hatte tatsächlich Seinen Arm ausgestreckt. Als Johannes dies sah, war ihm fast der Atem stehengeblieben — ja, Jesus hatte Seine Hand wirklich auf die Stirn des Aussätzigen gelegt; direkt auf die Aussatzgeschwüre, die auch dort zu sehen waren.

Ja — und dann war es geschehen. Vor den Augen der Jünger waren alle Merkmale des Aussatzes von dem armen Menschen verschwunden, und er war gesund. Die Freude und Dankbarkeit des Mannes war kaum zu beschreiben.

Doch dann war etwas noch Erstaunlicheres geschehen. Jesus hatte dem Aussätzigen, der nun geheilt worden war, verboten, darüber zu reden, wie diese Heilung geschehen war. Das hatte Johannes nicht verstanden. Warum wollte Jesus nicht, daß Seine Taten bekannt wurden? Mußte Er Dinge im Geheimen tun? War Er also doch nicht der Messias?

Jesu Mahnung, nicht zu erzählen, wie er geheilt worden war, hatte allerdings nichts genützt. Der ehemalige Aussätzige berichtete überall davon, was man ja durchaus verstehen konnte. Das wiederum hatte zur Folge, daß noch mehr Menschen als bisher sich zu Jesus drängten und Er sich vor den Volksmengen kaum mehr retten konnte. Das hatte Ihn und Seine Jünger wieder hier in die Einsamkeit der Wildnis geführt. Und hier saß Johannes nun, während die anderen Jünger schon schliefen, wartete auf die Rückkehr und dachte nach.

Wieder einmal mußte er besonders intensiv an seinen früheren Herrn, den Täufer denken, der immer noch im Gefängnis saß. Wie es ihm wohl gehen mochte? Zu gern hätte Johannes wieder einmal etwas von ihm gehört. Seine Gedanken schweiften zurück nach Bethabara und die Zeit dort, als der Meister über den Hügelrand kam. Seine dunkle Silhouette hob sich vor dem Licht des Mondes gut ab.

„Sitzt du wieder einmal und denkst nach?" fragte Jesus, nachdem Er Seinen Jünger gegrüßt hatte.

„Ja", nickte Johannes einsilbig.

„Und womit beschäftigen sich deine Gedanken?" forschte der Nazarener.

„Ach, mit vielen Dingen. Gerade in den letzten Minuten mit dem Täufer... Herr, was denkst Du, was aus ihm geworden ist?"

„Du liebst den Täufer sehr, wie?" wich Jesus einer Antwort aus.

„Ja, Herr."

„Er ist in der Hand Meines Vaters", antwortete Jesus, „unter dem Schutz des großen Gottes. Glaubst du das?"

„Ja, Herr, schon..., doch es ist ein Herodes, der ihn gefangen hält. Und man kennt die Grausamkeit der Fürsten aus dieser Familie."

Jesus antwortete nicht, sondern blickte in die Ferne. Johannes war es, als würde er in dem bleichen Mondlicht eine Träne im Auge seines Herrn schimmern sehen. „Meister, wie gut hast Du den Täufer gekannt?" forschte er.

,,Wir sind uns bei Meiner Taufe im Jordan das erste Mal begegnet'', antwortete Jesus wie abwesend. ,,Aber er ist mein Cousin.''

,,Dein Cousin?'' stammelte Johannes erstaunt.

,,Ja'', nickte Jesus. ,,Er ist der Sohn von Elisabeth, einer Verwandten Meiner Mutter.''

Johannes suchte nach Worten, so überrascht war er. ,,Aber Herr, davon hat er nie etwas gesagt'', meinte er endlich.

,,Hätte er es getan, würdest du dann sein Zeugnis von Mir so bereitwillig angenommen haben?'' fragte Jesus.

Johannes überlegte. ,,Vielleicht nicht, Herr'', gab er dann zu.

,,Ich nehme an, es gibt noch einige andere Dinge über ihn zu wissen, die er dir wahrscheinlich nie erzählt hat. In Verbindung mit seiner Geburt — übrigens auch mit der Meinen — haben sich einige seltsame Dinge ereignet, wie Mir Meine Mutter erzählt hat. Vielleicht erfährst du eines Tages auch darüber mehr, Johannes.''

Johannes schüttelte verwundert den Kopf. Endlich sagte er: ,,Herr, ich habe immer noch so viele Fragen.''

,,Ich weiß, Johannes'', lächelte der Meister. ,,Welche beschäftigt dich am meisten?''

,,Du erinnerst Dich sicher, Herr'', begann Johannes eifrig, ,,als wir vor einiger Zeit diesen wunderbaren Fischzug am hellen Tag machten, weil Du es sagtest, rief Petrus hinterher: »Gehe fort von mir, denn ich bin ein sündiger Mensch.« Ich habe in jenem Augenblick genauso gefühlt. Ich weiß, daß ich Deiner Liebe nicht würdig bin. Auch ich bin voller Sünden und Fehler. Du kennst mich doch, Herr'', stöhnte er. ,,Aber wie soll das je anders werden?''

,,Johannes'', fragte Jesus sanft, ,,erinnerst du dich noch an den Aussätzigen?''

Der Jünger nickte.

,,Weißt du auch noch, was er zu Mir sagte?''

Johannes überlegte einige Augenblicke und antwortete dann eifrig: ,,Ja, er sagte: »Herr, wenn Du willst, so kannst Du mich reinigen.«''

„Siehst du, Johannes", fuhr Jesus fort, „alle Menschen sind in ihrer Seele durch die Sünde so unrein wie der Aussätzige durch seine Krankheit an seinem Leib. Wenn der gerechte Gott jenen armen Menschen anrühren und von der Unreinheit des Aussatzes befreien konnte, kann Er dann nicht auch die Seele des Menschen vom Schmutz der Sünde reinigen?"

Johannes war es, als würde ihm ein Tor für neue Hoffnung aufgetan.

„Ja, Herr", rief er, „aber wie soll das geschehen?"

„Bei Gott sind alle Dinge möglich, Johannes", antwortete Jesus ernst. „Glaube nur, und du sollst die Erlösung sehen, die Gott schaffen wird."

3. Kapitel

Für einen Herbsttag war es noch ungewöhnlich warm, deshalb war auch die Hitze und stickige Luft in dem überfüllten Haus nahezu unerträglich. Jesus war mit Seinen Jüngern wieder einmal nach Kapernaum zurückgekehrt und wohnte, wie gewöhnlich, im Hause von Petrus. Kaum hatte sich die Neuigkeit herumgesprochen, als auch schon buchstäblich die ganze Stadt gelaufen kam. Das Gedränge im Haus und auch noch draußen wurde so groß, daß Johannes und die anderen Jünger alle Hände voll zu tun hatten, um Jesus wenigstens noch einen kleinen freien Raum zu schaffen, von dem aus Er zu den Menschen sprechen konnte.

Als Jesus seine Rede beendet hatte, wurden, wie immer, viele Kranke und Gebrechliche zu Ihm gebracht, die Er anrührte und heilte. Bis zu diesem Augenblick war an diesem Nachmittag noch nichts Ungewöhnliches geschehen, außer daß dieses Mal eine große Anzahl Pharisäer und Schriftgelehrte anwesend waren, die aus Jerusalem und anderen Teilen Judäas gekommen waren, um zu sehen, was hier geschah. Argwöhnisch beobachteten die Jünger und die anderen Anhänger Jesu diese Leute, weil sie wußten, daß der Nazarener von ihnen gehaßt wurde.

Vielleicht fiel Petrus am ersten auf, was geschah, weil es sein Haus war, in dem sich alle befanden. Er bemerkte plötzlich, daß etwa da, wo der Herr stand, kleine Mörtelstückchen von der Decke herabfielen. Sicherlich machte man sich darüber nicht gleich Gedanken, denn die Decken und Dächer in den Häusern in Palästina waren nicht so fest gebaut und mußten von Zeit zu Zeit ausgebessert werden. Da fiel auch schon einmal etwas herab.

Doch als die Stücke, die herabfielen, größer wurden, stieß Petrus mit dem Ellbogen Johannes, der neben ihm stand, in die Seite. Auch andere, die in Jesu Nähe standen, wurden jetzt aufmerksam, denn auf den Haaren und Schultern einiger lagen schon Mörtelstückchen. Jetzt konnte man auch Geräusche vernehmen, die sich so anhörten, als würde auf dem Dach gearbeitet. Petrus wollte nach dem Rechten sehen, doch eine Handbewegung Jesu hielt ihn zurück.

Über den Köpfen ging der Rumor weiter, und jetzt konnte man an einer Stelle auch schon das Tageslicht durch das Dach scheinen sehen. Kurz darauf bildete sich ein richtiges Loch, das sich schnell vergrößerte. Petrus hob eine geballte Faust und wollte gerade zu schimpfen beginnen, doch wieder hielt ihn der Herr mit einer Handbewegung zurück. „Es ist schon in Ordnung, Petrus“, sagte Er beruhigend.

Ohne Zweifel versuchte jemand, durch das Dach zu brechen. Wer immer es war, er hatte sein Ziel bald erreicht. Und nun wurde durch das große Loch zu aller Erstaunen ein Bett herabgelassen, das an den Ecken mit vier Seilen festgebunden war. Langsam schwebte es herab, gerade zu Jesu Füßen. Auf dem Bett lag ein noch recht junger gelähmter Mann, dem man ansah, daß er sich sehr ungemütlich fühlte. Nachdem das Bett wohlbehalten unten angekommen war, erschienen oben in dem Loch die Köpfe von vier jungen Männern, die offensichtlich ihren Freund oder Verwandten auf diese Weise zu Jesus gebracht hatten. Wie hätten sie auch anders zum Ziel kommen sollen bei diesem Gedränge?

Jesus blickte zu ihnen hinauf und sah die Hoffnung und den Glauben in ihren Gesichtern. Dann wandte Er sich leise lächelnd an den Gelähmten und sagte zu ihm: „Hab Vertrauen, Sohn, deine Sünden sind dir vergeben."

Die Worte des Herrn erregten überall Verwunderung. Auch Johannes blickte erstaunt zu Petrus. Was konnte Jesus meinen? „Deine Sünden sind vergeben." Niemand als Gott konnte Sünden vergeben! Von da, wo die Pharisäer und Schriftgelehrten standen, hörte man jetzt aufgeregte Worte und Proteste. Jesu Anhänger fragten sich, warum der Meister so unvorsichtig war und immer wieder mit Seinen Bemerkungen böse Worte und Kritik herausforderte.

Jesus wandte sich jetzt direkt Seinen Gegnern zu und fragte: „Was habt ihr für Gedanken im Herzen? Was ist leichter, zu sagen: Deine Sünden sind dir vergeben oder zu sagen: Steh auf und geh umher!" Voll Autorität in der Stimme fuhr Er fort: „Ihr sollt aber erkennen, daß der Menschensohn die Vollmacht hat, hier auf der Erde Sünden zu vergeben." Damit wandte Er sich an den Gelähmten und sagte zu ihm: „Ich sage dir: Steh auf, nimm deine Bahre und geh nach Hause!"

Der Gelähmte erhob sich sofort, nahm die Bahre und ging davon; dabei lobte er laut Gott. Alle, die es miterlebten, priesen Gott laut und sagten: „Heute haben wir etwas Unglaubliches gesehen."

Der Meister hatte die Heilung des Gelähmten zum Anlaß genommen, mit Seinen Jüngern nochmals über die Sündenkrankheit der Seele zu reden, nachdem das Volk gegangen war. Warum sollte Gott die Seele nicht genauso heilen können, sagte Er zu ihnen, wie Er den kranken Leib heilte. Gott redete doch auch in den Propheten nicht nur von der gerechten Strafe für die Sünden, sondern auch von Seiner Barmherzigkeit und Gnade.

Als Jesus ein wenig später das Haus ebenfalls verließ, folgten Ihm Seine Jünger. Johannes war noch so in Gedanken versunken über das, was sie eben vom Meister gehört hatten, daß er erst bemerkte, welchen Weg sie nahmen, als sie schon ganz in der Nähe des Zollhauses waren. Heute saß wieder Matthäus Bar Alphäus dort und kassierte den Zoll. Er war jener junge begabte Jude, den alle in Kapernaum verachteten, weil er sich mit seinen Fähigkeiten der römischen Besatzungsmacht zur Verfügung gestellt hatte.

Als Johannes ihn sah, füllte sich sein Herz mit Zorn, wie immer, wenn er ihm begegnete. Und Johannes war überzeugt davon, daß dieser Haß auf einen Verräter an seinem Volk durchaus gerecht war. Aus seinen Gedanken aufgeschreckt, bemerkte er nun, daß sie nur noch ganz langsam weitergingen. Zuerst meinte er, das Gedränge der Menschen um Jesus sei die Ursache dafür. Doch dann ging es gar nicht mehr weiter. ,,Warum geht es nicht voran?" fragte er Jakobus ungeduldig, weil er so schnell wie möglich an dem verachteten Zöllner vorbei wollte.

,,Mir scheint, der Meister ist stehen geblieben", antwortete Jakobus.

,,Stehen geblieben? Warum? Ausgerechnet hier am Zollhaus?" Johannes wurde immer nervöser.

,,Sieh doch selbst nach", meinte Jakobus. ,,Es wird schon einen Grund geben."

Als Johannes sich ein wenig nach vorn drängte, sah er Jesus tatsächlich direkt vor dem jungen Zöllner stehen. Empörung packte ihn. Doch ehe er etwas tun konnte, hatte Matthäus den freundlichen Blick Jesu schon bemerkt. ,,Nein!" dachte Johannes zornig, ,,doch nicht einen Verräter wie Matthäus. Ich habe gelernt, die Samariter zu akzeptieren, sogar eine samaritische Hure, und mich damit abzufinden, daß Er Aussätzige berührt, aber einen Zöllner? Niemals werde ich damit einverstanden sein."

Und doch geschah es vor seinen Augen. Der Zöllner wußte ohne Zweifel, wer der Rabbi war und betrachtete Ihn mit Verachtung. Doch unter dem liebevollen Blick Jesu schmolz die steinerne Fassade seines Gesichts schnell dahin. „Das nehme ich nicht hin", murmelte Johannes.

Nun sagte der Meister zu Matthäus Bar Alphäus die gleichen Worte, die er vor einiger Zeit zu den vier Fischern unten am Hafen gesagt hatte: „Matthäus, folge Mir!" Freundlich, aber in einer Art, die eigentlich keinen Widerspruch zuließ, waren diese Worte gesagt.

Und nun geschah, was Johannes nie geglaubt hätte, wenn es nicht gerade hier vor seinen Augen abgelaufen wäre: Der Zöllner in seiner prächtigen roten Robe erhob sich hinter dem Tisch, blickte in das Zollhaus und sagte einige Worte zu einem zweiten Zöllner, der sich darin befand. Dann machte er eine Handbewegung, die so aussah, als wolle er damit einen festen und endgültigen Entschluß zum Ausdruck bringen, und kam zu Jesus, um Ihm nachzufolgen.

Johannes fuhr aus dem Schlaf auf, weil jemand ihn an der Schulter rüttelte. Als er die Augen öffnete, bemerkte er, daß es sich um Matthäus Bar Alphäus handelte. Zorn packte ihn. „Wie konnte dieser Bursche, der die ganze Zeit ein Römerknecht gewesen war, es wagen, ihn zu berühren?" Am liebsten hätte er Matthäus heftig zurückgestoßen. Dieser flüsterte ihm jetzt zu: „Johannes, wach auf, du bist an der Reihe."

Johannes sprang auf. Er hatte sich fest vorgenommen, von selbst wach zu werden; nun war es ihm doch nicht gelungen.

Jesus war nach einer Zeit, in der Er die Volksmassen kaum mehr loswerden konnte, weil sie Ihn überall suchten und Ihm nachliefen, wo immer es ging, mit Seinen Jüngern wieder in die Einsamkeit der Wildnis gezogen. Sie alle waren sehr erschöpft und bedurften dringend der Ruhe, außerdem hatte der Meister das Bedürfnis, längere Zeit ungestört im Gebet zu verbringen. Es war Nacht, der Meister hatte sich allein zum Gebet zurückgezogen. Um aber zu verhindern, daß Er von umherstreifenden Leuten, die Ihn suchten, gestört wurde, hielten die Jünger reihum Wache. Johannes war nach Matthäus an der Reihe, hatte aber verschlafen; und nun war er von Matthäus geweckt worden.

Ohne ein Wort zu sagen und mit einem zornigen Blick begab sich Johannes an den Platz, an dem der Wache haltende Jünger gewöhnlich saß. Matthäus legte sich zu den anderen und war bald eingeschlafen. Während Johannes allein saß und in die Nacht lauschte, begann er wieder zu überlegen: Obwohl Matthäus nun schon einige Tage bei ihnen war, hatte seine Abneigung gegen ihn noch nicht nachgelassen. Johannes versuchte immer, zwischen sich und dem ehemaligen Zöllner genügend Distanz zu halten. Er wollte nicht mit ihm reden müssen, und keinesfalls wollte er von ihm berührt werden, da er ihn als einen unreinen Menschen betrachtete.

„Jesus ist da ganz anders", sann Johannes. War es dem Meister etwa gleichgültig, mit welchen Menschen Er es zu tun hatte? Das konnte doch nicht sein. Oder sah Jesus nicht darauf, wie gut oder schlecht ein Mensch war und welche Qualitäten er hatte? Vielleicht sah Er einfach nur den Menschen, der Hilfe brauchte. Aber ein Zöllner? Ein Römerknecht?

Da ihm seine Beine einzuschlafen drohten, stand Johannes auf und ging langsam hin und her. Was hatte Jesus an Matthäus gefunden, daß Er ihn in Seine Nachfolge gerufen hatte? überlegte er. Doch dann kam ihm ein anderer Gedanke: Was hat der Meister eigentlich an dir gefunden, Johannes, daß Er dich gerufen hat? Bei diesem Gedanken war ihm, als würde seine Seele mit einem feurigen Messer durchbohrt. Was hatte er denn für Verdienste? Er lebte mit seinem Vater im Streit und war ein rebellischer, jähzorniger und heißblütiger Feuerkopf, der andere Menschen haßte, wie z. B. den Matthäus, nur weil sie nicht in sein Schema paßten. Der Meister hingegen stieß keinen Menschen einfach fort, sondern versuchte zu helfen, wo Er konnte.

„O Herr", stöhnte er, „was bin ich doch für ein verkehrter Mensch! Hilf mir, daß ich Menschen, die nicht so sind wie ich, auch respektieren und lieben kann — vor allem auch Matthäus." Lange stand er still und lauschte in die schweigende Nacht hinein.

Johannes war in den nächsten Tagen ungewöhnlich still und hielt sich immer sehr nahe bei dem Meister, als ob er nicht ein einziges Wort verpassen wollte, was dieser äußern könnte. Man konnte spüren, daß den Jünger etwas bewegte. Doch während Jesus sonst gewöhnlich fragte, worüber er nachdachte, schien Er es dieses Mal nicht zu bemerken. Als sie dann endlich in bewohntere Gegenden zurückkehrten, wurden sie bald von Menschen entdeckt. Die Kunde, wo Jesus zu finden sei, verbreitete sich schnell, und als sie eine Weile auf einem Berghang rasteten, von dem aus man auf den See Genezareth hinabschauen konnte, versammelten sich bald große Scharen von Menschen, die von allen Seiten gelaufen kamen.

Jesus erhob sich, um zu den Versammelten zu sprechen. Viele große Gedanken waren es, die der Meister in dieser Predigt auf dem Berg den Menschen in die Herzen legte. Endlich schwieg Er einige Augenblicke, wandte sich zu Seinen Jüngern und blickte Johannes tief in die Augen. Als Er mit Seiner Rede fortfuhr, sagte Er: „Ihr habt gehört, daß gesagt worden ist: Du sollst deinen Nächsten lieben und deinen Feind hassen. Ich aber sage euch: Liebt eure Feinde und betet für die, die euch verfolgen, damit ihr Söhne eures Vaters im Himmel werdet. ... Wenn ihr nämlich nur die liebt, die euch lieben, welchen Lohn könnt ihr dafür erwarten? Tun das nicht auch die Zöllner? Und wenn ihr nur eure Brüder grüßt, was tut ihr damit Besonderes? Tun das nicht auch die Heiden? Ihr sollt also vollkommen sein, wie es auch euer himmlischer Vater ist."

„Er hat es gewußt", dachte Johannes. „Er hat die ganze Zeit gewußt, welche Gedanken mich bewegen. O Herr", flehte er in seinem Herzen, „ich möchte ja Dein Diener sein, aber dazu muß ich ein anderer Mensch werden. Hilf mir dazu."

Es war schon später Nachmittag, als Jesus Seine Rede beendete und weiterging. Er hatte Seine Jünger gebeten, Ihn mit einem Boot auf die andere Seite des Sees zu bringen. Nun fuhren sie im gleichmäßigen Takt der Ruderschläge über das stille Wasser, während sich die Sonne langsam den Rändern der galiläischen Berge näherte und Jesus hinten in der winzigen Kabine schlief. „Er hat es gewußt! Er hat es gewußt!“ klang es in Johannes Herzen im Takt der Ruderschläge, „aber Er hat mich nicht verurteilt.“ Immer wieder dachte er an den Satz: „Wenn ihr nur die liebt, die euch lieben ..., das tun auch die Zöllner.“

Hatte der Meister nicht ihm, Johannes, damit klar gesagt: „Johannes, siehst du nicht, daß du auch nicht besser bist als ein Zöllner, denn du handelst genau wie sie. Wie kannst du also einen, der ein Zöllner gewesen ist, verachten?“ O ja, Johannes hatte gut verstanden. Aber da war wieder so ein Satz gewesen, den er nicht begreifen konnte. Vollkommen sollten sie sein, wie der himmlische Vater! Wie sollte das wohl möglich sein? Was hatte Jesus damit gemeint? Während Johannes im Takt mit den anderen das schwere Ruder schwang, schüttelte er verwundert den Kopf.

Es war Petrus Stimme, die ihn aus seinen Gedanken riß: „Ich fürchte, wir geraten in ein schlimmes Wetter“, bemerkte der riesige Fischer besorgt. Als die anderen seinem ausgestreckten Finger mit ihren Blicken folgten, sahen sie, wie sich eine riesige Wolkenwand ungeheuer schnell vor die Sonne schob. Wenige Augenblicke später verspürten sie den ersten leisen Windhauch. Das Wasser begann sich zu kräuseln. „Ob wir jetzt das Segel setzen und den Wind ausnutzen?“ meinte Andreas.

„Nein.“ Petrus schüttelte den Kopf. „In Kürze haben wir einen so gewaltigen Sturm, daß uns das Segel nur noch mehr in Gefahr brächte. Wir wollen rudern, was wir können.“

Das taten sie. Petrus begann mit seiner kräftigen Stimme den schnelleren Rudertakt anzugeben. „Ho!“ rief er in den beginnenden Wind hinein. „Ho! Ho!“

Mit aller Kraft legten sie sich in die Ruder, doch es half nichts. Sie hörten das Brausen von hinten nahen. Und dann brach es über sie herein!

Das große Boot bockte und bäumte sich auf, als es vom Sturm und den Wellen gepackt wurde. Obwohl die Fischer den Kampf mit dem See gewöhnt waren, schien es diesmal hoffnungslos zu sein. Mit lautem Krachen zerbrach das erste Ruder. Das Boot begann sich im Kreis zu drehen und bot jetzt seine breite Seite den tobenden Wellen. Eine gewaltige Welle schlug ins Schiff, so daß dies zu sinken drohte. „Dieses Mal ist es zu Ende", dachte Johannes, während er verzweifelt an seinem Ruder riß.

„Gott, hilf uns!" hörte er jetzt die mächtige Stimme seines Freundes Petrus durch den Sturm schreien. Aber das Unwetter schien nur noch schlimmer werden zu wollen.

„Herr!" schrie Johannes. Er wandte sich zu Petrus. „Wo ist der Herr? Kann Er denn bei diesem Sturm immer noch schlafen? Weck Ihn auf!" Doch Petrus schien ihn nicht zu hören. Er war zu sehr mit dem Ruder beschäftigt. Johannes kroch das kurze Stückchen zu der kleinen Kabine und schaute hinein. Tatsächlich! Es war unglaublich, aber der Meister schlief immer noch. „Herr", schrie er, „hilf uns oder wir sterben."

Mittlerweile hatte auch Petrus seinen sinnlosen Kampf aufgegeben und tauchte neben Johannes auf: „Meister", rief auch er, „kümmert es Dich nicht, daß wir zugrunde gehen? Hilf uns, oder es ist aus!"

Die Hilfeschreie Seiner Jünger schien der Herr zu hören, obwohl Er durch den Sturm nicht wach geworden war. Er setzte sich auf und blickte um sich. Es war Johannes, als sei im Gesicht des Herrn ein wenig Enttäuschung zu lesen. „Herr", rief Petrus wieder, „hilf uns, oder wir kommen um!"

Jesus erhob sich und trat zu den Jüngern hinaus. „Warum fürchtet ihr euch und seid so kleingläubig?" fragte Er traurig. Dann blickte Er einen Augenblick zum Himmel hinauf, in die dahinrasenden Wolken. Doch Johannes hatte den Eindruck, Jesu Blick ginge viel, viel weiter, weit durch die Wolkendecke hindurch. Nun schaute Jesus direkt auf die tobenden Wellen. Mit ruhiger Stimme, in der aber eine ungeheure Autorität lag, sagte Er: „Schweig, sei still!"

Und plötzlich war nichts mehr — nichts anderes als eine ungeheure Stille um sie herum. Die Wolken hingen wie etwas völlig Unwirkliches über ihnen, und der See machte den Eindruck, als könne es auf ihm nie Wellen geben. Es lag ein übernatürlicher Friede um sie, der nicht zu beschreiben war.

Johannes war von Ehrfurcht so gepackt, daß er sich nicht zu rühren vermochte. Staunend schaute er Jesus an. Den anderen Jüngern ging es ebenso. Doch Jesus schüttelte nur leicht den Kopf und fragte nochmals: „Warum fürchtet ihr euch? Wie kommt es, daß ihr noch immer keinen Glauben habt?"

„Ja, warum?" fragte sich Johannes, „warum vertrauen wir Ihm nicht mehr, bei allem, was wir schon mit Ihm erlebt haben?"

4. Kapitel

Eigentlich hätte es einer der glücklichsten Tage in Johannes Leben sein sollen. Die Jünger waren gerade von einer längeren Reise nach Kapernaum zurückgekehrt. Jesus hatte sie ausgesandt, immer zwei und zwei, um das Land zu durchziehen und überall das Evangelium vom Reiche Gottes zu predigen. Er hatte ihnen versprochen, die Kraft Gottes würde mit ihnen sein, und sie würden große Wunder tun. Und genauso war es geschehen. Nun waren sie zurück und überschlugen sich alle vor Eifer, ihre Erlebnisse zu berichten, wie durch ihren Dienst alle möglichen Krankheiten geheilt worden waren und sogar Dämonen ausfahren mußten.

Doch Johannes spürte, daß Jesus nicht ganz bei der Sache war, während sie in Petrus Haus saßen und einer nach dem anderen erzählte. Irgend etwas schien den Meister zu drücken. Johannes fragte sich, ob die anderen es nicht bemerkten? Doch sie schienen zu sehr mit ihren eigenen Erlebnissen beschäftigt zu sein.

Endlich, nachdem der Herr lange zugehört hatte, lobte Er ihren Glauben, ihren Eifer und ihren Mut. Er versicherte ihnen, daß auch Seine Freude groß sei über all das, was durch sie geschehen war. Doch dann erhob Er sich, entschuldigte sich bei ihnen, weil Er sie jetzt für eine Zeit allein lassen müsse und ging hinaus. Verwunderte Blicke folgten Ihm.

Johannes wartete ein wenig und begab sich, als die anderen wieder von ihren Erlebnissen redeten, ebenfalls nach draußen. Offensichtlich hatte Jesus gewußt, daß er Ihm folgen würde, denn Er stand draußen am Brunnen und wartete. Schweigend standen sie einige Zeit nebeneinander. „Was wollte der Meister ihm sagen?" überlegte Johannes. War Er ärgerlich? Nein — danach sah es nicht aus. War etwas mit Zebedäus oder mit der Mutter geschehen? Doch dann würde Er Jakobus auch noch herbeirufen. Was war es, was ihn mehr betraf, als die anderen Jünger? Plötzlich kam ihm der Gedanke: „Der Täufer?! Ob es sich um den Täufer handelte?"

Der Nazarener blickte ihn voller Mitleid an und nickte. „Du hast es erraten, Johannes."

„Herr ... der Täufer?" fragte er zaghaft.

„Ja", antwortete Jesus ruhig und traurig, „der größte aller Propheten ist tot. Enthauptet von Soldaten ... Auf Befehl von Herodes."

Plötzlich schien die Welt grau und trübe zu sein. Johannes spürte, wie sich eine große Leere und Trauer in seinem Herzen ausbreitete. Wie aus weiter Ferne hörte er die weiteren Worte des Herrn: „Du hast ihn sehr geliebt, Johannes. Ich weiß es. Und er war wahrlich mehr als ein Prophet. Unter allen von Frauen Geborenen war nie ein größerer Prophet als Johannes der Täufer. Doch das Himmelreich leidet Gewalt, und die Gewalttätigen versuchen es mit Gewalt an sich zu reißen."

Es bereitete Johannes wenig Trost, zu wissen, daß der Täufer vor seinem Tod noch Antwort auf seine Fragen erhalten hatte. Die Jünger des Täufers waren in seinem Auftrag gekommen und hatten für ihn bei Jesus angefragt: „Bist du der, der da kommen soll, oder müssen wir auf einen anderen warten?"

Auf diese Frage hatte Jesus geantwortet: „Geht und berichtet Johannes, was ihr hört und seht: Blinde sehen wieder, und

Lahme gehen; Aussätzige werden rein, und Taube hören; Tote stehen auf, und den Armen wird das Evangelium verkündet."

Diese Botschaft hatten seine Jünger dem Täufer ins Gefängnis gebracht, so daß er daraus sicher neue Hoffnung geschöpft hatte und seine Zweifel gewichen waren.

Über all diese Dinge dachte Johannes nach, als die Jünger jetzt bei einbrechender Dunkelheit wieder über den See fuhren. Jesus war dieses Mal nicht bei ihnen. Er hatte sie beauftragt, auf die andere Seite des Sees zu rudern, dort würde Er sich wieder mit ihnen treffen, hatte Er gesagt. Während Johannes im Takt mit den anderen ruderte, war sein Herz voller Trauer und Zorn zugleich. „Dieser Herodes ist ein Tyrann", dachte er. „Er hat Unrecht an dem Täufer getan. Es gibt keine Gerechtigkeit auf dieser Erde."

Der Wind frischte auf und wurde immer stürmischer. Da er ihnen von vorn ins Gesicht blies, rollten auch die Wellen gegen das Boot an, so daß trotz aller Anstrengung kaum noch ein Vorwärtskommen war. Petrus, als der erfahrenste Fischer, hatte wieder das Kommando übernommen. Wieder tönte seine Stimme laut durch den heulenden Wind: „Jetzt! Jetzt! Und jetzt!" Aber der Wind und die Wellen waren stärker als die geübten Muskeln der Fischer. Es ging nicht vorwärts.

Johannes grübelte immer noch. „Gott", dachte er, „wenn Du wirklich der Herr über alle Dinge bist, wo warst Du dann, als der Täufer enthauptet wurde?" Er spürte, wie in seinem rebellischen Herzen wieder Zorn und Zweifel aufstiegen und seufzte: „Ich wollte, der Meister wäre jetzt hier und würde mir meine Fragen erklären."

Mittlerweile war es schon längst Nacht geworden. Da die Jünger trotz aller Mühe kaum Raum gewannen, ermüdeten sie langsam. Ihre Ruderschläge wurden matter, so daß Johannes schon befürchtete, ihre Kräfte könnten bald ganz erlahmen. Dann würden sie ein hilfloser Spielball für den Wind und die Wellen sein. Als er wieder aufschaute, bemerkte er, daß Petrus nicht mehr ruderte. „Von ihm hätte ich am letzten erwartet, daß er aufgibt", dachte Johannes. Doch dann bemerkte er den seltsamen Ausdruck in Petrus Gesicht. Mit einer Miene, in der sich Staunen und Furcht mischten, starrte er in eine bestimmte Richtung. Als Johannes dem Blick folgte, wollte er seinen Augen nicht trauen. In dem diffusen Licht, das trotz des Wetters auf der Seeoberfläche herrschte, sah er in einiger Entfernung eine Gestalt auf dem Wasser gehen, die scheinbar rüstig voranschritt.

Johannes spürte, wie ihn die Furcht packte. „Es ist ein Geist!" schrie Petrus in diesem Augenblick. „Wir müssen fliehen. Rudert so schnell ihr könnt." Auch die anderen schauten jetzt in die Richtung, wohin Petrus zeigte, und begannen vor Furcht zu schreien. Hastig griffen alle wieder zu den Rudern, um zu fliehen. Da war es Johannes, als habe er eine Stimme gehört.

„Petrus", fragte er, „hörst du es auch?"

Dieser ließ das Ruder wieder ruhen und lauschte einen Augenblick. Dann nickte er. In diesem Augenblick war die Stimme wieder zu vernehmen, und zwar schon deutlicher als vorher. Sie kam aus der Richtung, in der der Fremde über dem Wasser ging und immer näher kam. „Habt Vertrauen, Ich bin es. Fürchtet euch nicht!"

Johannes spürte, wie sein Herz schneller klopfte. „Kann es sein", dachte er voller Staunen, „daß es der Herr ist?"

Petrus hatte sich als erster gefaßt. Er rief über den aufgeregten See hinweg: „Herr, wenn Du es bist, so befiehl, daß ich auf dem Wasser zu Dir komme."

„Komm!" antwortete Jesus einfach.

Johannes blickte ungläubig, als Petrus sich jetzt erhob und den ersten Schritt hinaus auf das Wasser machte. „Welch ein Glaube", dachte er. „Wenn doch auch ich so vertrauen könnte." Dann schaute er staunend zu, wie Petrus Schritt um Schritt vorwärts ging und doch nicht sank. Doch plötzlich, als eine besonders große Welle angerollt kam, schien der große Fischer zu zaudern. Er warf einen Blick zum Boot zurück, das schon ein Stück hinter ihm lag. Und in diesem Augenblick begann er auch schon zu sinken. Johannes schrie verzweifelt: „Petrus! Petrus!"

Der eben noch so mutige Petrus schien sich nicht mehr helfen zu können. Immer tiefer sank er in das Wasser. Er schrie: „Herr, rette mich!“

Jesus war mittlerweile schon nahe herangekommen. Er streckte Seine Hand aus und ergriff damit die Hand, die ihm Petrus hilfesuchend entgegenstreckte. So zog Er Petrus aus dem Wasser, so daß jetzt beide nebeneinander auf der Oberfläche standen. Kopfschüttelnd fragte Jesus: „Du Kleingläubiger, warum hast du gezweifelt?“ Dann kam Er mit Petrus zum Boot. Beide stiegen an Bord. Wenige Augenblicke später legte sich der Wind, und auch der See wurde ruhig.

Johannes und die anderen Jünger warfen sich im Boot auf die Knie, schauten Jesus voller Ehrfurcht an und riefen: „Wahrhaftig, Du bist Gottes Sohn!“

Am nächsten Morgen strebte Jesus mit Seinen Jüngern bei schönstem Wetter der Synagoge von Kapernaum zu. Es war Sabbath. Bald sprach sich herum, Jesus sei wieder anwesend. Deshalb strömten von allen Seiten die Menschen herzu. Da sie wußten, daß die Jünger allein mit dem Boot weggefahren waren, fragten sie Ihn in der Synagoge: „Herr, wie bist Du hierher gekommen?“

Jesus ging nicht auf die Frage ein, sondern antwortete ihnen: „Ihr sucht mich ja gar nicht, weil ihr Zeichen gesehen habt, sondern weil ihr von dem Brot gegessen habt und satt geworden seid. Müht euch doch nicht ab für die Speise, die verdirbt, sondern für die Speise, die für das ewige Leben bleibt. Nur Ich allein kann euch solche Speise geben, denn der Vater gab Mir die Macht dazu.“

Verwirrt fragten die Zuhörer: „Was müssen wir denn tun, um die Werke Gottes zu vollbringen?“

Jesus antwortete: „Das ist das Werk Gottes, daß ihr an den glaubt, den Er gesandt hat. Ich bin das Brot des Lebens; wer zu Mir kommt, wird nie mehr hungern, und wer an Mich glaubt, wird nie mehr Durst haben. Eure Väter haben in der Wüste das

Manna gegessen und sind gestorben. So aber ist es mit dem Brot, das vom Himmel herabkommt: Wenn jemand davon ißt, wird er nicht sterben. Ich bin das lebendige Brot, das vom Himmel herabgekommen ist. Wer von diesem Brot ißt, wird in Ewigkeit leben. Das Brot, das ich geben werde, ist Mein Fleisch, Ich gebe es hin für das Leben der Welt."

Jetzt wurden die meisten Zuhörer zornig. „Was bildet Er sich ein", murrten sie. „Wie sollen wir Sein Fleisch essen? Es scheint, als wisse Er nicht mehr recht, was Er sagt." Empört gingen sie davon.

Als Jesus später am Tage mit den Jüngern in Petrus Haus saß, herrschte eine lange Zeit Schweigen. Johannes dachte: „Heute hat der Meister es ein wenig zu weit getrieben mit den Bildern, in denen Er oft redet. Wie kann Er sagen, daß die Menschen Sein Fleisch essen sollen. Muß Er Seine Zuhörer immer verärgern? Kann Er nicht andere Bilder und Beispiele wählen, wenn Er ihnen etwas erklären will? Was kann Er wohl damit gemeint haben, als Er sagte, daß Sein Fleisch die rechte Speise und Sein Blut der rechte Trank sei?"

An den Gesichtern der anderen Jünger konnte er sehen, daß sie ähnliche Gedanken bewegten. „Andererseits", überlegte Johannes weiter, „ist es auch nicht verständlich, warum viele der Nachfolger Jesu, die doch so viele große Taten des Meisters miterlebt hatten, einfach wegliefen, wenn dieser einmal etwas sagte, was ihnen nicht gefiel und was sie nicht verstanden."

In diesem Augenblick räusperte sich Jesus, wandte sich an die anwesenden zwölf Jünger und fragte: „Welche Gedanken bewegen euch denn? Wollt ihr auch noch weggehen?"

Die Frage traf Johannes ins Herz. Würde er Jesus wieder verlassen können? überlegte er. Das konnte wohl nicht sein. Gerade wollte er dem Meister das versichern. Doch Petrus war, wie meist, wieder einmal ein wenig schneller. Er rief: „Herr, zu wem sollen wir gehen? Du hast Worte des ewigen Lebens. Wir sind zum Glauben gekommen und haben erkannt: Du bist der Heilige Gottes."

Rundum war zustimmendes Murmeln zu hören. Viele nickten eifrig mit den Köpfen. Deshalb war es wie ein Schlag, als Jesus, nachdem Er einen nach dem anderen angeschaut hatte, jetzt antwortete: „Habe Ich nicht euch, die Zwölf, erwählt? Und doch ist einer von euch ein Teufel."

Die feindselige Stimmung gegen Jesus schien rapide zuzunehmen. Nur wenige Tage nach Petrus Bekenntnis waren Gerüchte zu hören, daß die Führer des Volkes Pläne schmiedeten, wie sie Jesus umbringen könnten. Bekannt war schon länger, daß die Pharisäer sich über den Nazarener ärgerten. Doch solange Er überall so viele Wunder tat, war Seine Popularität unter dem einfachen Volk so groß, daß die Obersten nicht wagten, öffentlich etwas gegen Ihn zu unternehmen.

In der letzten Zeit hatte Jesus selbst die Pharisäer einige Male derart bloßgestellt, daß sie nun entschlossener waren als vorher, Ihn irgendwie auszuschalten. Bei zwei Gelegenheiten hatte Er die Pharisäer besonders blamiert, und zwar öffentlich:

Sie hatten Ihn am Sabbath in einem Ährenfeld gestellt und ermahnt, Er solle Seinen Nachfolgern verbieten, Ähren auszuraufen. „Das Gesetz sagt, am Sabbath soll keine Arbeit getan werden", hatten sie Ihn getadelt. Nachdem Jesus sie auf einige Bibelstellen hingewiesen hatte, die sich gegen ihren Standpunkt wandten, hatte Er noch hinzugefügt: „Außerdem ist der Sabbath für den Menschen gemacht worden, und nicht der Mensch für den Sabbath. Deshalb ist der Sohn des Menschen auch ein Herr des Sabbaths."

Wenn diese Aussage sie ärgerte, so wurden sie noch zorniger, als sie dabei waren, als an einem Sabbath Jesus in der Synagoge vor einem Menschen stand, dessen Hand ganz verdorrt war. Weil Er die Gedanken der Pharisäer kannte, die darauf warteten, daß Er etwas Gesetzwidriges tat, fragte Er sie: „Ist es recht, am Sabbath Gutes zu tun oder Böses, Leben zu erhalten oder zu zerstören?" Dann hatte Er den Kranken aufgefordert: „Strecke deine Hand aus!" Der Kranke glaubte, tat es und war völlig geheilt.

Es geschah in letzter Zeit auch immer häufiger, daß Jesus die Pharisäer öffentlich als „Heuchler“ und als „blinde Blindenleiter“ bezeichnete. Manchmal hatte Johannes den Eindruck, Jesus suche geradezu Gelegenheiten, die Pharisäer und Obersten des Volkes bloßzustellen. Deshalb wuchs auch der Haß Seiner Gegner immer mehr.

Johannes mußte, wenn er die Feindschaft der Pharisäer sah, immer daran denken, daß Jesus gesagt hatte, sogar unter den Zwölfen sei einer ein „Teufel“. Oft hatte Johannes in letzter Zeit über dieses Wort nachgedacht. Wen konnte der Meister gemeint haben? Petrus, Jakobus, Andreas, Matthäus? „Wer ist es, Herr“, fragte er im Herzen: Philippus, Nathanael, Judas, Thomas? Plötzlich stockte er. War etwa gar von ihm selbst die Rede gewesen? „Nein“, schrie es in ihm. „Nein, Meister, das kann nicht sein, Du weißt, wie sehr ich Dich liebe.“

5. Kapitel

Erst zum Laubhüttenfest verließ Jesus Galiläa wieder, das für Ihn viel sicherer war, um von neuem nach Jerusalem zu ziehen. Voller Sorge hatten die Jünger den Entschluß ihres Meisters vernommen, wußten sie doch, daß Jesu Leben in Jerusalem in viel größerer Gefahr war als hier.

Jesus nahm auf diese Umstände keine Rücksicht, sondern redete auch in Jerusalem offen und forderte die Pharisäer heraus. Erst heute hatte der Hohe Rat Soldaten geschickt, die Ihn gefangennehmen sollten. Doch Jesus hatte sie mit wenigen Worten in ihre Schranken gewiesen, so daß sie ohne Ihn wieder abgezogen waren. Ein geradezu unglaublicher Vorgang.

Jetzt waren sie zurückgekehrt in die obere Etage des Hauses, in dem sie immer wohnten, wenn sie in Jerusalem weilten. Nachdenklich stand Johannes am Fenster und blickte zum

Tempel hinüber. Er wußte, daß dort der Sanhedrin tagte. Einziges Thema der Tagesordnung war Jesus von Nazareth. Man schmiedete jetzt dort ebenso finstere Pläne gegen Ihn, wie vormals gegen den Täufer. Die große Mehrheit des Hohen Rates war dafür, die Sache endlich zu einem Ende zu bringen, ganz gleich, wie. Nur wenige plädierten für das Recht des einzelnen, in diesem Falle für Jesus. Zu diesen wenigen hatten sich in letzter Zeit ein Rabbi mit Namen Gamaliel und der reiche Rechtsgelehrte Joseph von Arimathia hinzugesellt.

Einer von denen, die am aktivsten gegen den Nazarener sprachen, war Zebedäus von Kapernaum. Dadurch, daß beide Söhne nun schon längere Zeit Jesus folgten, war er noch bitterer geworden und war entschlossen, alles in seiner Macht Stehende zu tun, den Nazarener zu verderben. Nachdem Annas und Kaiphas die Diskussion freigegeben hatten, standen viele auf und brachten ihre Anklagen gegen Jesus vor. Endlich meldete sich auch Nikodemus. Als ihm das Wort erteilt wurde, ging er nach vorn und begann: „Ehrwürdige Väter Israels, wir sollten nicht vergessen, daß viele Menschen in Israel glauben, dieser Jesus sei ein Prophet. Manche meinen sogar, Er sei der Messias. Außerdem ist es bei uns nicht üblich, jemand zu verurteilen, ehe man ihn nicht selbst gehört hat. So ..."

Zebedäus, der mit wachsendem Ärger zugehört hatte, fuhr zornig auf und schrie: „Forsche doch in der Schrift nach! Soll der Messias etwa aus Galiläa kommen?"

Nikodemus war überrascht, einen solchen Einwand gerade von dieser Seite zu hören. „Aber Zebedäus", erwiderte er, „du bist doch selbst ein Galiläer. Verachtest du so deine Landsleute?"

„Es stimmt, ich bin ein Galiläer", eiferte Zebedäus, „aber einer, der die heiligen Schriften kennt. Und sagen diese Schriften nicht, daß der Messias aus dem Hause Davids und von der Stadt Bethlehem kommen wird? Wir aber reden hier von Jesus aus Nazareth." Gelächter, zustimmendes Kopfnicken und beifälliges Gemurmel rundum. Es war offensichtlich, daß Jesus in den Herzen der meisten Anwesenden schon verurteilt war. Resigniert ging Nikodemus zu seinem Platz zurück.

Als sich jetzt Kaiphas erhob, trat wieder Ruhe ein. „Brüder", begann er, „ich glaube, wir können in ganz kurzer Zeit den Wunsch des Herrn Nikodemus erfüllen und Jesus von Nazareth selbst verhören. Ich habe Soldaten ausgesandt, Ihn zu fangen. Ihr wißt ja, Er ist zur Zeit hier in Jerusalem. Sie sind schon längere Zeit fort und müßten jeden Augenblick zurückkehren.

Wie zur Bestätigung seiner Worte öffnete sich eine Seitentür. Herein traten einige Offiziere der Tempelwache. Doch sie waren allein.

„Wo habt ihr den Nazarener?" wollte Kaiphas wissen.

Man merkte den Offizieren an, daß sie sich durchaus nicht wohl fühlten in ihrer Haut. Endlich sprach einer von ihnen: „Herr, wir gingen, um Ihn hierher zu bringen, wie du befohlen hast. Aber es war eine große Zahl von Menschen bei Ihm, die Ihm zuhörten. Und, Herr ... niemand hat je solche Worte gesprochen wie dieser Mensch."

Erregtes Gemurmel hob unter den Mitgliedern des Sanhedrins an. Zebedäus fuhr zornig auf die Offiziere los: „Seid ihr etwa auch schon von Ihm verführt? Schaut doch uns an! Glaubt etwa einer der Obersten oder der Pharisäer an Ihn?"

Da sie Jesus nicht verhören konnten, waren alle weiteren Worte nutzlos. Empört und eifrig miteinander redend gingen die Mitglieder des Sanhedrins auseinander.

Hätte jemand Johannes gesagt, er würde eines Tages ganz freiwillig wieder nach Bethabara zurückkehren, würde dies bei ihm Verwunderung ausgelöst haben. Doch genau dies war geschehen. Nachdem Jesus mit Seinen Jüngern Jerusalem wieder verlassen hatte, war Er mit ihnen in die Einsamkeit nach Bethabara gezogen, um hier für einige Zeit den Anschlägen der Pharisäer und des Sanhedrins zu entgehen. So war Johannes also wieder an dem Ort, an dem er so viele Stunden mit dem Täufer verbracht hatte.

Der Winter nahte, doch hier im Jordantal war es immer

noch recht warm. Johannes saß wieder einmal an seinem Lieblingsplatz, wo er schon zur Zeit des Täufers viele Stunden zugebracht hatte, und dachte nach. Die Äußerungen, die Jesus in letzter Zeit immer häufiger machte, bereiteten ihm große Sorgen. Er sprach vom Sterben und vom Weggehen, und, was noch schlimmer war, Er schien sich gegen die feindseligen Angriffe Seiner Gegner nicht wehren zu wollen. In Jerusalem hatte man noch ein zweites Mal versucht, Ihn gefangen zu nehmen. Bei einer anderen Gelegenheit wollte man Ihn sogar steinigen.

Es waren jedesmal sehr viele Menschen zugegen gewesen, darunter auch eine große Anzahl Anhänger Jesu. Es hätte wahrscheinlich nur ein einziges Wort von Jesus gebraucht, so hätten Seine Anhänger Ihn mit Gewalt verteidigt und dabei fast das ganze Volk auf ihrer Seite gehabt. Doch Jesus hatte sich jedesmal zurückgezogen und war entwichen. Das konnte Johannes nicht verstehen. War der Meister etwa feige? Nein — das konnte nicht sein. Aber was war es dann? Und was sollte sein Gerede vom Sterben?

Erst kürzlich hatte Johannes den Meister beiseite genommen und Ihm zugeredet, er solle doch aufhören, die Pharisäer und Obersten zu reizen und lieber auch einmal an Seine eigene Sicherheit denken. Doch Jesus hatte ihn nur freundlich, aber doch auch traurig angeschaut und keine Antwort gegeben. Johannes dachte daran, daß Jesus ihnen beim Anblick einer Schafherde gesagt hatte, daß ein guter Hirte sein Leben für die Schafe läßt. Dann hatte Er hinzugefügt: „Ich bin der gute Hirte. Ich kenne die Meinen und die Meinen kennen mich, wie Mich der Vater kennt und Ich den Vater kenne; und Ich gebe Mein Leben hin für die Schafe.“ Was hatte Jesus damit gemeint, und was wollte Er ihnen sagen, überlegte Johannes?

Doch es war noch schlimmer gekommen. Erst vor wenigen Tagen, auf dem Weg hier nach Bethabara, hatte Jesus ihnen gesagt, Er müsse wieder nach Jerusalem gehen und von den Ältesten, den Hohenpriestern und den Schriftgelehrten vieles erleiden. Er würde getötet werden, aber am dritten Tag werde Er wieder auferstehen.

Daraufhin hatte Petrus Ihn beiseite genommen und ermahnt: „Das soll Gott verhüten, Herr. Das darf nicht geschehen.“

Doch Jesus hatte ihn zornig angeschaut und heftig erwidert: „Weg mit dir, Satan, geh mir aus den Augen! Du willst mich zu Fall bringen, denn du hast nicht das im Sinn, was Gott will, sondern was die Menschen wollen.“

Seither war Petrus, dieser offene und fröhliche Mann, nicht mehr derselbe gewesen. Geknickt und betrübt schlich er einher und sonderte sich meist von den anderen ab. Johannes konnte ihn gut verstehen. Wie hätte er sich gefühlt, wenn der Meister solche Worte zu ihm gesagt hätte? Als hätten seine Gedanken eine Verbindung geschaffen, sah er jetzt Petrus in einiger Entfernung gehen. Der Gefährte ging wohl wieder an einen einsamen Ort, um mit seinen traurigen Gedanken allein zu sein.

Johannes beschloß, Petrus nachzugehen und mit ihm zu reden. Als er sah, wo Petrus sich setzte, trat er leise näher und blieb eine ganze Zeit hinter ihm stehen. Petrus war so mit seinen Gedanken beschäftigt, daß er ihn nicht bemerkte. Endlich legte Johannes ihm die Hand auf die Schulter und sagte nur: „Freund...“ Doch mit diesem Wort und der Geste drückte er aus, wie sehr er mit Petrus mitfühlte.

Endlich fuhr Johannes fort: „Ich glaube, Petrus, du denkst noch immer über die Worte nach, die der Meister neulich zu dir gesagt hat.“

Jetzt blickte Petrus auf. Beschämt nickte er: „Ja, das stimmt.“

Johannes wurde zwischen seiner Liebe zu Jesus und der Freundschaft zu Petrus hin- und hergerissen. „Ich verstehe einfach nicht“, meinte er mitfühlend, „wie der Meister so harte Worte zu dir sagen konnte. Ich habe Ihm neulich ungefähr so zugeredet wie du auch, doch da hat Er es schweigend hingenommen.“

Jetzt wurde Petrus eifrig. „Nein“, sagte er kopfschüttelnd, „deine und meine Worte waren längst nicht gleich, das habe ich mittlerweile erkannt.“

„Das verstehe ich nicht", meinte Johannes verwundert.

„Doch, es stimmt schon", antwortete Petrus. „Die Motive hinter den Worten waren ganz verschieden, und das hat der Meister erkannt."

„Wie meinst du das?" Johannes begriff seinen Freund noch immer nicht.

„Schau", Petrus lebte richtig auf, „als du Jesus zugeredet hast, ein wenig vorsichtiger zu sein und mehr an Sich selbst zu denken, tatest du es aus Liebe und Sorge um Ihn. Doch als ich Ihm einige Tage später ähnliche Worte sagte, waren meine Gedanken dabei ganz andere. Ich dachte an das Königreich, von dem Er oft gesprochen hat, und ich würde dieses Reich gern miterleben. Wenn der Meister aber stirbt, wird aus diesem Reich nichts werden, das war mir klar, und deshalb habe ich Ihn ermahnt, sich zu schonen."

Erstaunt blickte Johannes auf seinen großen Freund. Das also quälte Petrus. Jetzt verstand er ihn noch besser. Um ihn aufzumuntern, sagte er: „Was immer die Beweggründe gewesen sein mögen, ist jetzt gar nicht so wichtig. Entscheidend ist die Frage: Was sollen wir tun. Eines ist klar: Auch wenn wir den Meister nicht verstehen, wir müssen Seinen Weg mit Ihm gehen, was immer uns das kosten mag."

Ein weiteres Ereignis, das kurz darauf geschah und auch Johannes aufs neue tief bewegte, weil es ihm seinen Herrn wieder in einem ganz neuen Licht zeigte, gab auch Petrus neuen Mut. Eines Morgens, es war noch sehr zeitig, die Jünger schliefen alle noch, weckte Jesus leise drei von ihnen, nämlich Petrus, Jakobus und Johannes. Er forderte sie auf, mit Ihm zu kommen, da Er wieder einmal das Bedürfnis hatte, eine Zeit allein zu verbringen und zu beten.

Schweigend und leise machten sich die Vier auf den Weg. Die Jünger folgten ihrem Herrn in einigen Schritten Abstand, da sie spürten, daß Er den Wunsch hatte, heute allein zu sein. Leise unterhielten sie sich und machten sich Gedanken, wohin die Reise wohl ging. Vor allem Petrus schien seinen Trübsinn ein wenig abzuschütteln, da er nicht erwartet hatte, daß der Meister ihn trotz der kürzlich gefallenen harten Worte auswählen würde.

Sie gingen einige Stunden, bis sie an einen Berg kamen, der steil aus der weiten Ebene aufragte. Dort ging es hinauf. Es war ein mühsamer und manchmal sogar etwas gefährlicher Weg über schmale, steile und steinige Pfade, bis sie den Gipfel erreichten. Dort bat Jesus Seine Jünger, an einer bestimmten Stelle im Schatten überhängender Felsen auf Ihn zu warten, während Er noch ein wenig weitergehen wollte, um allein zu beten.

Der beschwerliche Weg hatte die Jünger ermüdet. Als sie es sich im Schatten bequem gemacht hatten, schliefen sie nacheinander ein. Nach einiger Zeit erwachte Johannes durch undeutliche Geräusche. Als er lauschte, stellte er fest, daß es sich um Stimmen handelte. Er erhob sich, um nachzusehen, wer sich da unterhielt. Da sah er Jesus mit zwei anderen Männern im Gespräch. Doch das Erstaunlichste war, daß der Meister in einem ganz hellen überirdischen Licht strahlte, das einmal vom Himmel her auf Ihn fiel und Ihn einhüllte, zum anderen aber auch aus Ihm herauszuleuchten schien. Auch die beiden anderen Männer waren in dieses Licht eingehüllt.

Johannes rieb sich erstaunt die Augen und fragte sich, ob er wach sei oder noch träume. Als er sich umdrehte, sah er seine beiden Gefährten, die immer noch schliefen. Leise aber eilig weckte er sie und zeigte ihnen die seltsame Erscheinung. „Seht ihr auch, was ich sehe", fragte er, „oder träume ich wirklich?"

An den erstaunten und ehrfurchtsvollen Gesichtern der anderen erkannte er, daß alles Wirklichkeit war. Langsam und vorsichtig näherten sich die Jünger den drei strahlenden Gestalten. „Wer mögen die beiden anderen sein?" fragte Jakobus flüsternd.

„Leise, vielleicht bekommen wir mit, was sie sagen", erwiderte Johannes. Sie wagten sich noch ein wenig näher und blieben dann lauschend und staunend stehen. Jetzt konnten sie einzelne Worte verstehen, wenn sie auch den Zusammenhang nicht begriffen, weil nicht alles zu verstehen war, was geredet wurde. Doch die Worte, die Johannes verstand, waren genug, um einen kalten Schauer über seinen Rücken laufen zu lassen: „Jerusalem...", hörte er, und „Pharisäer... Herodes... Tod..." Er bebte, sprachen diese Männer etwa vom Tod Seines Meisters?

Langsam begriffen sie auch, wer die beiden anderen waren, denn Jesus sprach sie mehrere Male mit ihren Namen an. Die Jünger hörten, wie Er zu dem einen „Mose" und zum anderen „Elia" sagte.

Petrus war der erste, der sich faßte. Seiner Stimme hörte man die Ehrfurcht an, als er sagte: „Meister, es ist gut, daß wir hier sind. Wir wollen drei Hütten bauen, eine für dich, eine für Mose und eine für Elia."

Ehe er noch weiterreden konnte, wurden sie von einem weiteren Ereignis überrascht. Eine Wolke von unbeschreibbarer Helligkeit lag plötzlich über ihnen, und dieselbe Stimme, die Johannes damals am Tag der Taufe Jesu in Bethabara gehört hatte, erklang wieder. Sie rief: „Das ist Mein auserwählter Sohn, auf Ihn sollt ihr hören." Dann verschwand die Wolke wieder. Als die Jünger sich erstaunt umschauten, standen sie allein mit Jesus, der wieder Sein übliches Aussehen hatte. Mose und Elia waren verschwunden.

Überwältigt von dem, was sie erlebt hatten, fielen die Jünger vor ihrem Herrn zu Boden. „Steht auf und fürchtet euch nicht", sagte Er zu ihnen. „Wir wollen uns jetzt wieder auf den Rückweg machen. Die anderen werden sich fragen, wo wir geblieben sind."

Als sie den Abstieg vom Berg bewältigt hatten und auf der Straße voranschritten, sagte Jesus zu ihnen: „Erzählt niemand etwas von dem, was ihr gesehen habt, bis der Menschensohn von den Toten auferstanden ist."

6. Kapitel

Petrus war durch das Erlebnis auf dem Berg tatsächlich neu ermutigt worden. Er schien die harten Worte Jesu vergessen zu haben. Jedenfalls führte er jetzt das große Wort unter den Jüngern, als sie mit Jesus zurück nach Kapernaum gingen. Der Meister ging ein ganzes Stück vor ihnen her. Auch Johannes hatte sich wieder einmal einige Schritte abgesondert, weil er mit seinen eigenen Gedanken beschäftigt war, konnte aber gut mithören, worüber sich die anderen unterhielten. Johannes mußte immer wieder über die Worte nachdenken, die Jesus damals zu ihnen gesagt hatte: „Einer unter euch ist ein Teufel."

Petrus war wieder einmal bei seinem Lieblingsthema, das konnte Johannes wohl vernehmen. Er sprach von dem kommenden „Königreich", was immer er auch darunter verstand. Auch die anderen Jünger waren mit Eifer bei diesem Thema und sprachen darüber, welche hervorragenden Positionen jeder von ihnen wohl in diesem kommenden „Reich" einnehmen würde. Johannes ärgerte sich über diese Unterhaltung und fuhr die anderen ganz überraschend wütend an: „Könnt ihr euch wirklich nicht über etwas anderes unterhalten als über die dumme Frage, welcher von uns wohl im »Königreich« der Größte sein wird. Ihr solltet euch lieber einmal fragen: Welcher von uns ist denn der Verräter?"

Petrus ärgerte sich und antwortete scharf: „Ich glaube, du bildest dir ein, du seist etwas Besseres. Die ganze Zeit hältst du dich abseits und dann tadelst du uns auch noch. Auch du solltest dich mehr über das kommende »Königreich« des Meisters freuen."

„Mir scheint, ihr schwebt mit euren Gedanken bereits über den Wolken, und ich allein muß mich darum kümmern, wie wir den Meister am besten beschützen können", erwiderte Johannes zornig.

„Beschützen? Vor wem denn?!" rief der große Fischer erstaunt. „Ich glaube, du siehst hinter jedem Busch schon einen Pharisäer sitzen."

Johannes war vor Zorn ganz rot im Gesicht. Er hatte Mühe, sich zu beherrschen, als er sagte: ,,Ihr seid eben blind und taub für alles, was um uns herum vorgeht. Es hat mit euch doch keinen Zweck." Damit drehte er sich um, ging wieder für sich allein und hing weiter seinen Gedanken nach. ,,Wie konnten die anderen nur von einem kommenden Königreich Jesu reden", dacht er, ,,wenn dieser selbst in der letzten Zeit so oft von Seinem Leiden und Sterben sprach?"

Gegen Sonnenuntergang erreichten sie Kapernaum und gingen zum Abendessen in Petrus Haus. Erst nach Beendigung der Mahlzeit wandte sich Jesus an die Jünger und fragte: ,,Worüber habt ihr euch denn auf dem Weg heute gestritten?"

Eine ganze Weile herrschte beschämtes Schweigen. Endlich antwortete Jakobus: ,,Wir haben uns darüber unterhalten, wer von uns wohl im Himmelreich der Größte sein wird."

Kopfschüttelnd blickte der Meister einen nach dem anderen an und erklärte dann: ,,Wer der Erste sein will, soll der Letzte von allen und der Diener aller sein."

Zufrieden lehnte Johannes sich zurück und nickte mit dem Kopf. Er hatte doch recht behalten, als er die anderen unterwegs getadelt hatte, dachte er befriedigt.

Jesus blickte sich zu den Kindern um, die in der Ecke des Raumes saßen und noch ihr Abendbrot aßen. Er winkte einen kleinen Jungen herbei. Als dieser zögernd näherkam, legte ihm der Meister den Arm um die Schulter und zog ihn an sich. Dann wandte Er sich wieder an die Jünger und sagte: ,,Wenn ihr nicht umkehrt und wie die Kinder werdet, könnt ihr nicht in das Himmelreich kommen. Wer so klein sein kann wie dieses Kind, der ist im Himmelreich der Größte."

Während Er dies sagte, richtete Er Seinen Blick auf Johannes. Dieser fühlte, daß der Meister ihn mit seinen überheblichen Gedanken den anderen Jüngern gegenüber durchschaut hatte und war jetzt ebenso beschämt wie jene. Nun begann Jesus wieder, und was Er sagte, traf Johannes mitten ins Herz: ,,Wenn dein Bruder sündigt", sagte Er, ,,dann geh zu ihm und weise ihn unter vier Augen zurecht. Hört er auf dich, so hast du deinen Bruder gewonnen."

Johannes war, als würde ihm ein Messer durch die Seele fahren. Er dachte an die Szene während des Tages auf dem Weg, als er voller Zorn und ganz öffentlich auf Petrus und die anderen losgegangen war. O, sein hitziges Temperament — wann würde er es einmal zügeln können?

Auch Petrus schien sich an diese Szene zu erinnern, als er sich jetzt zu Jesus neigte und halb flüsternd fragte: „Herr, wie oft muß ich meinem Bruder vergeben, wenn er sich gegen mich versündigt? Siebenmal?"

Jesus sah auch, welche Gedanken Petrus dabei bewegten und antwortete: „Nicht sieben Mal, sondern siebzig Mal sieben Mal."

Ein Fremder, der Palästina besuchte, mußte wohl zu der Überzeugung kommen, daß Galiläa und auch Samaria viel schöner waren als das trockenere, rauhere und wüstenähnlichere Judäa, wohin Jesus mit Seinen Jüngern jetzt wieder unterwegs war. Obwohl Er wußte, welche Gefahr Ihm in Jerusalem von den Pharisäern und vom Sanhedrin drohte, hatte Er Seinen Jüngern gesagt, daß sie jetzt wieder nach Judäa, und vor allem nach Jerusalem ziehen würden. Er hatte Seinen Jüngern auch klar gemacht, daß Er gar nicht daran dachte, den weiteren Weg der frommen Juden über das Ostufer des Jordans zu wählen, um Samaria zu vermeiden. Er würde vielmehr auf dem kürzesten Weg von Galiläa durch Samaria nach Judäa ziehen.

Der erste Teil ihrer Wegstrecke glich fast einem Triumphzug. Hier waren sie noch in Galiläa, wo man den Meister besonders achtete. Von überall kamen die Menschen zusammen und standen an der Straße, um Jesus zu sehen. In den Städten und Dörfern drängten sich besonders große Massen um Ihn. Sie brachten Kranke und Gebrechliche, und Jesus nahm sich ihrer an und heilte sie.

Johannes war froh und stolz, weil seinem Herrn überall ein

solcher Empfang zuteil wurde, und die Sorgen über das weitere Schicksal des Meisters wichen ein wenig aus seinem Herzen.

Als sie dann die Grenze nach Samaria erreichten, wurden sie auch dort von den Leuten freundlich aufgenommen. Man wußte hier, daß dieser Rabbi die Samariter nicht verachtete, sondern auch bei ihnen schon manche Wunder getan hatte. Doch als sie sich dem samaritischen Dorf Ginäa näherten, erlebten sie einen Empfang, auf den Johannes nicht vorbereitet war.

Aus irgendeinem Grund waren die Leute dieses Ortes Jesus gegenüber nicht so freundlich eingestellt, sondern verharrten in Ablehnung. Die beiden Boten, die Jesus vorausgesandt hatte, kehrten mit der Nachricht zurück, der Nazarener sei in Ginäa nicht willkommen und fügten besorgt hinzu, es sei vielleicht besser, den Ort zu umgehen.

Empört fuhr Johannes auf: „Was soll das heißen, wir sind nicht willkommen. Überall, wohin der Meister geht, empfängt man Ihn mit Freuden. Sind die Leute hier etwas Besonderes?“

Jesus brachte den empörten Jünger mit einem Blick zum Schweigen und bemerkte nur: „Wir werden durch den Ort ziehen.“ Er war offensichtlich entschlossen, sich von niemand den Weg verstellen zu lassen.

Als sie durch ein schmales Tor den Ort betraten, versammelten sich auch hier die Leute an den Straßen. Doch es gab keine freundlichen Gesichter zu sehen. Hier und da wurde vor ihnen ausgespuckt, und laute Rufe des Mißfallens über die Juden, die die Straßen ihres Ortes benutzten, um nach Jerusalem zu ziehen, wurden laut.

Die Jünger waren eng zu ihrem Meister aufgerückt und bildeten eine geschlossene Gruppe. In Johannes Herzen, der seine Abneigung gegen die Samariter immer noch nicht überwunden hatte, stieg der Zorn wieder hoch. „Diese Hunde“, murmelte er, als er die geballten Fäuste und empörten Gesichter sah, „wie können sie es wagen, dem Meister so entgegenzutreten?“ Aber freilich, es waren eben nur Samariter, der Abschaum der Erde.

Mittlerweile hatten sie den Ort schon mehr als zur Hälfte durchquert. Aber das Murren rundum wurde immer bedrohlicher. Einzelne Steine und verdorbene Obst- und Gemüsestücke kamen jetzt geflogen. „Warum mußte der Meister auch ausgerechnet diesen Weg wählen", murrte Johannes und blickte dabei seinen Bruder Jakobus an. Dieser zuckte nur besorgt mit den Schultern.

Ein Mann, offensichtlich ein Schlachter, stand vor seinem Geschäft und schwang drohend ein breites Messer. Doch Jesus ging unbeirrt Seinen Weg. Ihn schienen auch die Gegenstände, die immer häufiger geflogen kamen, nicht zu erschüttern. Endlich hatten sie das Tor am jenseitigen Ende des Ortes erreicht und gelangten unter dem drohenden Gejohle der Einwohner wieder ins Freie. Als sie noch ein kurzes Stück gegangen waren, drehte Johannes sich um. Sein Zorn war nun so groß, daß er ihn nicht mehr zurückhalten konnte. Drohend schüttelte er die Faust in Richtung des Ortes. „Ihr unverschämten Schurken", schrie er, „wie könnt ihr es wagen, den Herrn so zu begrüßen. Gott mag euch strafen!" Dann wandte er sich mit zornblitzenden Augen an Jesus und rief: „Herr, sollen wir befehlen, daß Feuer vom Himmel fällt und sie vernichtet, wie es auch Elia getan hat?"

Auch Jakobus, der ebenfalls von Zorn ergriffen war, drängte Jesus zu einer solch harten Vergeltung. Doch Jesus sah sie nur traurig an und sagte: „Johannes, Jakobus, ihr seid wirklich »Söhne des Donners«. Ihr wißt nicht, was für ein Geist aus euch spricht. Der Menschensohn ist nicht gekommen, um Menschen zu vernichten, sondern um sie zu retten."

Auf dem weiteren Weg nach Jerusalem gab es nochmals eine für Johannes besonders angenehme Unterbrechung. Der Meister beschloß, in Bethanien in das Haus eines Mannes mit Namen Lazarus einzukehren, bei dem sie schon einige Male gewesen waren, wenn sie sich in Jerusalem aufgehalten hatten. Lazarus war ein treuer Anhänger Jesu und hatte Ihm erklärt, sein Haus stünde zu jeder Zeit für Ihn und Seine Jünger offen. Er hatte eine große gutgehende Schneiderwerkstatt und arbeitete so gut, daß er bei Juden und Heiden dafür berühmt war. Das brachte ihm immer ausreichend Aufträge und hatte ihn im Laufe der Zeit wohlhabend gemacht.

Lazarus war Junggeselle und lebte mit seinen beiden Schwestern zusammen. Was für Johannes die Einkehr in diesem Haus immer besonders angenehm machte, war die jüngere der beiden, die Maria hieß. Sie war noch recht jung und sehr hübsch, dabei aber recht schüchtern. Johannes war sich nicht klar darüber, ob sie ihn oder einen der anderen Jünger je besonders beachtet hatte, denn ihre ganze Verehrung galt offenbar dem Meister. Doch Johannes freute sich immer irgendwie besonders, wenn er sie einmal wiedersehen durfte.

Die Führung des Haushalts lag im Hause Lazarus in den Händen der älteren Schwester Martha. Sie war eine tüchtige und resolute Frau, ebenfalls noch in jüngeren Jahren. Johannes hatte sich oft gewundert, warum sie nicht verheiratet war. Doch die drei Geschwister schienen ein sehr harmonisches Leben miteinander zu führen. Vielleicht lag hier die Erklärung, warum alle drei nicht das Bedürfnis empfanden, ihre Lebenssituation zu ändern.

Als Jesus mit den Jüngern im Haus des Lazarus eintraf, wurde er von ihm und den beiden Schwestern schon vor der Tür begrüßt. Maria hielt sich, wie immer, scheu im Hintergrund. Die Geschäftigkeit der Dienstboten und der Duft, der aus den hinteren Räumen des Hauses gezogen kam, zeigten an, daß man dabei war, ein großes Festmahl für die so willkommenen Gäste vorzubereiten.

Nach der herzlichen Begrüßung bat Lazarus seine Gäste in den schönen Garten, der hinter dem Haus lag, dort wurde das Mahl serviert. Während des Essens unterhielt sich Jesus eifrig mit Seinem Gastgeber und den Jüngern. Dabei bemerkte Johannes, daß Maria im Hintergrund stand und aufmerksam auf das lauschte, was der Meister sagte. Nach und nach kam sie langsam immer ein wenig näher, um ja keines der Worte Jesu zu verpassen. Manchmal warf sie dabei einen schnellen, scheinbar etwas schuldbewußten Blick in Richtung des Hauses.

Während der Unterhaltung waren die Diener eifrig dabei, immer neue Speisen herbeizutragen. Einmal kam auch die ältere Schwester Martha mit, um zu sehen, ob an der Tafel alles in Ordnung war. Dabei bemerkte sie Maria, die dort stand und zuhörte. Johannes sah, wie auf Marthas Stirn Zornesfalten erschienen. Sie wandte sich an Jesus, unterbrach Ihn in dem, was Er gerade erklärte und sagte ärgerlich: „Herr, kümmert es Dich nicht, daß meine Schwester die ganze Arbeit mir allein überläßt? Sag ihr doch, sie soll mir helfen."

Johannes hatte wohl bemerkt, wie Maria der Worte ihrer Schwester wegen ganz blaß geworden war. Schon spürte er in sich wieder Zorn aufsteigen, Marthas harter Rede wegen, und es hätte nicht viel gefehlt, dann hätte er sich eingemischt. Doch zum Glück reagierte jetzt der Meister selbst. Zuerst sah Er die beschämt dreinblickende Maria an und erkannte, daß sie nur aus Interesse an Seinen Worten die ganze Zeit zugehört hatte. Dann wandte Er sich an Martha und sagte voller Freundlichkeit zu ihr: „Martha, Martha, du machst dir viel Sorgen und Mühe. Aber nur eines ist notwendig. Maria hat das Bessere gewählt, das soll ihr nicht genommen werden."

7. Kapitel

Die Nacht in der Wüste war kalt, wenn auch tagsüber hier große Hitze herrschte. Die Jünger waren froh, daß Jesus von Bethanien aus nun doch nicht direkt nach Jerusalem gegangen war, sondern sich nach hier zurückgezogen hatte, um eine längere Zeit im Gebet zu verbringen. Er hatte sich ein wenig von den Jüngern entfernt, um allein zu sein. Die anderen schliefen, während Johannes gerade Wache hatte.

Während Johannes allein saß und in die schweigende Nacht lauschte, mußte er an die Begebenheit vom Tag vorher denken.

Im letzten bewohnten Ort, ehe sie in die Wüste gezogen waren, hatten sie einen Schriftgelehrten getroffen, der Jesus gefragt hatte: „Meister, was muß ich tun, um das ewige Leben zu gewinnen?"

Jesus hatte geantwortet: „Was steht im Gesetz? Was liest du dort?"

„Du sollst den Herrn, deinen Gott, lieben mit ganzem Herzen und ganzer Seele, mit all deiner Kraft und all deinen Gedanken; und deinen Nächsten sollst du lieben wie dich selbst", war die schnelle Antwort gewesen.

Jesus nickte: „Du hast richtig geantwortet. Handle danach, und du wirst leben."

Der Schriftgelehrte war einige Augenblicke still. Endlich fragte er: „Und wer ist mein Nächster?"

Daraufhin hatte Jesus begonnen, eine Geschichte von einem Mann zu erzählen, der von Jerusalem nach Jericho ging und unterwegs von Räubern überfallen wurde, die ihn ausplünderten, niederschlugen und halbtot am Wege liegen ließen. Zufällig kam ein Priester vorbei. Er sah den Verletzten und ging weiter ohne zu helfen. Einige Zeit später kam ein Levit zu der Stelle, und handelte genauso wie der Priester vor ihm. Erst ein Samariter, der des Wegs kam, hatte Mitleid, nahm sich des Verletzten an, verband ihn und brachte ihn in eine Herberge. Dann fragte Jesus den Schriftgelehrten: „Was meinst du: Wer von diesen dreien hat sich als der Nächste dessen erwiesen, der von den Räubern überfallen wurde?"

Dieser antwortete: „Dieser, der barmherzig an ihm gehandelt hat."

„Dann geh, und handle genauso", erklärte der Meister. Es hatte Johannes einen Stich ins Herz gegeben, als Jesus ausgerechnet einen Samariter als Beispiel für Barmherzigkeit erwähnt hatte. Ihm fiel wieder ein, wie er selbst und sein Bruder Jakobus in Ginäa den Meister bedrängt hatten, die Einwohner dieses samaritischen Ortes durch Feuer vom Himmel zu vernichten. Auch an seinen schnellen Zorn über Marthas Worte in Bethanien erinnerte er sich, während er hier allein saß. „Du gehst nun schon so lange mit dem Meister und hast noch so wenig von Ihm gelernt'?', sagte er zu sich selbst. „Ich möchte mehr wie Jesus sein", seufzte er leise, „fürchte aber, daß ich es nie schaffen werde. Wie nur soll ich mein aufbrausendes Temperament zügeln und beherrschen lernen?"

Am Vormittag des zweiten Tages in der Einsamkeit der Wüste bemerkten sie einen Fremden, der in schnellem Lauf über den nächsten Hügel kam und auf sie zu hielt. Mißtrauisch blickten die Jünger ihm entgegen, weil sie immer an die Feinde Jesu dachten. Als er näher kam, rief Petrus: „Bleib, wo du bist!"

„Laß ihn nur, Petrus, es ist alles in Ordnung", beruhigte der Meister Seine Jünger, die jetzt auch erkannten, daß es sich bei dem Näherkommenden um einen Jungen handelte, der, als er heran war, atemlos fragte: „Jesus von Nazareth?"

„Ich bin es", antwortete Jesus ruhig.

Der Junge sagte voller Achtung vor dem berühmten Rabbi. „Ich habe eine Botschaft für Dich aus dem Hause Lazarus in Bethanien."

„Sprich, Sohn", ermunterte Jesus ihn.

„Ich soll Dir ausrichten, Herr", begann der Junge, „der, den Du liebst, ist sehr krank."

Die Sache betraf also Lazarus und nicht seine jüngere Schwester. Johannes stellte schuldbewußt fest, daß er sich irgendwie erleichtert fühlte. Er wollte Jesus trösten. Doch dieser erklärte ruhig: „Diese Krankheit wird nicht zum Tode führen, sondern dient zur Verherrlichung Gottes." Mit einer Handbewegung entließ er den Jungen. Dieser zögerte. Er erwartete offensichtlich noch eine Antwort, ob der Meister nun kommen würde. Doch Jesus drehte sich schweigend um und ging wieder zu Seinem gewohnten Gebetsplatz.

Erst am übernächsten Morgen kehrte Er zu den Jüngern zurück, die Ihn ein wenig verwundert erwarteten. Gewiß, sie waren froh, daß Er nicht in das für Ihn so gefährliche Jerusalem zog. Aber was wurde nun mit Lazarus? Vor allem Johannes fraß die Ungeduld innerlich auf. Er mußte an Maria denken, die sich sicherlich Sorgen um ihren kranken Bruder machte. Deshalb bewegten ihn gemischte Gefühle, als Jesus sagte: ,,Wir wollen wieder nach Judäa gehen.“

Die Jünger wandten ein: ,,Herr, eben noch wollten Dich die Juden steinigen, und Du gehst wieder dorthin?“

Jesu Antwort war seltsam: ,,Hat der Tag nicht zwölf Stunden? Wenn jemand am Tag umhergeht, stößt er nicht an, weil er das Licht dieser Welt sieht. Wenn aber jemand in der Nacht umhergeht, stößt er an, weil das Licht nicht in ihm ist. Lazarus, unser Freund, schläft; aber Ich gehe hin, um ihn aufzuwecken.“

Niemand verstand den ersten Teil Seiner Worte. Doch die zweite Hälfte klang beruhigend. ,,Herr“, meinte Jakobus, ,,wenn er schläft, wird er gesund werden.“

Da sagte Jesus offen: ,,Lazarus ist gestorben.“

Die Jünger schauten sich verwirrt an. Johannes war, als hätte ihn ein Schlag getroffen. Warum hatte Jesus denn so lange gewartet, überlegte er. Und warum war es jetzt nötig, nach Bethanien zu gehen? Doch der Herr fuhr fort, ehe einer etwas fragen konnte: ,,Ich freue Mich für euch, daß Ich nicht dort war; denn Ich will, daß ihr glaubt. Doch jetzt wollen wir gehen.“

Alle spürten, daß etwas Besonderes auf sie wartete. Thomas meinte: ,,Dann laßt uns mit Ihm gehen, um mit Ihm zu sterben.“

Sie brauchten vier Tage, bis sie nach Bethanien kamen. Die Neuigkeit von ihrer Ankunft war ihnen vorausgeeilt, und viele Menschen hatten sich eingefunden. Einige der Feinde Jesu hatten schon vorher gehetzt und gesagt: ,,Da seht ihr es, Er kann nicht einmal Seinen Freunden helfen. Aber vielleicht will Er es auch gar nicht, sondern denkt nur an sich.“

Einer aus der Menge rief: ,,Vier Tage ist Lazarus schon im Grab. Jesus von Nazareth, reicht Deine Kraft nicht aus, denen zu helfen, die Dich lieben?“ Doch Jesus reagierte nicht, sondern ging schweigend weiter.

„Vier Tage?“ überlegte Johannes. Das war doch an dem Tag gewesen, als der Herr ihnen gesagt hatte, Lazarus sei gestorben. Er wurde durch die herbeieilende Martha aus seinen Gedanken gerissen. „Herr“, rief sie, „wärst Du hier gewesen, dann wäre mein Bruder nicht gestorben.“ Zögernd fügte sie hinzu: „Aber auch jetzt weiß ich: Alles, worum Du Gott bittest, wird Gott Dir geben.“

Johannes staunte: Konnte es sein, daß sie erwartete, der Meister würde...? Nein, das konnte nicht sein. Doch Jesu Antwort verwirrte ihn noch mehr. Der Herr erwiderte ruhig: „Dein Bruder wird auferstehen.“

Johannes war, als liefe es ihm kalt den Rücken hinunter. Auch Marthas Glaube schien doch nicht mehr standzuhalten, denn sie antwortete: „Ich weiß, daß er auferstehen wird bei der Auferstehung am letzten Tag.“

Jesus blickte ihr lange und, so schien es Johannes, ein wenig traurig in die Augen und erklärte ernst: „Ich bin die Auferstehung und das Leben. Wer an Mich glaubt, wird leben, auch wenn er stirbt; und jeder, der lebt und an Mich glaubt, wird auf ewig nicht sterben.“ Wieder blickte Er die zitternde Martha einige Augenblicke ernst an und fragte dann: „Glaubst du das?“

„Ja, Herr“, stammelte sie, „ich glaube, daß Du der Messias bist, der Sohn Gottes, der in die Welt kommen soll.“

Nach einiger Zeit erschien auch Maria, die von Martha erfahren hatte, der Meister sei gekommen. Sie begrüßte Ihn mit ähnlichen Worten wie ihre Schwester. Doch Jesus ließ sich jetzt nicht mehr aufhalten, sondern forderte, zu Lazarus Grab geführt zu werden. Auf dem Weg dorthin war Er so ergriffen von der Trauer ringsum, daß auch Er weinte.

Lazarus war in einer Höhle in einem Felshang begraben, vor deren Eingang ein großer Stein lag. Jesus stand einige Minuten schweigend vor dem Grab. Es schien, als würde Er still Zwiesprache mit jemand halten, dann wandte Er sich an einige der dabeistehenden Männer und sagte laut und deutlich: „Nehmt den Stein weg!“

Die Umstehenden schauten Ihn an, als sei Er von Sinnen. Endlich wagte Martha zögernd einzuwenden: „Herr, er riecht aber schon, denn es ist bereits der vierte Tag."

In Jesu Augen flammte es jetzt auf, als Er tadelnd antwortete: „Habe ich dir nicht gesagt: Wenn du glaubst, wirst du die Herrlichkeit Gottes sehen?"

Martha trat erschrocken zurück. Mit einer herrischen Handbewegung forderte Jesus die Männer auf, zu tun, was Er gesagt hatte. Sie stemmten sich gegen den schweren Stein und mußten mehrere Male ansetzen, bis er sich endlich bewegte und sie ihn beiseite rollen konnten.

Schweigend stand der Herr vor dem nun offenen Grab. Endlich blickte er zum Himmel empor und rief: „Vater, Ich Danke Dir, daß Du Mich erhört hast. Ich wußte, daß Du Mich immer erhörst... aber wegen der Menge, die um Mich herum steht, habe Ich es gesagt; denn sie sollen glauben, daß Du Mich gesandt hast."

Johannes stand wie erstarrt, als der Herr jetzt noch einige Schritte näher an das Grab herantrat. Ihm war, als würde sich Jesus noch ein wenig höher aufrichten, als Er jetzt mit lauter Stimme schrie: „Lazarus, komm heraus!"

Alle, die mit zum Grab gekommen waren, es war eine große Anzahl Menschen, standen wie gebannt und starrten mit weit aufgerissenen Augen und offenen Mündern auf das Grab. Konnte das Undenkbare wirklich geschehen? War dieser Nazarener in der Lage, solch ein Wunder zu bewirken? Es war totenstill. Niemand sprach, die Anwesenden wagten kaum zu atmen. Die Sekunden schienen zur Ewigkeit zu werden...

Und dann... in dem dunklen Hintergrund dieses Ortes des Todes schien sich etwas zu bewegen. Ein einziger Laut des Stöhnens und der Verwunderung entrang sich der Menge rundum. „Jahwe... o Gott", dachte Johannes, während er am ganzen Körper zitterte, „... es kann nicht sein!" Da stand er, der tot gewesen war, in der Öffnung der Grabhöhle, eingewickelt in die Grabtücher, sein Gesicht mit einem Schweißtuch verhüllt. Aber es war nicht der geringste Geruch des Todes um ihn.

Jesus sagte: „Löst ihm die Binden und laßt ihn gehen."

Obwohl nach diesem gewaltigsten aller Wunder noch viel mehr Menschen als bisher an Jesus glaubten, wurden von einigen der Zeugen der Auferweckung von Lazarus doch auch die Pharisäer und der Sanhedrin in Jerusalem sofort informiert. Die führenden Priester trafen sich sogleich zur Beratung und beschlossen, den Sanhedrin einzuberufen, um zu überlegen, wie mit dem Nazarener weiter verfahren werden sollte. Einer von ihnen sagte: ,,Was sollen wir tun? Dieser Mensch tut viele Zeichen. Wenn wir Ihn gewähren lassen, werden alle an Ihn glauben. Dann werden die Römer kommen und uns die heilige Stätte und das Volk nehmen.“

Kaiphas, der Hohe Priester, fügte nach längeren Ausführungen hinzu: ,,. . . denn es ist besser für euch, wenn ein einziger Mensch für das Volk stirbt, als wenn das ganze Volk zugrunde geht.“

Jesus und Seine Jünger bekamen Nachricht von den Plänen der Priester gegen Ihn, deshalb mied der Meister die Heilige Stadt und zog wieder in die Nähe der Wüste.

Heute ging Johannes ausnahmsweise einmal mit seinem Bruder Jakobus am Ende der Jüngerschar. Schweigend zogen sie dahin, jeder hing seinen Gedanken nach. Johannes dachte wieder über das kommende ,,Königreich“ nach, von dem der Herr gesprochen hatte, und überlegte, wie das mit dem Sterben des Meisters, von dem Er ebenfalls immer öfter sprach, zusammenpassen wollte. Eines war klar, der Herr besaß ungeheure Macht, das war durch das Wunder in Bethanien eindeutig bewiesen.

Plötzlich kam ihm ein ganz neuer Gedanke: Wie, wenn der Herr nun selbst auch von den Toten auferstehen würde, wie Lazarus? Hatte Jesus nicht selbst davon gesprochen, der ,,Sohn des Menschen“ würde von den Toten auferstehen? War das die Antwort?

Es drängte ihn, diese Gedanken mit Jakobus zu besprechen. Doch ehe er damit beginnen konnte, hörte er eine Stimme rufen: ,,Jakobus! Johannes!“ Beide lauschten. ,,Das klingt doch wie Mutter?“ meinte Jakobus verwundert.

Sie drehten sich um. Tatsächlich, es war ihre Mutter, die, gefolgt von einigen Dienerinnen aus dem Haus in Kapernaum, auf sie zueilte. Johannes breitete die Arme aus, rannte ihr entgegen und zog sie an sich. „Mutter", fragte er erstaunt, „was tust du hier?"

Nachdem sie auch noch Jakobus umarmt hatte, sagte sie: „Söhne, euer Vater ist nach Jerusalem gegangen, weil der Sanhedrin zur Beratung einberufen wurde."

Die beiden nickten. „Das wissen wir", erwiderte Jakobus. „Aber das erklärt noch nicht, daß du hier bist."

„Ich habe gehört, daß euer Meister den toten Lazarus auferweckt hat", meinte sie. „Da konnte ich nicht mehr zweifeln, daß Er wirklich der ist, der Er sagt, und bin gekommen."

Die Brüder schauten sich überrascht, aber gleichzeitig erfreut an. Johannes sagte: „Mutter, wir werden für dich sorgen. Ich bin sicher, der Herr wird dich nicht fortschicken."

Salome nickte dankbar. Doch andere Dinge schienen ihr wichtiger zu sein. Sie sagte drängend: „Wißt ihr nicht, daß die Priester und der Sanhedrin den Tod eures Meisters planen? Wir können das doch nicht zulassen!"

Die Brüder schauten sich verstohlen an. Jakobus antwortete: „Mutter, der Meister hat uns oft gesagt, daß Er sterben müsse."

Salome schüttelte ärgerlich den Kopf. Doch Johannes sagte: „Aber Mutter, das muß nicht das Ende sein. Wenn Er Lazarus von den Toten erwecken konnte, dann kann Er doch auch selbst... Verstehst du?"

Jetzt war es Salome, die überrascht auf ihre Söhne schaute. „Ihr meint... ihr wollt sagen...?"

Johannes nickte lächelnd: „Ja, Mutter, warum nicht?! Der Herr hat oft von Seinem Königreich gesprochen, aber auch davon, daß Er sterben müsse. Dann ist der Gedanke doch naheliegend. Denn um Sein Reich zu regieren, muß Er leben. Und wenn Er sterben muß, ist es also nötig, daß Er von den Toten zurückkehrt."

Salome nickte begeistert. „Das leuchtet mir ein. Aber...",

fuhr sie nachdenklich fort, „ich habe oft gehört, ihr beiden wäret die, welche Jesus am nächsten stünden. Stimmt das?"

Die beiden überlegten. Johannes dachte an das Erlebnis, als Jesus mit ihnen auf den Berg gegangen und verklärt worden war. Er nickte. „Wenn du Petrus noch mit einbeziehst, dann mag es wohl stimmen", antwortete er zögernd.

Man konnte Salomes mütterlichen Stolz spüren, als sie jetzt forderte: „Wenn es so ist und Er ein Königreich haben wird, dann könnt ihr doch zu Ihm gehen und von Ihm fordern, daß Er euch die Plätze zu Seiner Rechten und Linken einräumt in diesem Reich. Wer hätte es mehr verdient als ihr."

Die beiden überlegten und ließen sich endlich vom Drängen ihrer Mutter überzeugen. Zögernd gingen sie zu Jesus und sagten: „Meister, wir möchten, daß Du uns eine Bitte erfüllst."

Jesus schaute sie nachdenklich an und fragte: „Was soll Ich für euch tun?"

Sie antworteten: „Laß in Deinem Reich einen von uns rechts und den anderen links von Dir sitzen."

Jesus antwortete nicht sofort, sondern wandte sich an die Mutter der beiden, als wolle Er ihre Meinung darüber hören: „Und was ist dein Wunsch?" fragte Er.

Sie verbeugte sich tief vor dem Meister und sagte dann voller Eifer: „Herr, versprich, daß meine beiden Söhne in Deinem Reich rechts und links neben Dir sitzen dürfen."

Jesus blickte wieder die beiden Jünger an. „Ihr wißt nicht, um was ihr bittet", erwiderte Er langsam. „Könnt ihr den Kelch trinken, den Ich trinke, oder die Taufe auf euch nehmen, mit der Ich getauft werde?"

Die beiden nickten: „Ja, wir können es."

Jesus seufzte tief und antwortete mitleidig: „Ihr werdet den Kelch trinken, den Ich trinke, und die Taufe empfangen, mit der Ich getauft werde. Doch den Platz zu Meiner Rechten und zu Meiner Linken habe Ich nicht zu vergeben, dort werden die sitzen, für die Mein Vater diese Plätze bestimmt hat."

Die beiden Jünger waren schamerfüllt, und auch Salome scharrte verlegen mit ihren Füßen im Staub. Doch die anderen, die das Gespräch mitgehört hatten, waren ärgerlich geworden über die Bitte der beiden Brüder. Vor allem Petrus murrte laut und hörbar.

Da rief Jesus alle Jünger zu sich und sagte: „Ihr wißt, daß die Herrscher ihre Völker unterdrücken und die Mächtigen ihre Macht über die Menschen mißbrauchen. Bei euch soll es nicht so sein, sondern wer bei euch groß sein will, der soll euer Diener sein, und wer bei euch der Erste sein will, soll euer Sklave sein."

Schweigen lag über der Gruppe, jeder sann über die Worte Jesu nach. Endlich fuhr Jesus mit tiefem Ernst fort: „Denn auch der Menschensohn ist nicht gekommen, um sich dienen zu lassen, sondern um zu dienen und Sein Leben hinzugeben als Lösegeld für viele."

Teil IV

DAS LEBEN

In Ihm war das Leben,
und das Leben war das Licht der Menschen.
Und das Licht leuchtet in der Finsternis,
und die Finsternis hat es nicht erfaßt
(Johannes 1, 4.5)

1. Kapitel

Wieder einmal näherte sich das Passahfest. Aus ganz Palästina und aus vielen anderen Ländern kamen die Juden nach Jerusalem gezogen. Doch in diesem Jahr herrschte eine ungewöhnliche Erregung unter denen, die sich in der Heiligen Stadt zum Fest versammelten. Das Hauptgesprächsthema war, ob der Nazarener zum Fest nach Jerusalem kommen würde. Juden im ganzen römischen Weltreich richteten ihre Augen voller Hoffnung auf den Mann, der Tote wieder lebendig machen konnte. Die Priester und Pharisäer andererseits hatten ein Gebot erlassen, daß jeder, der wußte, wo Jesus von Nazareth sich aufhielt, dies bei ihnen anzuzeigen hätte.

Es waren noch sechs Tage bis zum Beginn des Festes. Jesus war mit Seinen Jüngern auf dem Weg nach Jerusalem. In Bethanien kehrten sie noch einmal ein, weil ein Mann mit Namen Simon Ihn und Seine Jünger zu einem Gastmahl gebeten hatte. Auch Lazarus war mit eingeladen worden. Weil Simon wußte, daß Martha eine tüchtige Haushälterin war, hatte er sie gebeten, bei dem Festmahl die Aufsicht über die Dienerschaft zu übernehmen.

Während die Männer nach dem Festmahl noch zusammensaßen, sich unterhielten und vor allem den Worten Jesu lauschten, trat plötzlich Maria ein. Johannes bemerkte sie zuerst. Er hatte sich schon den ganzen Abend gefragt, wo sie wohl sein mochte. Niemand sonst schien sie zu bemerken, da sie sich zunächst verstohlen in der Nähe des Eingangs aufhielt. Johannes beobachtete sie, denn sie schien mit sich zu kämpfen. In der Hand trug sie ein mit Edelsteinen verziertes kostbares Alabastergefäß. Doch dann schien sie Mut zu fassen und ging direkt auf Jesus zu.

Nun war es eigentlich schon ein Verstoß gegen die Etikette, daß eine Frau, die nicht ins Haus gehörte, überhaupt den Raum betrat, in dem Männer beisammen saßen und sich unterhielten. Daß sie nun aber auch noch auf einen der Männer zuging, machte die Sache ein wenig peinlich. Alle waren jetzt aufmerksam geworden und warteten darauf, was Jesus tun würde. Doch Er fuhr ganz ruhig mit Seinen Erklärungen fort.

Maria trat an Jesus heran und öffnete das Alabastergefäß. Sofort verbreitete sich ein lieblicher Duft im Raum. Alle bemerkten daran, daß sich in dem Gefäß ein überaus kostbares und teures Salböl befand. Maria, die Jesus voller Verehrung anblickte, goß das Öl jetzt über Sein Haupt, Seine Hände und Füße.

Johannes erschrak über dieses Tun Marias und fragte sich, was die anderen denken mochten. Den Anwesenden schien dies mittlerweile doch etwas zuviel zu sein, was man an ihren Blicken und dem mißbilligenden Gemurmel erkennen konnte. Einer der Jünger, Judas Ischariot, erhob seine Stimme jetzt laut und sagte tadelnd: „Wozu soll diese Verschwendung dienen? Warum hat man dieses Öl nicht für 300 Denare verkauft und den Erlös den Armen gegeben?“ Einige der anderen nickten zustimmend mit dem Kopf.

Johannes wunderte sich über die Reaktion von Judas, denn dieser war sonst ein eher zurückhaltender und schweigsamer Mann und fiel im Jüngerkreis nicht allzu sehr auf. Es war auch nichts Nachteiliges über ihn bekannt. Der Herr hatte ihn sogar zum Verwalter ihrer gemeinsamen Kasse gemacht, wozu es doch ein gewisses Maß an Vertrauen bedurfte. Gewiß, Johannes konnte sich an eine oder zwei Gelegenheiten erinnern, wo sich alle gewundert hatten, daß nicht mehr Spenden zusammengekommen sein sollten. Doch im allgemeinen war Judas Ischariot ein guter Verwalter der Kasse gewesen.

Doch heute schien Judas Ischariot sich über das, was Maria getan hatte, so sehr zu ärgern, daß er laut protestierte, es sei Verschwendung. Maria hatte ihren Blick beschämt zu Boden gesenkt, und Tränen liefen ihr über die Wangen. Johannes fühlte Mitleid mit ihr und warf Judas einen zornigen Blick zu. Wie konnte sich jemand über eine solche Kleinigkeit wie eine Flasche Salböl aufregen, wo doch alle wußten, daß Jesu Leben auf dem Spiel stand, dachte er.

Doch jetzt stellte sich Jesus auf die Seite von Maria. Er hob die Hand ein wenig und sagte: „Warum laßt ihr die Frau nicht in Ruhe? Sie hat ein gutes Werk an Mir getan. Denn die Armen habt ihr immer bei euch, Mich aber habt ihr nicht immer. Als sie das Öl über Mich goß, hat sie Meinen Leib für das Begräbnis gesalbt.“

Da waren sie wieder, die Worte von Tod und Begräbnis, dachte Johannes. Wie würde das noch enden? Jesus, der einen Augenblick geschwiegen hatte, streckte Seine Hand segnend über Maria aus und fügte noch hinzu: „Ich sage euch: Überall auf der Welt, wo das Evangelium verkündigt wird, wird man sich an sie erinnern und erzählen, was sie getan hat.“

Die Erregung in Jerusalem erreichte ihren Höhepunkt. Überall wurde die Neuigkeit erzählt, daß Jesus zum Passahfest ebenfalls in die Stadt kommen würde. Seit der Auferweckung des Lazarus sahen viele in Ihm den langerwarteten Messias und waren bereit, Ihn zu ihrem König zu machen.

Jesus näherte sich mit Seinen Jüngern Jerusalem. Kurz vor dem am Ölberg gelegenen kleinen Ort Bethphage hatte Er Petrus und Johannes in das Dorf geschickt und ihnen erklärt, wo sie eine Eselin und ihr Fohlen finden würden. Diese beiden Tiere sollten sie zu Ihm bringen. Als sie damit zurückkehrten, fragten sie sich verwundert, ob wohl der Meister auf einem so gewöhnlichen Tier in Jerusalem einziehen wollte. Doch dann nahmen sie ihre Übergewänder, legten sie auf die Eselin und Jesus setzte sich darauf.

Als der Herr und die Seinen den Ölberg hinabzogen, strömten ihnen die Menschenmassen nur so entgegen. Während der ganzen Zeit, die Johannes nun schon mit dem Meister zog, hatte er noch nie eine so große Menge gesehen. Und der Lärm und das Geschrei dieser Leute war ohrenbetäubend. Die Menschen jubelten Jesus zu und schienen Ihn als den Messias anbeten zu wollen. Da gab es keine Hilfeschreie und Bitten um Heilung, wie sonst immer, sondern nur Jauchzen und Verehrung. „Hosianna!" sangen sie. „Hosianna dem Sohn Davids! Gesegnet sei Er, der da kommt im Namen des Herrn. Hosianna in der Höhe!"

Die Dynamik dieses Massenjubels war unwiderstehlich. Johannes, der zuerst ein wenig gebangt hatte, als er daran dachte, was die Pharisäer und Priester wieder über einen solchen Empfang durch das Volk sagen würden, wurde einfach mitgerissen und stellte überrascht fest, daß auch er begonnen hatte mitzujubeln und zu singen, zu tanzen und freudig die Arme zu schwenken. Als er sich nach den anderen Jüngern umsah, bemerkte er zu seiner Erleichterung, daß es ihnen ebenso ging.

Doch noch ehe der Zug das Stadttor von Jerusalem erreicht hatte, kam ihnen eine große Schar Pharisäer entgegen. Sie stellten sich mit vor Zorn geröteten Gesichtern Jesus in den Weg. Das Volk, das die Feinde des Herrn ebenfalls fürchtete, wurde leiser. Die Pharisäer forderten erregt: „Meister, bring Deine Jünger zum Schweigen."

Doch Jesus antwortete ihnen ruhig: „Ich sage euch: Wenn sie schweigen, werden die Steine schreien."

Was sie in den nächsten Tagen erlebten, machte Johannes und die anderen Jünger immer wieder besorgt. Nach Seinem triumphalen Einzug in Jerusalem ging Jesus am nächsten Tag in den Tempel. Hier tat Er wieder, was Er schon bei Seinem ersten Aufenthalt mit den Jüngern in der Stadt getan hatte. Er stieß die Tische der Geldwechsler und Händler um und trieb sie alle aus dem Tempel hinaus. Obwohl Er nun in den letzten Jahren überall in Palästina gelehrt und große Zeichen und Wunder getan hatte, war eigentlich nichts grundsätzlich in diesem Land und dieser Stadt anders geworden. Immer noch beherrschte hauptsächlich die äußere Form der Religion das Volk, und die Pharisäer mit ihrer verstockten Frömmigkeit und Heuchelei gaben den Ton an.

Während der nächsten Tage predigte Jesus überall in der Stadt, dabei war Er stets von Volksmengen umgeben, so daß Seine Feinde es nicht wagten, Hand an Ihn zu legen. Dabei heilte Er wie immer und überall die Kranken, die man zu Ihm brachte. Mit den Führern des Volkes ging Er so hart um, daß es Johannes oft kalt den Rücken hinunter lief. Bei einer Gelegenheit sagte Er: „Weh euch, ihr Schriftgelehrten und Pharisäer, ihr Heuchler! Ihr verschließt den Menschen das Himmelreich. Ihr selbst geht nicht hinein; aber ihr laßt auch die nicht hinein, die hineingehen wollen."

„Er provoziert sie ja direkt", stöhnte Johannes. „Das kann ja nicht gutgehen."

Bei einer anderen Gelegenheit hielt Jesus ihnen vor, sie seien blinde Narren und blinde Blindenleiter. „Ihr seid wie die Gräber, die außen weiß angestrichen sind und schön aussehen, innen aber sind sie voll Knochen, Schmutz und Verwesung. So erscheint ihr von außen den Menschen gerecht, innen aber seid ihr voll Heuchelei und Ungehorsam gegen Gottes Gesetz.“ Er warf ihnen vor: „Ihr Nattern, ihr Schlangenbrut, wie wollt ihr dem Strafgericht der Hölle entrinnen?“

Als Jesus Seine Strafpredigt gegen die Führer des Volkes beendet hatte, war Er an die Ecke des Tempelhofes gegangen und hatte über die unter ihnen liegende Stadt hinweggeblickt. Dabei hatte Er mit tiefer Trauer ausgerufen: „Jerusalem, Jerusalem, du tötest die Propheten und steinigst die Boten, die zu dir gesandt sind. Wie oft wollte Ich deine Kinder um Mich sammeln, so wie eine Henne ihre Küken unter ihre Flügel nimmt; aber ihr habt nicht gewollt.“

Als Jesus nach dieser Predigt mit Seinen Jüngern den Tempel verließ, hatten sich einige von ihnen bewundernd über die Schönheit des Gebäudes ausgesprochen. Daraufhin hatte Jesus zu ihnen gesagt: „Seht ihr das alles? Ich sage euch: Kein Stein wird hier auf dem anderen bleiben; alles wird niedergerissen werden.“

Johannes hatte sich später mit Petrus und Jakobus über Jesu Worte unterhalten. „Ich verstehe den Meister nicht mehr“, meinte er besorgt. „Ist es denn noch nicht genug, daß Er die Pharisäer, Schriftgelehrten und Priester immer wieder zum Zorn reizt? Jetzt beginnt Er auch noch, über ganz Jerusalem zu schelten. Damit bringt Er doch das Volk gegen sich auf, das bisher Sein bester Schutz gegen die Mordpläne der Obersten war. Wenn das Volk Ihn nicht so verehrte, hätten die Priester Ihn doch längst gefangennehmen oder gar umbringen lassen.“

Petrus und Jakobus hatten Johannes Worten zugestimmt. Doch keiner von ihnen wußte etwas anderes zu tun, als den kommenden Tagen besorgt entgegen zu sehen. Sie wollten jedenfalls, das nahmen sie sich fest vor, in allen Lagen zu ihrem Meister stehen, ganz gleich, was daraus wurde.

2. Kapitel

Es war der erste Tag des Festes der ungesäuerten Brote, des Passahfestes. Hunderttausende von Männern, Frauen und Kindern belebten die Straßen Jerusalems. Sie trugen seltsame Kleidung, so, als wollten sie eine lange Reise antreten. Kleidung, ähnlich der, die ihre Vorfahren vor langer Zeit beim Auszug aus Ägypten getragen hatten. Gewiß, es stand dieses Mal kein großer Auszug bevor, doch ihre Kleidung war ein Teil der Erinnerung an jenen großen Augenblick in ihrer Geschichte.

Johannes und Petrus bahnten sich ihren Weg durch die lärmenden Menschenmengen. Sie hatten den Auftrag bekommen, ein Haus zu finden, wo sie alle gemeinsam das Passahlamm essen konnten, und alles dafür vorzubereiten. Das war keine leichte Aufgabe. Wohl war die Gastfreundschaft der Jerusalemer Einwohner bei solchen Festtagen bekannt. Doch es waren so viele Gäste in der Stadt, daß es kaum noch freie Räume gab. Hätte Jesus nicht wieder Rat gewußt, würden sie ihren Auftrag wohl kaum erfolgreich ausgeführt haben.

Als Jesus sie beauftragte, hatte Er gesagt: ,,Wenn ihr in die Stadt kommt, wird euch ein Mann begegnen, der einen Wasserkrug trägt. Folgt ihm in das Haus, in das er hineingeht, und sagt zu dem Herrn des Hauses: Der Meister läßt dich fragen: Wo ist der Raum, in dem ich mit Meinen Jüngern das Passahlamm essen kann? Der Hausherr wird euch einen großen Raum im Obergeschoß zeigen, der mit Polstern ausgestattet ist. Dort bereitet alles vor.“

Es war schon sehr ungewöhnlich, nach einem Mann Ausschau zu halten, der Frauenarbeit übernahm. Denn üblicherweise holten Männer kein Wasser; das war Frauensache. Doch die Jünger trafen alles so an, wie Jesus es ihnen beschrieben hatte, und begannen mit ihren Vorbereitungen.

Dazu gehörte auch, daß sie das Passahlamm, das sie essen wollten, in den Tempel brachten und opferten. Also machten sich die beiden zunächst auf den Weg, um ein unfehlbares

Lamm zu kaufen. Dann stellten sie sich im Tempel in eine der langen Reihen der Wartenden, die alle gekommen waren, um ihr Lamm vor dem Altar durch einen Priester opfern zu lassen.

Petrus hatte das Lamm getragen und dem Priester dargereicht, der es mit geübten Handbewegungen schlachtete und als Opfer darbrachte. Johannes, der zuschaute, fielen dabei ganz überraschend die Worte des Täufers ein, die er gesagt hatte, als der Nazarener damals in Bethabara erschienen war: „Siehe, das ist Gottes Lamm, welches der Welt Sünde trägt!"

Während Johannes zusah, wie das Lamm sein Leben aushauchte, fiel ihm ein, daß der Herr einmal gesagt hatte, Er würde Sein Leben geben für die Menschheit. Irgendwie schien ein wenig Licht auf manche Fragen zu fallen, die ihm bisher so unverständlich erschienen waren. Hatten ihre Vorfahren nicht beim Auszug aus Ägypten ein Lamm geschlachtet und mit dessen Blut die beiden Türpfosten und die Überschwelle der Tür bestrichen, damit sie in der Nacht des Gerichts vor dem Würgengel bewahrt blieben, der durch Ägypten ging. Ein Lamm hatte also sein Leben lassen und sein Blut geben müssen, um die im Haus versammelte Familie vor dem Gericht zu bewahren. „Das Lamm Gottes, welches der Welt Sünde trägt?" überlegte Johannes. Irgendwie spürte er, daß er vor einem großen Geheimnis stand, das sich ihm bald auftun würde. Doch so sehr er auch weitergrübelte, noch blieb es verschlossen.

Die Sonne war nun vollends untergegangen, und die Dunkelheit breitete sich schnell aus. Johannes und Petrus hatten in dem Raum die letzten Vorbereitungen für das Fest getroffen. Das ganze Haus war erfüllt von dem Geruch des zum Essen zubereiteten Lammes. Im oberen Raum waren die Tische und die Sitzpolster vorbereitet und die Tafel zum Fest gedeckt, wie es die jüdische Tradition erforderte, als Jesus mit den anderen Jüngern eintraf.

Die Tische waren in U-Form aufgestellt. In der Mitte des quergestellten Tisches, also auf dem Ehrenplatz, sollte natürlich

Jesus sitzen. Rechts und links von Ihm, so hatten Johannes und Petrus beschlossen, würden sie selbst ihren Platz finden und neben ihnen wohl noch Jakobus und Andreas. Die anderen würden dann je zu viert an den beiden Tischen sitzen, die die Schenkel des „U“ bildeten. Doch Johannes war einigermaßen erstaunt, daß Judas Ischariot sich dazwischendrängte und sich auf den Platz neben ihm legte, ehe Jakobus ihn einnehmen konnte. So mußte sein Bruder an den Seitentisch rücken.

Als alle Platz genommen hatten, sagte Jesus: „Ich habe Mich sehr danach gesehnt, vor Meinem Leiden dieses Passahmahl mit euch zu essen. Denn Ich sage euch: Ich werde es nicht mehr essen, bis das Mahl seine Erfüllung findet im Reich Gottes.“

Dem Passahritual folgend nahm Jesus dann den Becher, füllte ihn mit Wein und segnete ihn. Doch nun sprach Er nicht die traditionellen Worte, sondern: „Nehmt den Wein, und verteilt ihn untereinander. Denn Ich sage euch: von nun an werde Ich nicht mehr von der Frucht des Weinstocks trinken, bis das Reich Gottes kommt.“

Bei diesen Worten wurde Johannes wieder von tiefem Kummer gepackt, obwohl er sich vorgenommen hatte, seinen Gefühlen jetzt nicht mehr nachzugeben, sondern nur dankbar und voller Freude mit dem Meister und seinen Gefährten das Passahfest zu feiern.

Nun wurde mit bitteren Kräutern gewürzter Salat, ungesäuertes Brot und eine besonders zubereitete Soße sowie das Fleisch von einem besonderen Friedensopfer gebracht. Jesus füllte ein kleines Gefäß mit der Soße, in Erinnerung daran, daß die Juden in der ägyptischen Sklaverei Ziegel brennen mußten. In diese Soße tauchte er etwas von den Salatkräutern und dankte Gott für die Früchte der Erde. Nachdem Er gekostet hatte, teilte Er kleine Bissen an die vier aus, die mit Ihm an der Tafel saßen; die reichten sie weiter, und so nahmen alle daran teil.

Endlich mußte auch noch das ungesäuerte Brot weitergereicht und das geröstete Passahlamm vor dem Hausherrn, in diesem Falle vor Jesus, auf den Tisch gestellt werden. Der Becher mußte nun zum zweiten Mal mit Wein gefüllt und ausgetrunken werden, und der Hausherr hatte an dieser Stelle zu erklären, warum das Passahfest gefeiert wurde. Doch wieder verließ der Meister die traditionelle Reihenfolge. Statt das Brot sofort zu verteilen, betrachtete Er sorgfältig Seine Jünger, nahm dann den Brotlaib, dankte und brach ihn und sagte: „Das ist Mein Leib, der für euch hingegeben wird. Tut dies zu Meinem Gedächtnis."

Johannes mußte daran denken, daß der Herr einst zu ihnen gesagt hatte: „Ich bin das Brot des Lebens. Werdet ihr nicht von Meinem Fleisch essen und von Meinem Blut trinken, habt ihr kein Leben in euch." Nach diesen Worten hatten damals viele der Nachfolger Jesu Ihn verlassen. Jetzt schien deutlicher zu werden, was der Herr gemeint hatte. Doch noch immer konnte Johannes es nicht ganz verstehen.

Das geröstete Lamm dampfte und duftete, als nun der zweite Becher Wein eingeschenkt wurde. Nachdem sie getrunken hatten, sangen sie gemeinsam den ersten Teil des „Hallel", wie es die Juden an dieser Stelle seit Generationen taten. Der Rest der Zeremonie bestand hauptsächlich daraus, daß man das Lamm und die anderen Speisen, die auf dem Tisch standen, aß. Doch Johannes mußte an die vorangegangenen Worte des Meisters denken und hatte deshalb keinen Appetit. Er aß kaum etwas. Jesus bemerkte es und fragte: „Machst du dir Sorgen, Johannes?"

Dieser antwortete: „Herr, ich liebe Dich, deshalb bin ich bekümmert."

Jesus nickte: „Ich weiß es, Johannes." Dann wandte Er sich wieder an alle Jünger und sagte: „Ich weiß zwar, daß Ich euch erwählt habe, aber Ich sage euch: Einer unter euch wird Mich verraten."

Diese Worte trafen die Jünger wie ein Schock. Sie schauten sich gegenseitig bestürzt an und fragten alle: „Herr, bin es etwa ich?"

Jesus wollte den Verräter nicht direkt entlarven vor den anderen und antwortete deshalb: „Einer von euch, der die Hand mit mir in die Schüssel getaucht hat, wird mich verraten."

Jetzt fragte Judas Ischariot Ihn: „Herr, bin ich es etwa?"

Jesus antwortete: „Du sagst es."

Judas, der gerade den Kelch zum Mund führte, hielt mit einem Ruck inne, als sei der Wein vergiftet. Johannes bemerkte erschauernd, daß Judas Gesichtszüge einen ganz anderen Ausdruck annahmen. Er blickte auf einmal fremd und feindselig auf den Meister, als wäre plötzlich irgend etwas in ihn gefahren.

Jesus blickte ihn traurig an und sagte: „Was du tun willst, das tue bald."

Judas fuhr zurück, erhob sich und verließ den Raum, ohne ein weiteres Wort zu sagen. Die anderen wunderten sich über sein seltsames Benehmen, beruhigten sich aber bald wieder, weil sie dachten, er müsse vielleicht noch etwas besorgen. Nur Johannes und Petrus, die dem Herrn am nächsten saßen, ahnten, daß hier etwas anderes vorgegangen war.

Langsam ging es auf Mitternacht zu. Das Mahl wurde beendet, und sie tranken den dritten und vierten Becher Wein. Als Jesus zum letzten Mal den Kelch erhob, sagte Er ernst und feierlich: „Trinkt alle daraus; das ist Mein Blut, das Blut des Neuen Bundes, das für viele vergossen wird zur Vergebung der Sünden. Ich sage euch: Von jetzt an werde ich nicht mehr von der Frucht des Weinstocks trinken, bis zu dem Tag, an dem Ich mit euch von neuem davon trinke im Reich Meines Vaters."

Wieder sah Jesus Seine Jünger nachdenklich an und sagte dann: „Ich gebe euch jetzt ein neues Gebot: Liebt euch untereinander. Daran, daß ihr euch untereinander liebt, sollen die Menschen erkennen, daß ihr Meine Jünger seid." Nach einem Augenblick des Schweigens fuhr Er fort: „Jetzt ist der Menschensohn verherrlicht, und Gott ist in Ihm verherrlicht ... Meine Kinder, Ich bin nur noch kurze Zeit bei euch. Ihr werdet Mich suchen; und was Ich den Juden gesagt habe, sage Ich jetzt auch euch: Wohin Ich gehe, dorthin könnt ihr nicht gelangen."

Petrus fragte voller Sorge: „Herr, wohin willst Du gehen?"

Jesus antwortete: „Wohin Ich gehe, dorthin kannst du Mir jetzt nicht folgen. Du wirst Mir aber später folgen."

Darauf sagte Petrus: „Herr, warum soll ich Dir nicht folgen können. Ich bin bereit, mit Dir ins Gefängnis zu gehen oder sogar mein Leben für Dich zu lassen."

Jesus sah ihn bekümmert an und erwiderte: „Gewiß, Petrus, du wirst einmal dein Leben für Mich lassen. Doch Ich sage dir: Noch heute nacht, ehe der Hahn kräht, wirst du Mich dreimal verleugnen."

Petrus und die anderen Jünger waren so schockiert, daß sie nichts mehr zu sagen wagten. Eine Weile herrschte Schweigen, dann sagte Jesus: „Euer Herz soll sich nicht verwirren lassen. Haltet im Glauben an Mir und an Gott fest. Ich bin der Weg, die Wahrheit und das Leben. Ich werde euch zwar bald verlassen, aber Ich werde euch an Meiner Stelle einen anderen Tröster senden, nämlich den Heiligen Geist, der immer bei euch bleiben wird. Das alles sage Ich zu euch, damit ihr in Mir Frieden habt. In dieser Welt seid ihr in Bedrängnis; aber habt Mut: Ich habe die Welt besiegt!"

Wieder herrschte eine Weile Schweigen. Dann erhob sich Jesus und sagte: „Kommt, wir wollen gehen."

Johannes ahnte, daß der Meister das Bedürfnis verspürte, allein zu sein, um zu beten. Vielleicht würde Er dorthin gehen wollen, wohin Er sich, wenn sie in Jerusalem waren, am liebsten zum Gebet zurückzog: In den Garten Gethsemane. Er und die anderen Jünger erhoben sich ebenfalls und folgten Jesus.

3. Kapitel

Die alten knorrigen Olivenbäume im Garten Gethsemane warfen im Mondlicht seltsame Schatten, als wären sie die Vorboten nahenden Unheils. Johannes ging dicht hinter dem Meister, als sie in die Tiefe des Gartens schritten; Petrus und Jakobus waren ebenso nahe hinter ihm.

Als sie im Garten Gethsemane angekommen waren, hatte Jesus die anderen acht Jünger am Rand des Olivenhains zurückgelassen und sie aufgefordert, dort auf Ihn zu warten. Nur Johannes, Jakobus und Petrus hatte Er gebeten, Ihn noch ein Stück weiter in das Innere des Gartens zu begleiten, wo Er allein bleiben und beten wollte. Als sie dem Platz nahe waren, wo Jesus schon manchmal gebetet hatte, forderte Er die drei mit einer Handbewegung auf, zu warten. Er sagte zu ihnen: „Meine Seele ist zu Tode betrübt. Bleibt hier und wacht mit Mir!" Dann ging Er noch ein Stück weiter, warf sich zu Boden und betete.

Johannes wußte nicht, was er hätte antworten sollen, obwohl er spürte, daß sein Meister unter einer großen Last litt. Deshalb schwieg er. Doch den anderen beiden schien es ebenso zu gehen, denn auch sie sagten kein Wort. Die drei setzten sich unter einen der mächtigen Olivenbäume, um mit ihrem Herrn zu wachen, wie Er es gewünscht hatte. Schweigend lauschten sie in die Nacht hinein und hörten von Zeit zu Zeit den Herrn im Gebet stöhnen. Johannes zitterte, als er seinen Meister seufzen hörte. Er dachte: „Wie kann ich Ihm nur helfen? Er scheint besonders in Not zu sein. In dieser Stunde dürfen wir Ihn einfach nicht allein lassen." Doch er wußte nicht, wie er wirklich helfen sollte. Lange Zeiten des Schweigens folgten, dazwischen hörte man immer wieder das Stöhnen des Herrn. Einmal konnte er deutlich verstehen, wie Jesus sagte: „Aber Vater, nicht wie Ich es will, soll es geschehen, sondern wie Du willst."

Doch als er länger saß, fühlte er die Anstrengung des hinter ihm liegenden langen Tages, die sich in seinen Gliedern ausbreitete. Müdigkeit wollte ihn ergreifen, und er mußte kämpfen, um wach zu bleiben. Er spürte, daß es den beiden anderen ebenso ging. „Eine lange Zeit muß schon vergangen sein", dachte er. Und als der Herr wieder einmal länger still war, fielen Johannes trotz aller Bemühungen die Augen zu. Er schlief ein.

Johannes wachte dadurch auf, daß eine Stimme in seinen unruhigen Schlaf drang. Als er die Augen öffnete, erkannte er, daß es Jesus war, der Petrus wachgerüttelt hatte und zu ihm sagte: „Schläfst du? Konntet ihr nicht einmal eine Stunde mit Mir wachen? Wacht und betet, damit ihr nicht in Versuchung geratet. Der Geist ist willig, aber das Fleisch ist schwach."

Petrus rieb sich schlaftrunken die Augen und stammelte: „Herr... vergib mir."

Auch Jakobus schien nun wach zu sein. Doch die beiden Brüder schwiegen beschämt, obwohl sie wußten, daß Jesus diese Worte nicht nur zu Petrus, sondern ebenso zu ihnen gesagt hatte. Jesus blickte sie noch einen Augenblick traurig an und ging dann zu Seinem Platz zurück.

Die drei flüsterten ein wenig miteinander und machten sich gegenseitig Vorhaltungen, weil sie eingeschlafen waren. Doch dann schwiegen sie wieder und lauschten auf das Gebet des Herrn. Es dauerte nicht lange, da fühlte Johannes, wie ihn der Schlaf wieder packen wollte. „Das ist doch nicht normal", dachte er, „ich kann doch sonst besser mit dem Schlaf fertig werden. Warum gelingt es mir heute nicht?" Doch obwohl er sich alle Mühe gab, war er bald wieder eingeschlafen.

Der Meister weckte die Jünger noch ein zweites Mal, doch es gelang ihnen trotzdem nicht, wach zu bleiben. Als er dann das dritte Mal zu ihnen kam, lag ein Ton von Resignation in Seiner Stimme, als Er sie wieder weckte. „Schlaft ihr immer noch und ruht euch aus?" fragte Er. „Die Stunde ist nun gekommen; jetzt wird der Menschensohn den Sündern ausgeliefert. Steht auf, wir wollen gehen. Der Verräter, der Mich ausliefert, ist da."

Die drei Jünger erhoben sich schlaftrunken und folgten dem Herrn zum Rand des Gartens. Dort standen die anderen acht Jünger einer großen Schar Soldaten mit ihren Offizieren gegenüber, die alle schwer bewaffnet waren. Einige trugen dazu noch brennende Fackeln in ihren Händen. Johannes sah, daß auch einige der obersten Priester mitgekommen waren. Und voller Entsetzen erkannte er in der ersten Reihe der Soldaten auch Judas Ischariot.

Auch Petrus schien Judas bemerkt zu haben, denn er zischte wütend: „Der Schurke!"

Doch es schien so, als wolle Judas seinem offensichtlichen Verrat nun noch die Krone aufsetzen. Er trat aus der Reihe der Soldaten heraus, ging auf Jesus zu und sagte: „Sei gegrüßt, Rabbi!“ Dann umarmte er den Herrn und küßte ihn.

Johannes erschauerte, als er das sah. Ihm war, als müsse ein Blitz vom Himmel niederfahren und den Verräter auf der Stelle erschlagen. Petrus, immer zu schneller Tat bereit, grollte laut und vernehmlich: „Herr, soll ich ihn mit dem Schwert erschlagen?“

Doch Jesus hielt Petrus mit einer Handbewegung zurück, wandte sich Judas zu und sagte ruhig: „Freund, dazu also bist du gekommen. Verrätst du den Menschensohn mit einem Kuß?“ Johannes bemerkte, wie Judas bei diesen Worten ganz blaß wurde.

Jesus wandte sich nun den Soldaten zu und fragte: „Wen sucht ihr denn?“

Einer der Offiziere antwortete: „Jesus von Nazareth.“

Es schien, als würde sich Jesus noch etwas höher aufrichten, als Er jetzt noch einen Schritt auf die Soldaten zuging und mit ungeheurer Würde und Autorität sagte: „Ich bin es!“

Bei diesen Worten war es, als wären alle, die gekommen waren Jesus gefangenzunehmen, wie von einer Faust getroffen. Erschrocken wichen sie noch einen Schritt zurück und stürzten wie vom Blitz getroffen zu Boden. Erstaunt beschauten die Jünger das Schauspiel der in völliger Unordnung am Boden liegenden Männer, Waffen und brennenden Fackeln. Hier und da begann eine der Fackeln schon die Kleidung des einen oder anderen Gefallenen zu entzünden. Es dauerte einige Augenblicke, bis die ganze Schar wieder halbwegs geordnet auf den Füßen stand. Man konnte ihnen ansehen, daß sie sich keineswegs wohl fühlten.

Noch einmal fragte der Herr: „Wen sucht ihr?“

Die Antwort kam erst nach einer geraumen Weile und klang viel zaghafter als das erste Mal: „Jesus von Nazareth!“

Jesus erwiderte: „Ich habe euch ja schon gesagt, daß Ich es bin. Wenn ihr also Mich sucht, dann laßt Meine Nachfolger in Ruhe gehen.“

Diese Antwort erstaunte alle. Johannes dachte: „Eben erst hat der Herr bewiesen, daß Er mit ihnen allen fertigwerden kann, und nun gibt Er sich freiwillig in ihre Hände. Wer soll das verstehen?“

Als einige der Soldaten auf Befehl eines Offiziers jetzt zögernd an Jesus herantraten und Anstalten machten, Ihm die Hände zu binden, schien Petrus seinen Zorn doch nicht mehr zurückhalten zu können. Er riß sein Schwert aus der Scheide, stürzte auf den nächsten Soldaten, der seine Hand nach Jesus ausstreckte zu und hieb ihm mit einem schnellen Schlag das rechte Ohr ab.

Der Getroffene stürzte mit einem Schmerzensschrei zu Boden. Aus der rechten Seite seines Kopfes ergoß sich ein Strom von Blut. Schon griffen einige der Soldaten nach ihren Waffen, und auch die Jünger nahmen eine drohende Haltung ein und schienen sich auf die Soldaten stürzen zu wollen. Doch mit einer Geste von unnachahmlicher Autorität hielt Jesus beide Parteien zurück. Zu Petrus gewandt sagte Er: „Stecke dein Schwert wieder in die Scheide. Soll Ich den Kelch denn nicht trinken, den Mir Mein Vater gegeben hat. Wenn Ich wollte, könnte Ich Meinen Vater bitten, und Er würde Mir mehr als zwölf Legionen Engel senden. Aber wie würde dann die Schrift erfüllt werden?“

Beschämt senkte Petrus den Kopf. Johannes, der neben ihm stand, legte ihm tröstend die Hand auf den Arm. Jesus jedoch wandte sich jetzt dem am Boden liegenden und immer noch blutenden Soldaten zu. Er streckte Seine Hand aus und rührte die Stelle an, wo das Ohr abgeschlagen worden war. Im gleichen Augenblick hörte das Blut auf zu fließen, und das Ohr befand sich wieder an der Seite des Kopfes. Der Soldat schien wie aus einem Traum zu erwachen und blickte sich erstaunt um. Als er sich erhob, war nichts mehr davon zu sehen, daß er soeben noch durch einen Schwerthieb schwer verletzt gewesen war. Staunend hatten alle Umstehenden zugesehen. Dieser Rabbi half also auch noch denen, die gekommen waren, um Ihm Übles anzutun.

Nun streckte Jesus einem der Offiziere Seine Hände entgegen, so daß dieser sie binden konnte. Die Soldaten nahmen Ihn in ihre Mitte und führten Ihn fort.

Johannes und die anderen Jünger blieben wie angewurzelt stehen und blickten dem Herrn nach. An ihren Gesichtern war zu erkennen, daß sie nicht verstanden, was sich soeben vor ihren Augen abgespielt hatte. Obwohl der Herr in jedem Augenblick die gesamte Situation voll unter Kontrolle zu haben schien, ließ Er sich doch ohne Widerstand von Seinen Feinden gebunden davonführen. Als Jesus und Seine Häscher ihren Blicken entschwunden waren, wurden ihre Herzen von Furcht gepackt, so daß sie alle Jesus verließen und flohen.

Johannes stand, immer noch ängstlich, in einem dichten Gebüsch, in das er sich geflüchtet hatte, irgendwo ein ganzes Stück von Gethsemane entfernt. Er wußte nicht, was er tun oder wohin er gehen sollte. Er war zornig über sich selbst, weil er so feige geflohen war, als der Meister ihn am dringendsten gebraucht hätte. Aber was war jetzt zu tun?

„Ich werde Ihn suchen und zu Ihm gehen", sagte er zu sich selbst. Doch konnte irgendein Jünger Jesu es jetzt wagen, sein Gesicht in der Stadt zu zeigen? Johannes dachte an die Worte Jesu: „Der Jünger ist nicht über seinem Meister. Haben sie Mich verfolgt, werden sie euch auch verfolgen ..." Schweigend starrte er in die dunkle Nacht.

Doch der Gedanke, was mit dem Herrn in diesem Augenblick vielleicht geschah, ließ ihm keine Ruhe. Plötzlich mußte er auch wieder an Judas denken. „Wenn ich den Herrn nicht suche, bin ich nicht besser als dieser Verräter", überlegte er. Das brachte die Entscheidung. Er schob die Sorgen um seine persönliche Sicherheit beiseite, trat aus dem Gebüsch heraus und ging in Richtung Jerusalem. Als er wieder in die Nähe des Gartens Gethsemane kam, bemerkte er im Mondschein, daß jemand weiter vorn am Straßenrand stand. Zuerst wollte ihn die Angst wieder ergreifen, doch er flehte: „Gott, Jahwe, gib mir Mut", und ging weiter. Doch er war sehr erleichtert, als die dunkle Gestalt ihn anrief: Johannes!", und er an der Stimme erkannte, daß es Petrus war.

Der große Fischer sagte entschlossen: „Ich war gerade auf dem Weg in die Stadt, als ich dich kommen sah."

„Ich auch", nickte Johannes. „Doch du weißt, was mit uns geschehen kann?"

„Ich weiß es", stimmte Petrus zu.

Entschlossen machten sich die beiden auf den Weg.

Der Morgen war noch etliche Stunden entfernt, doch in den Höfen des Tempels herrschte viel Betrieb. Eine große Anzahl von Dienern und Leviten waren dabei, den Tempel zu säubern von den Überresten der ungeheuer vielen Opfer des vergangenen Tages. Alles mußte hergerichtet werden, denn auch der kommende Tag würde wieder ein Festtag sein und die Menschen würden in großen Scharen in den Tempel strömen.

Johannes und Petrus waren dankbar über die Aktivität im Tempel, denn dann war die Chance größer, daß sie nicht auffielen, als sie jetzt zum Palast des Hohen Priesters gingen. Der ungewöhnlichen Umstände wegen würde sicherlich der Sanhedrin zu einer Versammlung zusammengetreten sein. Johannes, als Sohn eines Ratsmitglieds, würde ohne große Schwierigkeiten Zutritt zum Hof des Palastes erhalten. Bei Petrus war das nicht so einfach, er würde wahrscheinlich draußen warten müssen.

Als sie das Tor erreichten, zeigte Johannes dem jungen Wächter sein Siegel und erklärte ihm, er sei der Sohn von Zebedäus, dem Mitglied des Sanhedrins. Daraufhin wurde er eingelassen.

„Warte hier", flüsterte er Petrus zu. „Ich will sehen, wie ich dich hineinbekomme."

Johannes hatte wirklich die Absicht, mit dem Wächter zu reden, damit auch Petrus herein konnte. Doch in dem Augenblick, in dem sich die Tür hinter ihm schloß, bemerkte er im entfernten Teil des Hofes Bewegung. Als er hinblickte, sah er einen Trupp Soldaten, die einen Gefangenen aus dem Hause Annas in das Haus von Kaiphas brachten. Er erkannte, daß es Jesus war, den man dort grob stieß und zerrte. Da vergaß er Petrus und auch die Sorge um sich selbst und rannte auf die Soldaten zu. „Laßt Ihn los“, schrie er, „oder laßt mich mit Ihm gehen!“

Doch die Soldaten stießen ihn grob zurück, als er versuchte, zu Jesus zu kommen, so daß er zu Boden stürzte. Als sie Jesus an ihm vorüberzerrten, blickte dieser ihn voller Liebe an, sagte aber kein Wort. Doch Johannes bemerkte im Gesicht des Meisters Spuren von Schlägen. „Ihr Schurken“, schrie er wütend. „Ihr seid keine Menschen, sondern Tiere. Ich werde...“, dabei versuchte er, sich wieder zu erheben. Doch der Offizier, der die Soldaten anführte, gab ihm einen so heftigen Tritt in den Magen, daß er wieder zurückfiel und sich vor Schmerzen zusammenkrümmte. Schnell zerrten die Soldaten Jesus weiter und führten ihn in den Saal, in dem sich gewöhnlich der Sanhedrin versammelte. Johannes, der ihnen nachblickte, bemerkte, daß sie die Tür des Saales hinter sich offen ließen. Ob absichtlich oder nicht, konnte er nicht sagen.

Er blieb noch für einige Augenblicke auf dem Pflaster liegen, bis die Schmerzen nachließen. Dabei erinnerte er sich an Petrus. Mühsam erhob er sich, ging zum Torhüter zurück und überredete ihn, Petrus ebenfalls hereinzulassen, was dieser endlich gestattete.

Als Petrus eintrat, berichtete Johannes ihm, wohin man Jesus gebracht hatte und daß sie wegen der offenstehenden Tür nun Gelegenheit hätten, zuzuhören, was in dem Saal vorging. Doch Petrus schüttelte nur den Kopf und meinte: „Du bist töricht. Weißt du nicht, was sie mit uns machen werden, wenn sie uns dort erwischen? Das können wir nicht wagen.“

„Doch, wir können es, denn wir müssen jetzt zum Meister stehen“, erwiderte Johannes.

„Dann geh doch, wenn du meinst“, antwortete Petrus. „Ich begebe mich jedenfalls nicht in die Gefahr, sondern ziehe es vor, hier bei den Dienern am Feuer zu bleiben.“ Sein Entschluß, mit dem Meister zu sterben, war also schnell dahingeschmolzen.

Ärgerlich wandte Johannes sich um und ließ Petrus im Hof an dem dort entzündeten Feuer zurück. Er wollte wissen, was im Beratungssaal des Sanhedrins mit Jesus geschah.

Es war schon etwas Unerhörtes, mitten in der Nacht ein Gerichtsverfahren abzuhalten. Doch Jesu Feinde schienen Ihn so sehr zu fürchten, oder auch den Zorn des Volkes, daß sie die Angelegenheit so schnell wie möglich zum Abschluß bringen wollten. Doch die Dunkelheit half andererseits Johannes, ungesehen zu dem Saal zu kommen, der nicht einmal bewacht war, weil alle sich drinnen in der vorderen Hälfte zusammendrängten. Deshalb war auch der hintere Teil des Saales nicht erleuchtet, und Johannes gelang es, sich ungesehen in eine dunkle Ecke hinter einer Säule zu drücken.

Als Johannes sich im Saal umblickte, bemerkte er den Hohen Priester Kaiphas, der dabei war, Jesus zu verhören. Jesus wurde von den Soldaten umgeben, die Ihn hierhergebracht hatten. Außerdem standen eine Anzahl Mitglieder des Sanhedrins herum. Es waren längst nicht alle, sondern nur jene, die man in der Nacht schnell hatte zusammenrufen können. An einem Tisch saßen etliche Schreiber, und nicht weit von dem Tisch entfernt standen einige Leute, mit denen Johannes zunächst nichts anzufangen wußte.

Gerade sagte Kaiphas zu Jesus: „Mir ist berichtet worden, daß Du den Hohen Priester Annas mit Deinen respektlosen Antworten beleidigt hast und deshalb ins Gesicht geschlagen wurdest. Stimmt das?“

„Als dein Schwiegervater Mich nach Meinen Lehren und Meinen Anhängern fragte, habe Ich ihm nur wahrheitsgetreu geantwortet, daß er darüber doch alles wisse. Denn Ich habe nie im Verborgenen gelehrt oder etwas anderes getan, sondern immer alles öffentlich vor allen Leuten“, antwortete Jesus. „Und wenn du dieserhalb auch noch Fragen hast, brauchst du nur jene zu fragen, die mir zugehört haben; sie wissen, was Ich gesagt habe.“

„Du kannst dankbar sein, daß ich Dich für diese unverschämte Antwort nicht auch noch schlagen lasse“, schrie Kaiphas wütend.

„Wenn Ich etwas Übles gesagt habe, dann laß doch Zeugen herzubringen, die das beweisen. Wenn Ich aber die Wahrheit sage, warum willst du Mich dann schlagen lassen?" erwiderte Jesus.

„Das war gut gesprochen, Zimmermann", rief Kaiphas triumphierend. „Du hast von Zeugen gesprochen, und Du sollst sie haben!" Danach winkte er den Leuten zu, mit denen Johannes bisher nichts anzufangen wußte. Einer von ihnen trat vor. „Sprich", ermunterte ihn Kaiphas, „was kannst du über diesen Jesus von Nazareth aussagen."

Doch das Verhör der Zeugen brachte nicht viel Vernünftiges zutage, auf das man eine Anklage hätte aufbauen können, die zu einem Todesurteil reichte. Und es war bei den Führern der Juden schon beschlossene Sache, daß Jesus sterben müsse.

Einer der Zeugen behauptete, die Auferweckung des Lazarus sei nur Theater gewesen. Maria, Martha und Lazarus hätten dies alles vorher mit Jesus und Seinen Jüngern abgesprochen. Wieder ein anderer wollte wissen, alles, was in den letzten Jahren geschehen sei, wäre eine zwischen den Familien Jesu und Johannes des Täufers abgesprochene und von langer Hand vorbereitete Verschwörung. Ein dritter erzählte, Jesus habe gesagt, Er werde den Tempel niederreißen und in drei Tagen wieder aufbauen, und so ging es weiter. Es stellte sich dabei aber heraus, daß die verschiedenen Zeugen einander widersprachen, so daß keine stichhaltige Anklage zusammenkam. Weil ein Todesurteil aber von den Römern bestätigt werden mußte, brauchte es gewichtige Beweise.

Nun drängte sich ein älterer, gebeugt gehender Mann aus der Gruppe der Sanhedrin-Mitglieder vor. Johannes erkannte in ihm voller Schrecken seinen Vater. Mit krächzender Stimme rief er: „Ehrwürdiger Hoher Priester, ich habe hier zwei Zeugen, es sind ehrbare und hochangesehene Männer, die davon berichten können, wie dieser Nazarener Gotteslästerungen ausgesprochen hat." An dem Tonfall der Stimme und der ganzen Art, wie er auftrat, war zu sehen, welchen Haß Zebedäus gegen Jesus hegte, der ihm, nach seiner Meinung, seine beiden Söhne gestohlen hatte.

Die beiden Männer traten auf und bezeugten übereinstimmend, sie hätten den Nazarener sagen hören: „Wer von Meinem Leib ißt und von Meinem Blut trinkt, der wird ewiges Leben haben."

Als Johannes dies hörte, wurde sein Herz noch schwerer als bisher, denn diese Worte hatten ihm damals schon Sorgen bereitet, als er sie aus Jesu Mund hörte. Er hatte geahnt, daß es damit Ärgernis geben konnte. Und richtig: Als Kaiphas die Aussagen der Zeugen, die übereinstimmten, gehört hatte, rief er: „Da haben wir den Beweis, denn ewiges Leben kann nur Gott geben. Dieser Zimmermann maßt sich also an, Gott zu sein." Der Triumph in seiner Stimme war unüberhörbar.

Nun wandte sich Kaiphas wieder direkt an Jesus und fragte: „Willst Du denn nichts sagen zu dem, was diese Leute gegen Dich vorbringen?"

Doch Jesus schwieg still. Da fragte Ihn der Hohe Priester noch einmal: „Bist Du der Messias, der Sohn des Hochgelobten?"

Jesus antwortete: „Ich bin es. Und ihr werdet den Menschensohn zur Rechten der Macht sitzen und mit den Wolken des Himmels kommen sehen."

Kaiphas heuchelte gerechtes Entsetzen. Er zerriß seine seidenen Kleider und rief: „Wozu brauchen wir noch Zeugen? Ihr habt die Gotteslästerung gehört! Was ist eure Meinung?"

Einstimmig fällten nunmehr die anwesenden Mitglieder des Sanhedrins das Urteil: „Er ist schuldig und muß sterben."

Die nächsten Stunden waren für Johannes wie ein Alptraum vergangen. Da der Hohe Priester wußte, daß ein von ihm und dem Sanhedrin ausgesprochenes Todesurteil keine Rechtskraft bekam, wenn es nicht von dem römischen Prokurator bestätigt wurde, hatte er versucht, diese Klippe zu umgehen, indem er Jesus zu dem des Festes wegen auch in Jerusalem weilenden König Herodes Antipas sandte, in der Hoffnung, dort das Todesurteil bestätigt zu bekommen. Doch Herodes Antipas hatte sich in die Angelegenheit nicht einmischen wollen und sandte Jesus, nachdem er Ihn verhört hatte, zurück zu Kaiphas. Diesem blieb nun nichts anderes mehr übrig, als Jesus doch dem römischen Prokurator Pontius Pilatus zu übergeben, um von ihm die Bestätigung des Todesurteils zu erhalten.

Natürlich war es Johannes nicht möglich gewesen, an all den Verhören teilzunehmen. Es hatte sich leider nicht noch einmal eine so günstige Gelegenheit ergeben wie im Beratungssaal des Sanhedrins. Deshalb konnte er Jesus und den Soldaten, die Ihn bewachten, jeweils nur von dem Palast zum anderen folgen und mußte dann draußen warten. Doch er bemerkte dabei, daß die rauhen Söldner jedesmal, wenn sie Jesus wegführten, ihr derbes Spiel mit Ihm trieben, Ihn schlugen, verhöhnten und auf andere Art belästigten. Nun, nachdem Kaiphas Jesus hatte zu Pilatus bringen lassen, war dieser auch noch in die Hände Roms geraten. Was würde dort wohl mit seinem Meister geschehen, fragte sich Johannes.

Doch bei Pilatus schien nicht alles so glatt zu gehen, wie die Priester und Pharisäer es sich vorgestellt hatten. Erstens blieb Jesus recht lange dort, und außerdem sah Johannes einige der Obersten der Juden mit sorgenvoller Miene aus dem Palast des Prokurators kommen. Sie eilten rasch davon, und Johannes fragte sich, welche Gemeinheit sie wohl jetzt wieder ausbrüteten. Er merkte es bald, denn nach und nach füllte sich der Platz vor dem Palast mit Menschen, die scheinbar ganz zufällig von allen Seiten geströmt kamen und alle hier stehen blieben. Sie standen in größeren und kleineren Gruppen herum. Johannes, der unauffällig von einer Gruppe zur anderen ging, merkte bald, daß sich ihre Gespräche um Jesus drehten und daß sie von den Pharisäern aufgefordert worden waren, von Pilatus das Todesurteil für Jesus zu verlangen.

Pilatus hatte mittlerweile dem Drängen des Sanhedrins nachgegeben und das Todesurteil gegen Jesus bestätigt. Da es jedoch im Grunde seiner römischen Rechtsauffassung widerstrebte und er wohl begriff, daß die Obersten der Juden dieses Urteil zu Unrecht gefällt hatten, versuchte er auf andere Weise, Jesus noch freizubekommen. Es gehörte schon lange zur Tradition der römischen Prokuratoren in Palästina, daß sie zum Passahfest einen zum Tode verurteilten Juden begnadigten. Diese Tatsache wollte Pilatus benutzen, um Jesus zu helfen, ohne selbst dabei Farbe bekennen zu müssen.

Deshalb erschien der Prokurator plötzlich auf dem Vorbau seines Palastes und blickte auf die unter ihm versammelte Volksmenge hinunter, zu der sich immer noch weitere Menschen gesellten, und die schon sehr groß war. Dann führten römische Soldaten zwei zum Tode verurteilte Juden auf den Vorbau. Es waren der berüchtigte Straßenräuber und Mörder Barrabas und Jesus. Pilatus forderte nun das Volk auf, einen der beiden auszuwählen, den er dann begnadigen und freilassen würde. Er hoffte dabei, sie würden Jesus wählen und nicht den gefürchteten Barrabas.

Doch nun erwies sich, daß die schlaue Vorarbeit der Pharisäer ihr Ziel erreicht hatte. Außerdem standen auch jetzt noch, auf dem Platz verteilt, inmitten der Volksmenge hier und da welche von den Pharisäern und Obersten, die das Volk aufstachelten, um die Freilassung von Barrabas zu bitten. Erst einzeln, dann immer mehr und immer lauter wurden die Rufe: „Gib uns Barrabas frei! Wir wollen Barrabas haben!“ Bald schrien es die meisten der Versammelten im Chor.

Pilatus war sichtlich verwirrt über diese Wahl und hob die Hand zum Zeichen, daß er etwas sagen wollte. Die Menge schwieg, und Pilatus fragte betreten: „Und Jesus? Was soll ich denn mit Ihm tun, den ihr den König der Juden nennt?“

Da schrien die Versammelten laut und immer lauter: „Kreuzige Ihn! Kreuzige Ihn! Kreuzige Ihn!“

„Für welches Vergehen soll ich Ihn denn kreuzigen lassen?“ fragte der Prokurator.

Doch die Menge hatte sich jetzt so in Raserei gesteigert, daß sie auf seine Frage gar nicht mehr einging, sondern nur weiter und noch lauter schrie: „Kreuzige Ihn! Kreuzige Ihn!“

Um einen Aufruhr zu vermeiden, gab Pilatus schließlich ihrem Wunsch nach, ließ Barrabas frei und gab seinen Soldaten den Befehl, Jesus zu kreuzigen.

Johannes stand wie gelähmt unter der Menschenmasse. Er konnte das alles nicht verstehen. Waren das nicht die gleichen Menschen, die noch vor wenigen Tagen, als er und die anderen Jünger mit dem Meister in Jerusalem einzogen, geschrien hatten: „Hosianna dem, der da kommt im Namen des Herrn! Hosianna dem Sohne Davids!"? Standen hier nicht viele, die Jesus zugejubelt hatten, als Er Kranke heilte und andere Wunder und Zeichen in ihrer Mitte tat? Und außerdem: Wer konnte Jesus auch nur irgend etwas Übles nachsagen? Er hatte überall nur Gutes getan. Und nun sollte sein Herr gekreuzigt werden? Johannes war, als müsse die Welt untergehen.

4. Kapitel

Und nun war es soweit. Da die Römer schon vorher für diesen Tag die Hinrichtung von zwei Räubern angesetzt hatten, sollte Jesus gleich noch mit ihnen gekreuzigt werden. Durch die engen Gassen Jerusalems bewegte sich jetzt eine traurige Prozession. Von römischen Soldaten eskortiert und immer wieder geschlagen und getreten, mußten die drei Verurteilten ihre Kreuze, an denen sie aufgehängt werden sollten, selbst zu dem draußen vor der Stadt gelegenen Hinrichtungsplatz tragen — dem Hügel Golgatha.

Jesus trug jetzt eine Dornenkrone, die Ihm die römischen Soldaten wohl im Palast des Prokurators aufgesetzt hatten, als sie ihren Spott mit Ihm trieben. Man konnte Ihm ansehen, daß Er viel geschlagen worden war und daß Seine Kräfte immer mehr nachließen.

Johannes versuchte, mit Jesus Schritt zu halten. Obwohl sich rechts und links viele Menschen drängten, die das traurige Schauspiel sehen wollten, gelang es ihm auch, sich immer durch die Menge zu drängen, weil der Zug selbst, der schweren Kreuze wegen, die von den Verurteilten getragen wurden, nur langsam voran kam. Johannes hatte bemerkt, daß Jesus die Last des Kreuzes fast zu schwer wurde. Er war schon einige Male gestrauchelt und auch schon ein- oder zweimal zusammengebrochen. Jetzt gelangten sie in die Nähe des Stadttors, und Jesus, dessen Körper durch die vorangegangenen Verhöre und Schläge schon geschwächt war, brach wieder zusammen.

Die römischen Soldaten schimpften und fluchten deshalb. Um weiterzukommen, griffen sie sich einfach den nächsten Mann aus der zuschauenden Menge. Es war ein dunkelhäutiger Mann. Johannes erfuhr später, daß er Simon hieß und aus Kyrene nach Jerusalem zum Fest gekommen war. Dieser Simon mußte nun Jesu Kreuz tragen, da dieser es offensichtlich nicht mehr konnte. Das war keinesfalls Menschenfreundlichkeit von seiten der römischen Soldaten. Doch es hätte wohl einen schlechten Eindruck gemacht, wenn der Verurteilte vor Erschöpfung gestorben wäre, noch ehe der Richtplatz erreicht war.

Johannes wäre dem Meister gern selbst zu Hilfe gekommen und hätte Ihm das Kreuz abnehmen wollen. Doch als er sich Ihm näherte, wurde er von den römischen Soldaten roh zurückgestoßen und geschlagen.

Nun standen die drei Kreuze auf Golgatha — und an dem in der Mitte hing sein Herr und Meister. Johannes hatte nicht hinschauen wollen, als man Jesus ans Kreuz schlug und es dann aufrichtete. Er hatte gemeint, es nicht überstehen zu können. Doch dann war es ihm doch nicht gelungen, die Augen abzuwenden oder zu schließen. Als die Hammerschläge erklangen, war ihm, als träfe jeder Schlag sein eigenes Herz. Tiefstes Leid und gleichzeitig rasender Zorn über die Schergen mischten sich in seinem Herzen. Am liebsten wäre er auf die Soldaten losgestürzt und hätte sie mit bloßen Händen erwürgt. Doch waren sie wirklich die eigentlich Schuldigen? fragte er sich.

Über dem Kopf Jesu hing nach der Gewohnheit der Römer

eine Tafel am Kreuz, auf der die Ursache zu lesen war, weshalb man diesen Menschen verurteilt hatte. Auf der Tafel an Jesu Kreuz stand: „Jesus von Nazareth — der König der Juden.“ Die Pharisäer waren zu Pilatus gegangen und hatten gefordert, er solle nicht schreiben „Der König der Juden“, sondern daß Er von sich behauptet hätte, Er sei der König der Juden.

Doch Pilatus hatte sie unwirsch fortgewiesen und kurz erklärt: „Was ich geschrieben habe, das habe ich geschrieben.“

Was Johannes überhaupt nicht verstehen konnte und was ihn immer wieder zum Zorn reizte, war, daß der Spott des Volkes und der Haß der Pharisäer Jesus selbst hier am Kreuz noch verfolgte. Die Leute, die gekommen waren, verhöhnten Ihn, schüttelten den Kopf und riefen: „Ach, Du willst den Tempel niederreißen und in drei Tagen wieder aufbauen? Hilf Dir doch selbst, und steig herab vom Kreuz.“

Auch die Hohen Priester und die Schriftgelehrten verhöhnten Ihn und sagten: „Anderen hat Er geholfen, sich selbst kann Er nicht helfen. Der Messias, der König von Israel! Er soll doch jetzt vom Kreuz herabsteigen, damit wir sehen und glauben.“

Und dann geschah etwas, das Johannes nicht für möglich gehalten hätte. Mitten hinein in den Spott der Menschen rief Jesus vom Kreuz herab laut: „Vater, vergib ihnen, denn sie wissen nicht, was sie tun!“

Johannes fuhr auf, als er diese Worte aus dem Mund seines geliebten Meisters hörte, und betrachtete sich die Szene. Da standen die Juden und spotteten. Dort unter dem Kreuz hatten sich die römischen Soldaten gelagert, lachten und würfelten um die Kleider der Gekreuzigten. Und nun war von Vergebung die Rede. Johannes biß die Zähne zusammen! „Vergeben? Diesen Menschen, die seinen Herrn gekreuzigt hatten und auch jetzt noch so hart und lieblos waren? Niemals!“

Als Johannes sich jetzt näher unter den hier Stehenden umsah, erkannte er, daß nicht auf allen Gesichtern Gleichgültigkeit oder gar Hohn und Haß zu lesen war. Es gab auch nachdenkliche Mienen, und manche waren von Kummer oder Enttäuschung gezeichnet. Es standen also auch Menschen hier, die um Jesus trauerten. Vor allem fiel ihm auf, daß sich eine ganze Anzahl der Frauen, die mit den Jüngern Jesus nachgefolgt waren, hier am Kreuz eingefunden hatten. Auch seine eigene Mutter Salome war in dieser Gruppe. Jesus schien vom Kreuz her vor allem immer wieder zu einer der Frauen zu blicken, die auch in besonderer Weise vom Kummer ergriffen war. Johannes ging nun zu der Frauengruppe hinüber und erkannte in jener Frau, auf die der Meister immer wieder blickte, Maria, die Mutter Jesu. „Welch ein Leid muß doch jetzt in ihrem Herzen sein?" dachte Johannes, von tiefem Mitgefühl ergriffen.

Auch Jesus schien das Leid Seiner Mutter noch mehr zu bewegen als Seine eigene Not. Als Er jetzt Johannes bei den Frauen stehen sah, rief Er vom Kreuz herab mit vor Durst rauher und krächzender Stimme: „Frau, siehe, dein Sohn!" Dabei deutete Er mit dem Kopf auf Johannes. Anschließend sofort Johannes ansprechend, sagte Er: „Siehe, deine Mutter!" Dabei wandte Er den Blick wieder Maria zu.

Ein wenig verwirrt blickte Johannes zu seiner eigenen Mutter Salome. Doch in ihren Zügen war keinerlei Ärger oder Eifersucht zu erkennen. Ernst nickte sie ihrem Sohn zu, als wolle sie sagen: „Wir haben den Meister schon richtig verstanden. Er will mir ja meinen Sohn nicht wegnehmen, sondern möchte nur, daß du dich auch um Seine Mutter kümmerst, weil Er das nicht mehr kann."

Als Johannes dies begriff, fühlte er sich überwältigt und gedemütigt zugleich, weil er erkannte, wieviel Vertrauen Sein Herr und Meister ihm entgegenbrachte, ihm Seine Mutter anzuvertrauen. Er trat auf die einsame Frau aus Nazareth zu und legte ihr vorsichtig den Arm um die Schulter.

Es war nun schon um die Mittagszeit, als Johannes plötzlich mehr erstaunt als erschrocken wahrnahm, daß der Himmel sich ohne erkennbaren Grund auf eine seltsame Weise zu verfinstern begann. Es waren keine Wolken, die heraufzogen, sondern irgendwie schien es, als hätte die Sonne beschlossen, ihr Gesicht von der furchtbaren Szene hier auf Golgatha abzuwenden und der Erde nicht mehr ihr Licht zu spenden. Dazu begann ein unnatürlicher Wind zu blasen, der aus allen vier Himmelsrichtungen zu kommen schien und ein seltsam heulendes Geräusch verursachte. Und nun spürte Johannes, erst leise, dann immer heftiger, wie unter seinen Füßen der Boden zu beben begann.

Die Menschen rundum begannen vor Angst zu schreien und stürzten zu Boden. Auch Johannes konnte sich nicht mehr halten und fiel auf seine Knie.

Langsam verklang das Erdbeben wieder. Auch der Wind legte sich. Doch die seltsame Dunkelheit blieb. Für etwa drei Stunden war der Himmel schwarz. Kurz vor drei Uhr nachmittags begann der Wind wieder zu wehen, der bald zum Sturm wurde. Auch die Erde begann wieder leise zu beben. Und mitten hinein in den Aufruhr der Elemente, die nicht mit dem einverstanden zu sein schienen, was hier geschah, hörte Johannes jetzt vom Kreuz herab seinen Meister schreien: „Mein Gott! Mein Gott, warum hast Du Mich verlassen?!"

Stärker bebte jetzt die Erde. Johannes, der unmittelbar an das Kreuz herangetreten war, umklammerte es jetzt Halt suchend. Und wieder hörte er die Stimme Jesu vom Kreuz her, nur, daß dieses Mal so etwas wie Erleichterung mitzuklingen schien: „Vater, in Deine Hände befehle Ich Meinen Geist!"

Gleich darauf hörte Johannes den Herrn wieder rufen. Dieses Mal klang es aber eher wie ein Siegesschrei, als Jesus ausrief: „Es ist vollbracht!" Johannes hatte beim ersten Ton wieder zum Kreuz hinaufgeschaut. Er sah nun, wie nach dem letzten Wort der Kopf Jesu haltlos auf die Schulter fiel. Das Leben hatte den gepeinigten Körper verlassen.

Der Jünger war so auf seinen Herrn konzentriert gewesen, daß er nicht bemerkt hatte, was in den Minuten des Sterbens Jesu rundum geschah. Erst die Entsetzensschreie der anderen Menschen machten ihn wieder aufmerksam. Es schien noch finsterer geworden zu sein, wenn dies überhaupt möglich war. Blitze zuckten jetzt aus dem schwarzen Himmel und Donner grollten. Aber auch die Erde bebte so heftig, daß es in der Tiefe dumpf zu rollen begann. Breite Risse erschienen im Erdboden.

In der Stadt stürzten Häuser ein, und große Brocken fielen von der Stadtmauer herab.

„Herr! Meister!“ schrie Johannes. „Mein Herr! Mein Gott!“ Doch niemand hörte ihn. Die Menschen flohen erschreckt. Es schien ihm, als stünde er nur noch allein im Toben der Naturgewalten hier unter dem Kreuz und als habe Gott der Erde den Rücken gekehrt und wolle das Rufen der Menschen nicht mehr hören. Wieder blickte Johannes nach oben und betrachtete den am Kreuz hängenden leblosen Körper seines Herrn. Er wünschte in diesem Augenblick er wäre mit Ihm gestorben.

5. Kapitel

Johannes saß in der Ecke des großen Raumes, in dem Jesus mit ihnen noch vor zwei Tagen das Passahfest gefeiert hatte, und brütete stumm vor sich hin. Es war der Nachmittag des Sabbathtages. Er hatte sich den ganzen Tag kaum von diesem Platz fortbewegt. Immer wieder fragte er: „Warum? Warum mußtest Du sterben, Herr? Welchem Zweck soll Dein Tod dienen?“ Verwirrt grübelte er: „Du hättest es verhindern können, Herr. Du hattest die Macht dazu. Warum hast Du uns denn verlassen?“ Doch er fand keine Antwort und keinen Trost für sein leidgeplagtes Herz.

Noch gestern abend war er mit den Frauen hier in diesen Raum zurückgekehrt. Vorher hatte er noch geholfen, Jesu Leichnam vom Kreuz zu nehmen und in ein Grab zu legen. Einer der wenigen Pharisäer, die sich während der Gerichtsverhandlung auf Jesu Seite gestellt hatten, Joseph von Arimathia, war mutig zu Pilatus gegangen und hatte um die Erlaubnis gebeten, den Körper Jesu abzunehmen und zu beerdigen. Pilatus hatte es gestattet.

Das war noch am Nachmittag des Todestages vor Sonnenuntergang geschehen, und zwar in aller Eile. Denn mit dem Untergang der Sonne begann der Sabbath, da hätte hier in Jerusalem niemand auch nur einen Finger rühren dürfen. Auch Nikodemus, der mittlerweile auch ein Nachfolger Jesu geworden war, hatte noch mitgeholfen, den Leichnam Jesu in das Gartengrab Josephs von Arimathia zu bringen, das ganz in der Nähe des Hügels Golgatha lag. Das hatten sie mit vereinten Kräften gerade noch vor Anbruch des Sabbaths geschafft, und dann noch einen großen Stein vor den Eingang der Grabhöhle gewälzt. Dann war Johannes mit den Frauen hier in diesen Raum zurückgekehrt, in dem er nun die ganze Zeit saß und seiner Trauer nachhing.

Nach und nach hatten sich, wie auf eine geheime Verabredung, auch die anderen Jünger hier wieder eingefunden. Zuerst waren Jakobus und Andreas gekommen. Sie berichteten, sie hätten der Kreuzigung ebenfalls aus sehr weiter Entfernung zugeschaut. Dann kamen Philippus und Nathanael, und anschließend Petrus. Er kam allein und war in sehr niedergedrückter Stimmung. Als er einmal einige Minuten allein mit Johannes sprechen konnte, erzählte er ihm, daß er, der doch so mutig mit seinem Herrn hatte sterben wollen, aus Angst auf die Fragen einer Frau und eines Knechtes hin sogar abgestritten hatte, den Meister überhaupt zu kennen. Genau, wie Jesus ihm gesagt hatte.

Johannes hatte wohl bemerkt, wie Petrus darunter litt, daß er so feige gewesen war. Doch Johannes vergab ihm, so wie Petrus ihm damals seine unrechten Gedanken vergeben hatte, als er Jesus mit der Frau am Jakobsbrunnen in Samaria gesehen hatte.

Nach und nach waren auch die anderen Jünger gekommen, bis auf einen — Judas Ischariot. Die Jünger hatten mittlerweile schon erfahren, daß er durch seinen Verrat an Jesus so zerbrochen war, daß er seinem Leben selbst ein Ende machte. Er hatte sich erhängt. Auch diese Nachricht hatte nicht gerade dazu beigetragen, die Jünger zu ermutigen. Alle waren sie an diesem Sabbathtag lustlos, verzagt und bekümmert.

Wie schon am Tage der Kreuzigung, schienen auch heute die anwesenden Frauen mutiger und aktiver als die Jünger zu sein. Maria, die Mutter Jesu, und Johannes eigene Mutter Salome waren anwesend; außerdem noch Maria, die Schwester von Lazarus aus Bethanien und eine gewisse Maria Magdalena, aus der Jesus einmal sieben Teufel ausgetrieben hatte und die Ihm seither in Dankbarkeit und Treue nachgefolgt war.

Die Frauen beschäftigte schon den ganzen Tag der Gedanke, sie müßten Jesu Leichnam noch einbalsamieren, da dies am Freitag nachmittag der knappen Zeit wegen nicht mehr möglich gewesen war. Jetzt, am Spätnachmittag, kurz vor Sonnenuntergang und damit dem Ende des Sabbaths, machten sie sich zum Ausgehen fertig. Sobald nach Sonnenuntergang die Geschäfte wieder geöffnet waren, wollten sie gehen und einkaufen, was zur Einbalsamierung nötig war, da sie am nächsten Morgen ganz früh, sozusagen mit Sonnenaufgang, schon zum Grab wollten.

Johannes, der ab und zu bruchstückhaft ihren Unterhaltungen gelauscht hatte, mußte dabei voller Erstaunen feststellen, daß sie hier und da Andeutungen machten, als hofften sie vielleicht sogar noch auf ein überraschendes Ereignis, das alles ändern könnte. Johannes hatte sich über dieses „dumme Gerede" reichlich geärgert. Worauf sollte man wohl noch hoffen, jetzt, da der Meister tot war? Aber es waren eben Frauen, da konnte man nicht alles ernst nehmen, was sie schwätzten. Doch als er nach langem Grübeln spät in der Nacht doch endlich in einen unruhigen Schlaf fiel, war ihm in der Übergangsphase zwischen Wachen und Einschlafen, als stünde Jesus vor ihm und sagte: „Johannes, erinnerst du dich nicht mehr daran, daß Ich euch gesagt habe: »Alle Dinge sind in Meines Vaters Hand. Die Welt wird Mich nicht mehr sehen, aber ihr werdet Mich sehen...«" Johannes war aufgeschreckt. Dabei war ihm ein anderes Wort des Herrn eingefallen. Er hatte einmal gesagt: „Weil Ich lebe, werdet ihr auch leben. Ich werde euch nicht ohne Trost lassen, sondern wieder zu euch kommen." Waren es etwa diese Worte, die den Frauen Hoffnung machten? Mit diesem Gedanken war er eingeschlafen.

Johannes schreckte auf. Er wußte nicht recht, ob er wach war oder träumte. Jemand schien sanft an seiner Schulter zu rütteln. Es war noch dunkel im Raum, doch über ihn gebeugt stand schattenhaft eine Figur. „Meister...?" fragte er, an den Gedanken anknüpfend, mit dem er eingeschlafen war.

„Herr, wach auf, ich muß mit dir und mit Petrus reden." Das war eine Frauenstimme. Das machte Johannes vollends wach. Er richtete sich auf und versuchte, Haar und Kleidung ein wenig zu ordnen. „Was ist denn?" murmelte er ärgerlich.

„Ich bin es, Herr, Maria Magdalena."

Auch Petrus, der neben Johannes geschlafen hatte, war jetzt wach, denn sie hatte ihn ebenfalls geschüttelt. „Sprich, Frau", grollte der große Fischer leise.

„Herr, ich war am Grab, weil ich die Morgendämmerung nicht abwarten konnte. Ich mußte einfach gehen. Es trieb mich", erzählte sie atemlos und aufgeregt. „Als ich dort ankam, war der Stein vom Eingang der Grabhöhle weggerollt. Ich trat ein, konnte aber den Leib des Herrn nicht finden. Er ist weg, Herr."

„Weg?" fuhr Johannes auf und spürte, wie er am ganzen Körper zitterte. „Einfach weg, willst da sagen?"

„Ja. Jemand muß den Leib des Herrn aus dem Grab gestohlen haben. Und wir wissen nicht, wohin er gebracht wurde."

Petrus und Johannes, deren Augen sich mittlerweile an die Dunkelheit gewöhnt hatten, blickten sich ungläubig an. Ohne ein weiteres Wort sprangen beide auf, stürzten förmlich aus dem Raum, die Stufen hinunter auf die Straße und liefen, so schnell sie konnten, durch die noch leeren Straßen, durch das Tor und hinaus aus der Stadt zum Garten, in dem das Grab lag. Als sie am Hügel Golgatha vorüber eilten, packte Johannes wieder einmal der Zorn. „Diese Halunken von Pharisäern", platzte es aus ihm heraus. „Ist es nicht genug, daß sie Ihn getötet haben, konnten sie nicht wenigstens jetzt Seinen toten Leib in Ruhe lassen?"

Johannes war etwas schneller als Petrus, er war ja auch

jünger, und erreichte deshalb vor seinem Gefährten das Grab. Es war alles so, wie Maria Magdalena es gesagt hatte. Dunkel hob sich die offene Grabhöhle in der ersten Morgendämmerung, die soeben begann, von der Felswand ab. Neben der Höhle lag der große Stein. Schwer atmend lehnte sich Johannes dagegen und schaute ungläubig auf das offene Grab.

Nun erschien auch der atemlose Petrus. Zuerst blickte er auf das offene Grab, dann auf Johannes, der blaß vor Zorn an dem Stein lehnte und nicht wußte, was er sagen sollte. Petrus drehte sich wieder um, bückte sich und ging mit der Kühnheit, die ihn oft auszeichnete, in die dunkle Grabhöhle hinein.

Eine ganze Weile verging, während der es von Minute zu Minute heller wurde. Johannes fragte sich schon, was Petrus wohl so lange in dieser Höhle zu suchen hatte. Da hörte er ihn rufen: „Johannes, komm her!"

Petrus Stimme klang so, daß es Johannes kalt den Rücken hinunter lief. „Warum?" fragte er zögernd.

„Komm herein, das ist alles sehr seltsam."

Johannes nahm all seinen Mut zusammen, trat an den Eingang und schaute vorsichtig hinein. „Nun komm endlich, du Feigling", rief Petrus ungeduldig, „und schau dir das an."

„Was soll ich beschauen", ärgerte sich Johannes. „Es ist so, wie Maria Magdalena gesagt hat. Der Leichnam ist nicht hier."

„Aber warum sollten Diebe sich die Zeit nehmen und die Grabkleider wieder so ordentlich hinlegen? Kein Dieb der Welt täte das", entgegnete Petrus.

Jetzt trat Johannes doch ein und betrachtete alles sehr aufmerksam. Seltsam war es schon. Die Grabkleidung sah tatsächlich so aus, als habe der Tote sie nicht aufgebunden, sondern sie einfach verlassen. Aber wie konnte das sein? Plötzlich stand Lazarus vor Johannes Augen, wie er, in ähnliche Tücher eingebunden, in Bethanien lebendig sein Grab verlassen hatte. „Mein Herr!" seufzte er.

Wieder kamen Worte, die Jesus gesagt hatte, zu seinem Gedächtnis zurück. Waren sie wirklich so blind gewesen. Zitternd sank Johannes auf seine Knie. Petrus blickte ihn fragend an.

Doch Johannes fürchtete sich immer noch, zu glauben, was sein Herz ihm doch sagen wollte. Es wäre zu erstaunlich ... zu wunderbar... Dann stand plötzlich das Erlebnis vom gestrigen Abend, als er am Einschlafen gewesen war, wieder ganz lebendig vor ihm. Wie hatte der Meister gesagt: „Ich werde euch nicht ohne Trost lassen ... sondern wieder zu euch kommen...!" Johannes hatte immer geglaubt, dies sei geistlich gemeint. Aber konnte der Herr es auch buchstäblich im leiblichen Sinne gemeint haben? „Aber Herr, es war doch nur ein Traum", hauchte er. „Oder wolltest Du mich auf etwas vorbereiten?"

Nochmals blickte er auf die leeren Grabtücher. Und plötzlich gingen ihm die Augen auf. Er sah und erkannte alles so klar, wie er es vorher noch nie gesehen hatte... und er glaubte!

Johannes, Jakobus, Petrus und Andreas, die Fischer aus Galiläa, die alles verlassen hatten, um dem Nazarener zu folgen, waren nach Hause zurückgekehrt. Heute gingen sie mit drei anderen Jüngern des Herrn ruhig am Ufer von Kapernaum entlang. Leise, fast flüsternd, sprachen sie miteinander. Manchmal blieben sie stehen und schauten wissend in die Richtung, in der Jerusalem, die Heilige Stadt, lag.

Ihre leise geführte aber erregte Unterhaltung drehte sich immer nur um ein Thema, das seit fast zwei Wochen nun ihre ganze Seele erfüllte. Sie hatten Jesus gesehen! Ja — Er war von den Toten auferstanden, und sie hatten Ihn mit ihren eigenen Augen gesehen.

Zuerst war es ihnen schwer gefallen, der Botschaft Glauben zu schenken. Sogar Johannes, der als erster Glauben in die Worte Jesu fand, hatte seine Zweifel gehabt, als Maria Magdalena von Jesu körperlicher Anwesenheit im Garten berichtet hatte. „Sie war immer etwas schwärmerisch veranlagt", hatte Nathanael aller Gedanken in Worte gefaßt.

Doch dann war Jesus dem Petrus begegnet, und später an dem Tag zwei anderen von ihnen, die auf dem Weg nach

Emmaus waren, einem Dorf, nicht weit von Jerusalem entfernt. Und am Abend des Tages, und nochmals eine Woche später, war er ihnen allen gemeinsam in dem Raum erschienen, in dem sie sich in Jerusalem aufgehalten hatten. Dabei hatte der Meister ihnen gesagt, sie sollten vor Ihm her zurück nach Galiläa gehen. Wer konnte nun noch zweifeln.

Wahrhaftig, ihre Herzen waren voller Freude und Herrlichkeit. Alles war nun so ganz anders. Und doch, dachte Johannes mit leiser Wehmut, der Meister war nicht bei ihnen geblieben. Zuerst, als Jesus ihnen in Jerusalem begegnet war, hatte Johannes der Gedanke überwältigt, jetzt immer mit dem Meister beisammen zu sein. Doch irgendwie schienen die Gedanken des Herrn andere zu sein. Johannes konnte sie noch nicht ganz fassen, doch alles schien darauf hinauszulaufen. Doch hier, in Galiläa, wollte Er ihnen wieder begegnen, hatte Er gesagt. Und so waren sie voller Erwartung.

Petrus, der vor sich ihre Fischerboote liegen sah, mußte plötzlich daran denken, wie der Herr in Seinem Boot gewesen war und wie Er von dort aus gepredigt hatte. Auch der anschließende große Fischzug fiel ihm ein. „Ich werde fischen gehen", rief er, und rannte los.

Auch Johannes gefiel der Gedanke. „Wir kommen mit dir", rief er ihm nach. Alle folgten und bemannten wenige Augenblicke später eines von Petrus Booten. Wie Schuljungen griffen sie voller Begeisterung zu den Rudern und fuhren hinaus auf den See.

Der Morgen dämmerte über dem See in Galiläa. Langsam kamen die Jünger mit dem Boot zurück. Sie waren müde und enttäuscht. Nicht einen einzigen Fisch hatten sie in der langen Nacht gefangen. Verstanden sie ihr Handwerk nicht mehr, fragten sie sich. Hatten sie in der Zeit mit Jesus alles verlernt?

Als sie sich jetzt in der ersten grauen Morgendämmerung dem Ufer näherten, sahen sie dort einen einsamen Fremden stehen, der ihnen entgegenblickte. Als sie jetzt auf Hörweite heran waren, rief Er ihnen zu: „Meine Kinder, habt ihr nicht etwas zu essen?"

Die Jünger wunderten sich. Wie konnte ein Fremder sie in so vertrauter Weise anreden? „Nein", antworteten sie.

„Dann werft doch das Netz auf der rechten Seite des Bootes aus, und ihr werdet etwas fangen", rief Er wieder.

Wie lächerlich! Wieso konnte jemand so etwas wissen. Die Jünger lachten laut. Doch dann zuckte Petrus mit den Achseln und meinte: „Warum nicht? Was haben wir schon zu verlieren?" In weitem Bogen flog das Netz über die rechte Seite des Bootes hinaus ins Wasser und versank. Und plötzlich schien das Wasser lebendig zu werden von der unglaublichen Menge an zappelnden Fischen, die sich im Netz fingen. Das Lachen war verstummt. Mit größter Anstrengung gelang es ihnen nicht, das Netz einzuholen, so voll war es. „Wir müssen es zum Ufer schleppen, es ist ja nicht mehr weit", meinte Jakobus. Alle nickten und blickten sich staunend an.

Doch dann rief Johannes: „Es ist der Herr!" Daraufhin sprang Petrus in das Wasser und schwamm, so schnell er konnte, ans Ufer. Die anderen mühten sich mit dem Boot und dem vollen Netz. Doch Petrus half ihnen, als sie nahe genug heran waren.

Als sie ans Ufer traten, sahen sie ein Feuer, und darauf Fisch und Brot liegen. Jesus forderte sie auf: „Bringt auch von den frisch gefangenen Fischen noch her." Die Jünger taten es und setzten sich dann alle rund um das Feuer.

Nun sagte Jesus mit einer einladenden Handbewegung: „Ihr müßt sicherlich hungrig sein. Kommt her und eßt."

Sie lachten und freuten sich. Der Herr war bei ihnen und gab ihnen, was sie bedurften. Jesus nahm von dem Brot, brach es und teilte es aus. Ebenso gab Er ihnen von den Fischen.

Während Jesus dies tat, mußte Johannes daran denken, wie der Meister ihnen vor kurzer Zeit in Jerusalem das Passahmahl ausgeteilt hatte. Was war seither nicht alles geschehen? Doch das spielte jetzt alles keine Rolle, da der Meister, den er so liebte, anwesend war. Was immer noch kommen würde, wollte er in der Hand des Herrn lassen und sich einfach darüber freuen, mit Jesus Gemeinschaft zu haben. Der junge Rebell, der einmal ausgezogen war, um zu suchen — hatte gefunden!

Teil V

DAS EVANGELIUM

Jesus sagte noch einmal zu ihnen:
Friede sei mit euch!
Wie Mich der Vater gesandt hat,
so sende Ich euch
(Johannes 20, 21).

1. Kapitel

Die Stufen des Tempels in Jerusalem waren voller erregter und begeisterter Männer und Frauen. Als Johannes und Petrus sich ihren Weg durch die Menschen bahnten, wurde ihnen von allen Seiten zugejubelt. Überall in der Stadt, in der erst vor wenigen Wochen ihr Meister getötet worden war, schien den beiden führenden Aposteln Jesu Christi Anerkennung entgegenzuschlagen. Doch es hatte sich in den letzten Wochen auch wirklich viel ereignet. Johannes Herz wurde freudig bewegt, wenn er an all die Dinge der letzten Zeit dachte, die seine Seele mit soviel Mut und Zuversicht erfüllt hatten.

Nachdem Jesus ihm und den anderen Jüngern nach Seiner Auferstehung an jenem Morgen am See in Galiläa begegnet war, hatten die Jünger sich wieder aufgemacht und waren nach Jerusalem zurückgekehrt. Dort war, als sie eines Tages beim Abendessen saßen, Jesus wieder in ihre Mitte gekommen und hatte lange mit ihnen gesprochen. Er hatte all die Fragen beantwortet, die ihnen auf der Seele brannten.

Johannes war vieles, was ihm bis dahin unverständlich war, klar geworden. Er verstand nun, was Johannes der Täufer gemeint hatte, als er auf Jesus deutete und sagte: „Siehe, das ist Gottes Lamm, welches der Welt Sünde trägt." Jesus war also in die Welt gekommen, um für die Sünden der Menschen zu sterben. Der Meister hatte Sein Leben am Kreuz freiwillig geopfert aus diesem Grunde. Deshalb hatte Er damals zu Nikodemus gesagt: „Denn Gott hat die Welt so sehr geliebt, daß Er Seinen einzigen Sohn hingab, damit jeder, der an Ihn glaubt, nicht zugrunde geht, sondern das ewige Leben hat."

Was hatte Jesus doch damals noch zu Nikodemus gesagt, worüber sich alle gewundert und es nicht verstanden hatten: „Ihr müßt von neuem geboren werden." Das waren Seine Worte gewesen. Nun war Johannes klar, wie solches geschehen konnte, denn er hatte diese Wiedergeburt, dieses neue Leben aus dem Heiligen Geist, nach der Auferstehung Jesu empfangen, als der Meister an jenem Abend in Jerusalem in ihre Mitte gekommen war.

Endlich hatte Jesus noch gesagt: „Ihr seid Zeugen all dieser Dinge. Geht hinaus in die ganze Welt und verkündet das Evangelium allen Geschöpfen. Wer glaubt und sich taufen läßt, wird gerettet, wer aber nicht glaubt, wird verdammt werden. Und durch die, die zum Glauben gekommen sind, werden folgende Zeichen geschehen: In Meinem Namen werden sie Dämonen austreiben; sie werden in neuen Sprachen reden; wenn sie Schlangen anfassen oder tödliches Gift trinken, wird es ihnen nicht schaden; und die Kranken, denen sie die Hände auflegen, werden gesund werden."

Hier hatte der Herr eine Pause gemacht, als sei das, was jetzt folgte, besonders wichtig. Dann hatte Er gesagt: ,,Geht nicht weg von Jerusalem, sondern wartet auf die Verheißung des Vaters, die ihr von Mir vernommen habt. Johannes hat mit Wasser getauft, ihr aber werdet schon in wenigen Tagen mit dem Heiligen Geist getauft."

,,Herr", hatte Petrus gefragt, ,,stellst Du dann endlich das Reich Israel wieder her?" Alle hatten gespannt auf die Antwort gewartet und waren deshalb zunächst etwas enttäuscht, als der Herr erwiderte:

,,Euch steht es nicht zu, Zeiten und Fristen zu erfahren, die der Vater in Seiner Macht festgesetzt hat. Aber ihr werdet die Kraft des Heiligen Geistes empfangen, der auf euch herabkommen wird; und ihr werdet Meine Zeugen sein in Jerusalem und in ganz Judäa und Samarien und bis an die Grenzen der Erde."

Anschließend war Jesus mit ihnen auf den Ölberg gegangen, Johannes hatte unterwegs irgendwie gespürt, daß jetzt ein ganz besonderes Ereignis vor ihnen stand. Auf dem Ölberg angekommen, hatte Jesus segnend Seine Hände über ihnen erhoben und gesagt: ,,Mir ist alle Macht gegeben im Himmel und auf Erden. Seid gewiß, Ich bin bei euch alle Tage bis zum Ende der Welt." Und während Jesus sie noch segnete, war Er vor ihren Augen in den Himmel emporgehoben worden, bis sie Ihn in einer Wolke aus den Augen verloren.

Als sie noch standen und sich gegenseitig verwundert angeschaut hatten, waren plötzlich zwei Männer in weißen Kleidern bei ihnen gestanden und hatten gesagt: ,,Ihr Männer von Galiläa, was steht ihr da und schaut zum Himmel empor? Dieser Jesus, der von euch ging und in den Himmel aufgenommen wurde, wird ebenso wiederkommen, wie ihr Ihn habt zum Himmel hingehen sehen."

Staunen, Ehrfurcht und Freude hatten daraufhin ihre Herzen erfüllt — aber kein Kummer. Der Meister würde wiederkommen, hatten die beiden Fremden gesagt, die wieder verschwunden waren. Sicherlich würde das bald geschehen. Dann würde Er Sein Reich aufrichten, und sie würden mit Ihm regieren, wie Er es ihnen versprochen hatte.

Doch zunächst einmal hatte Jesus ihnen geboten, in Jerusalem zu warten. Das taten sie. Sie waren wieder in den Raum gegangen, in dem sie auch das Passahfest gefeiert hatten. Es hatte sich herumgesprochen, daß Jesus von den Toten auferstanden war, dadurch hatten sich nach und nach auch noch andere, die an Jesus glaubten, dort mit ihnen versammelt. Sogar Jakobus und Judas, die Brüder Jesu, glaubten deshalb nun an Ihn und waren nach Jerusalem gekommen, wo ja auch ihre Mutter Maria war.

Sie hatten nicht gewußt, in welcher Weise der Heilige Geist „auf sie" kommen sollte, wie Jesus es gesagt hatte. Am jüdischen Pfingstfest, 50 Tage nach Jesu Tod und Seiner Auferstehung, waren sie wieder beieinander gewesen, um zu beten. Sie waren mittlerweile auf 120 Gläubige angewachsen, die beieinander waren. Da kam plötzlich vom Himmel her ein Brausen, wie wenn ein heftiger Sturm daherfährt, und erfüllte das ganze Haus, in dem sie waren. Und es erschienen ihnen Zungen wie von Feuer, die sich verteilten; auf jeden von ihnen ließ sich eine nieder. Alle wurden mit dem Heiligen Geist erfüllt und begannen, in fremden Sprachen zu reden, wie es der Geist ihnen eingab.

Weil wieder Festtage waren in Jerusalem, hatten sich besonders viele Menschen in der Stadt versammelt. Eine große Anzahl von ihnen wurden Zeugen dieses Ereignisses und hörten nun, wie die Jünger in ganz verschiedenen Sprachen redeten. Über dieses seltsame Geschehen staunten alle sehr und fragten, ob diese Menschen eigentlich fast alle aus Galiläa kämen? Wie ist es, daß sie nun in so vielen verschiedenen Sprachen reden, wunderten sie sich? Einige fragten: „Was soll das wohl bedeuten?" Andere Zuschauer spotteten und sagten: „Sie sind vom süßen Wein betrunken."

Als die Jünger merkten, daß so viele staunende Menschen zusammenliefen, waren sie mutig zu ihnen gegangen, und Petrus, der immer mehr zu ihrem Wortführer wurde, hatte angefangen zu erklären, was hier geschah: „Ihr Juden und alle Bewohner von Jerusalem", hatte er begonnen, „dies sollt ihr wissen, achtet auf meine Worte! Diese Männer sind nicht betrunken, wie ihr meint; es ist ja erst die dritte Stunde am Morgen; sondern jetzt geschieht, was durch den Propheten Joel gesagt worden ist..."

So hatte Petrus die erste Predigt in der Geschichte der jungen Gemeinde Jesu Christi gehalten. Und die Apostel hatten Jerusalem buchstäblich im Sturm erobert. Die übernatürliche Kraft des Heiligen Geistes, von der die mutige Predigt von Petrus erfüllt war, hatte dazu geführt, daß sich an diesem Tage 3000 Menschen bekehrten und an Jesus gläubig wurden. Wahrhaftig, der Herr hatte Seine Jünger zu „Menschenfischern", gemacht, wie Er es ihnen damals am See in Galiläa gesagt hatte.

Es kamen bald so viele Menschen zusammen, daß sie nur noch in den Höfen des Tempels genügend Raum fanden. Dort versammelten sie sich täglich. Die Predigten der Apostel wurden dadurch bestätigt, daß sie im Namen Jesu und in der Kraft des Heiligen Geistes viele Zeichen und Wunder taten. Viele Kranke wurden geheilt, und unter denen, die sich zu Jesus bekehrten und sich taufen ließen, herrschte große Freude und herzliche Liebe und Einmütigkeit.

Das also war geschehen in den letzten Wochen, und deshalb gingen Johannes und Petrus auch heute wieder mit soviel Freude und Eifer in den Tempel. Als sie nun durch die Schöne Pforte in den Tempel eintreten wollten, wurden sie von einem Bettler angesprochen, der sie um Geld bat. Dieser arme Mann war von Geburt an gelähmt. Bekannte trugen ihn täglich an diesen Platz, damit er sich hier durch Betteln seinen Lebensunterhalt verdienen konnte.

Auch Johannes und Petrus hatten ihn schon manchmal gesehen, sich aber nie bewußt um ihn gekümmert. Doch da sie nun durch die Ereignisse der letzten Zeit in der Stadt bekannt geworden waren, sprach der Bettler sie direkt an. „Ihr Männer Jesu", rief er, „wollt ihr einem Armen kein Almosen geben?"

„Ob er auch an Jesus glaubt?" fragte Petrus leise.

„Ich weiß nicht", antwortete Johannes. „Aber es wäre schön, wenn wir etwas für ihn tun könnten."

„Du weißt selbst, daß wir kein Geld haben", erwiderte Petrus zögernd.

Die beiden Apostel sahen sich an. An dem Leuchten ihrer Augen erkannten sie, daß sie beide dasselbe dachten. Sie traten auf den Gelähmten zu. Dieser schaute sie hoffnungsvoll an. So bekannte Männer würden ihm sicher eine reichliche Spende geben. Petrus sagte: „Sieh uns an."

Erstaunt blickte der Bettler zu ihnen auf. Petrus sagte: „Silber und Gold besitze ich nicht. Doch was ich habe, das gebe ich dir: Im Namen Jesu Christi von Nazareth, gehe umher!"

Andere Menschen waren mittlerweile aufmerksam geworden und schauten gespannt zu, was geschehen würde. In dem verhärmten Gesicht des Bettlers erschien ein Schimmer von Hoffnung. Doch er war noch nie in seinem Leben auch nur einen Schritt gegangen, deshalb wußte er nicht, wie er es anstellen sollte, sich zu erheben. Als Petrus dies bemerkte, aber die Hoffnung in seinen Augen sah, streckte er ihm seine Hand entgegen, ergriff die rechte Hand des Gelähmten und richtete ihn auf.

Erstaunt, aber voller Vertrauen, stellte der Mann fest, daß er stehen konnte. Zitternd vor Freude tat er den ersten Schritt seines Lebens und begann dann, wie ein Kind, vorsichtig einen Fuß vor den anderen zu setzen. Bald ging er schneller, und endlich sprang und jubelte er. „Preis sei Gott!" schrie er so laut er konnte. Die Umstehenden stimmten in den Jubel ein. Der Geheilte kam zu Petrus und Johannes gelaufen und dankte ihnen überschwenglich.

Als die Apostel sahen, welch ein Aufsehen diese Heilung bewirkte, sagte Petrus: „Israeliten, was wundert ihr euch darüber? Was starrt ihr uns so an, als hätten wir aus eigener Kraft oder Frömmigkeit bewirkt, daß dieser gehen kann. Der Gott unserer Väter hat Seinen Sohn Jesus verherrlicht. Und durch den Glauben an Seinen Namen ist dieser Gelähmte gesund geworden. Also kehrt um und tut Buße, damit eure Sünden getilgt werden."

Der Jubel und die vielen Menschen, die zusammenliefen,

waren nicht unbemerkt geblieben. Deshalb kamen jetzt die Priester und die Sadduzäer mit dem Tempelhauptmann und einigen Soldaten herbei. Sie hörten kurz zu, was Petrus sagte. Als sie hörten, daß er von Jesus von Nazareth sprach, verhafteten sie ihn und Johannes, während er noch predigte. Rücksichtslos wurden die beiden Apostel aus der Mitte ihrer Zuhörer weggezerrt.

Da es schon gegen Sonnenuntergang war, konnte an diesem Tag keine Verhandlung mehr angesetzt werden. Deshalb wurden die beiden Apostel in eine der Zellen gesperrt, die unterhalb des Tempels in den Fels gehauen waren. Hier wurden gewöhnlich solche Leute gefangen gehalten, die sich religiöser Vergehen schuldig gemacht hatten. Auch Jesus wäre wahrscheinlich damals hier eingekerkert worden, wenn man Seinen Prozeß nicht in so großer Eile in den wenigen Nachtstunden zu Ende gebracht hätte.

Während die beiden Apostel im Gefängnis saßen und es draußen langsam dunkel wurde, unterhielten sie sich besorgt, was wohl ihre Gefährten unternehmen würden. Sie waren beide ehrlich genug, sich zuzugeben, daß sie ein wenig Angst hatten, weil sie die bösen Absichten der Priester und Pharisäer kannten. Durch all die Geschehnisse der letzten Wochen war der Zorn der Obersten des Volkes wieder geweckt worden. Sie hatten geglaubt, mit der Kreuzigung und dem Tod Jesu würden sie Ruhe bekommen. Doch bald hatten sie bemerkt, daß sie dadurch ihr Ziel keinesfalls erreicht hatten. Es schien eher so zu sein, daß es in den letzten Wochen, vor allem seit dem Pfingstfest, mit den Anhängern dieses Jesus von Nazareth in Jerusalem ärger gewesen war als je zuvor.

Johannes und Petrus wußten, daß sie beide als die Führer der Anhänger des Nazareners angesehen wurden. Die Priester und Pharisäer waren deshalb bestimmt schon dabei, finstere Pläne gegen sie zu schmieden. Das alles ging den beiden Aposteln durch den Sinn, als sie in dem kalten und feuchten Kerker saßen.

Nachdem sie sich lange unterhalten hatten, meinte Petrus:

„Sag, Johannes, hättest du damals, als du Jesus kennenlerntest, geglaubt, daß du um Seinetwillen einmal im Gefängnis sitzen würdest?"

Johannes schwieg lange. Endlich antwortete er: „Nein, damals nicht. Aber in der Zwischenzeit ist mir wohl klar geworden, daß man uns mit dem gleichen Haß verfolgen wird wie den Meister. Aber der Herr ist für mein Leben so wichtig geworden und ich habe Ihn so lieb, daß ich bereit bin, alle Schwierigkeiten auf mich zu nehmen, die uns um Seines Namens willen begegnen werden."

Johannes und Petrus standen allein in der Mitte des großen Versammlungssaals des Sanhedrins. Ihre Hände waren gebunden. Annas, Kaiphas und andere Priester, die als Ankläger fungierten, saßen an einem erhöhten Tisch. Es waren mehr Pharisäer, Älteste und Schriftgelehrte versammelt als üblich, um die beiden Apostel zu verhören; sogar mehr als in den Verfahren gegen Johannes den Täufer und Jesus. Daran konnte man erkennen, wie sehr Jerusalem durch die Geschehnisse der letzten Wochen aufgewühlt worden war. Johannes fragte sich, wo unter den vielen Männern wohl sein Vater stehen mochte. Sein Herz war bekümmert, als er an ihn dachte. Doch da er gebunden und von Soldaten bewacht war, konnte er sich nicht umsehen.

Auch der Gelähmte, der am Tag vorher geheilt worden war, befand sich in dem Saal. Da die meisten ihn von der Schönen Pforte her kannten, konnte niemand das Wunder leugnen, das an ihm geschehen war. Das wurde auch nicht bestritten. Statt dessen wurden die beiden Apostel gefragt: „Mit welcher Kraft und in wessen Namen habt ihr das getan?"

Petrus, erfüllt mit dem Heiligen Geist, antwortete: „Ihr Führer des Volkes und ihr Ältesten! Wenn wir heute wegen einer guten Tat an einem kranken Menschen darüber vernommen werden, durch wen er geheilt worden ist, so sollt ihr alle und das ganze Volk Israel wissen: im Namen Jesu Christi von Nazareth, den ihr gekreuzigt habt und den Gott von den Toten auferweckt hat. Durch Ihn steht dieser Mann gesund vor euch. Jesus ist der Stein, der von euch Bauleuten verworfen wurde, der aber zum Eckstein geworden ist. Und in keinem anderen Namen ist das Heil zu finden. Denn es ist uns Menschen kein anderer Name unter dem Himmel gegeben, durch den wir gerettet werden sollen."

Eine ganze Zeit herrschte nach diesen Worten Stille. Dann fragte Annas: „Ihr wart Jünger des Nazareners?"

„Ja", antwortete Johannes, „wir waren es und sind es noch!"

Kaiphas war unsicher, was er nun tun sollte, deshalb ließ er die beiden Apostel und den Geheilten aus dem Saal bringen, um mit dem Sanhedrin zu beraten. Nach einer ganzen Weile wurden sie wieder hineingerufen und Kaiphas erklärte: „Unzweifelhaft ist an dem Gelähmten ein großes Wunder geschehen. Doch ist es sicher unser großer Gott Jahwe gewesen, der ihn geheilt hat, deshalb gebührt auch Ihm allein die Ehre dafür."

Er machte einen Augenblick Pause und schaute die Apostel streng an. „Wir haben deshalb beschlossen, euch freizulassen. Doch müssen wir euch streng verbieten, jemals wieder im Namen Jesu von Nazareth zu predigen oder zu lehren."

Wieder ergriff Johannes das Wort und antwortete: „Ob es vor Gott recht ist, mehr auf euch zu hören, als auf Gott, das entscheidet selbst. Wir können unmöglich schweigen über das, was wir gesehen und gehört haben."

Zornig fuhr Annas sie an: „Wir sind die Diener des allmächtigen Gottes. Wenn ihr uns mit eurer rebellischen Gesinnung herausfordert, werdet ihr es noch bitter bereuen." Mit einer Handbewegung wurden sie entlassen. Die Soldaten banden sie los und führten sie hinaus.

2. Kapitel

Johannes Herz war voller Freude, weil sie frei waren. Als er mit Petrus durch die Straßen Jerusalems ging, wurden sie von vielen erkannt und freudig begrüßt. Von allen Seiten wurden ihnen Glückwünsche zugerufen. Doch noch mehr wurden ihre Herzen bewegt durch die Nachricht, die ihnen andere Jünger schon unterwegs erzählten: Die Zahl der an Jesus gläubig gewordenen Männer war durch die Heilung des Gelähmten nun schon auf über fünftausend angestiegen. Da nach der Sitte der damaligen Zeit nur die Männer in solchen Fällen besonders gezählt wurden, kann man sich leicht vorstellen, daß die Zahl der Gläubigen weit über zehntausend gelegen haben muß, wenn es schon mehr als 5000 Männer waren.

Petrus schlug bei dieser Nachricht Johannes begeistert auf die Schulter und rief: „Was soll uns wohl jetzt noch aufhalten können?"

„Scheinbar nichts mehr", antwortete Johannes lächelnd.

Bald erreichten sie das große Haus mit dem Saal des Passahmahles. Dort wurden sie von allen versammelten Gläubigen, soweit diese ihnen nicht schon auf die Straße entgegengekommen waren, herzlich begrüßt. Jakobus drängte sich bald mit ernstem Gesicht zu Johannes und sagte: „Ich habe dich sehr vermißt, Bruder."

Am Tonfall merkte Johannes, daß etwas nicht in Ordnung war. Er schaute sich um und vermißte jetzt erst Maria von Nazareth, die Mutter Jesu, und seine eigene Mutter Salome. „Was ist geschehen?" dachte er besorgt. Er wollte gerade Jakobus fragen, kam aber nicht dazu, weil die Gläubigen alle zu sehr drängten, sie sollten erzählen, wie es ihnen ergangen war.

Petrus begann ausführlich zu berichten und erzählte zum Schluß auch, daß der Sanhedrin ihnen verboten hatte, weiter im Namen Jesu zu predigen. Als er das gesagt hatte, stellte sich Jakobus zwischen die beiden Freigelassenen, legte seine Arme um ihre Schultern und begann laut zu beten: „Herr, unser Gott, Du hast den Himmel, die Erde und das Meer geschaffen und alles, was dazugehört... Nun gib Deinen Knechten die Kraft, mit allem Freimut Dein Wort zu verkündigen. Strecke Deine Hand aus, damit Heilungen und Zeichen und Wunder geschehen durch den Namen Deines heiligen Knechtes Jesus."

Die Versammelten wurden so von Jakobus inbrünstigem Gebet gepackt, daß viele ihre Arme zum Himmel emporhoben und laut mit einstimmten. Jeder flehte laut zu Gott, so wie es ihm gerade auf dem Herzen lag. Während sie so einmütig beteten, schien sich fast das Wunder von Pfingsten zu wiederholen, denn die Stätte bewegte sich und sie wurden alle mit dem Heiligen Geist erfüllt. Durch dieses großartige Erlebnis bekamen sie Kraft und Freudigkeit, überall Gottes Wort und den Namen Jesu zu verkündigen.

Johannes mußte immer an die besorgten Worte seines Bruders denken. Während die anderen noch beteten, wandte er sich leise an ihn und fragte: „Jakobus...?"

Dieser verstand ihn und nickte: „Komm mit." Er führte Johannes in einen kleinen Raum, in dem es fast dunkel war.

Während sich Johannes Augen an die Dunkelheit gewöhnten, erkannte er, daß seine Mutter auf einem Bett lag und weinte. Maria von Nazareth saß neben ihr und sprach ruhig auf sie ein. „Jakobus, was ist geschehen?" fragte er.

„Bruder, schlechte Nachricht hat uns erreicht", erwiderte Jakobus. „Unser Vater ist tot." Johannes fühlte, wie er zu zittern begann.

Jakobus berichtete, daß ein Diener ihnen am gestrigen Abend noch die Nachricht gebracht hatte. Zebedäus war, nachdem ihn auch Salome verlassen hatte, immer verbitterter geworden. Er hatte fast die ganze Dienerschaft entlassen und als einsamer und verhärteter Mann gelebt. Nun war er für die Versammlung des Sanhedrins nach Jerusalem gekommen, offensichtlich aber schon in der Nacht vorher allein in dem Haus der Familie in seinem Bett gestorben. Als der Diener ihn gestern Nachmittag gefunden hatte, war er schon einige Zeit tot. „Dann ist er also gar nicht zu der Verhandlung heute vormittag gewesen“, dachte Johannes erschüttert, als er jetzt zu seiner Mutter trat. Er ergriff ihre Hände und stand schweigend eine ganze Zeit neben ihrem Bett.

„Johannes“, flüsterte Salome, „bist du hier?“

„Ja, Mutter“, sagte er leise. „Ich bin hier. Versuche jetzt ein wenig zu schlafen.“ Daß ihr jüngerer Sohn wieder frei war und es ihm gut ging, schien Salome sehr zu beruhigen.

Nach einiger Zeit löste er seine Hände von denen seiner Mutter und überließ sie der Fürsorge Marias. Leise verließ er mit Jakobus den kleinen Raum. Als sie draußen standen, fragte er: „Jakobus, was ist mit Vaters Seele? Wo, glaubst du, ist er jetzt?“

Jakobus blickte ihn nur traurig an, gab aber keine Antwort.

Es war Jahre her, seit Johannes das in Familienbesitz befindliche Haus in Jerusalem betreten hatte. Seit er zuerst zu Johannes dem Täufer gegangen war, war er nicht mehr hier gewesen. Als er es jetzt wieder betrat, kehrten viele frohe Erinnerungen aus seiner Kindheit in sein Gedächtnis zurück. Die Familie hatte das Haus meist während der Festzeiten oder auch während der Sitzungen des Sanhedrins benutzt. Hier hatte Johannes an seiner ersten Passahfeier im Familienkreis teilgenommen und auch am ersten Hanukkah-Fest, an das er sich erinnern konnte. Auch die Feierlichkeiten zu seinem persönlichen Bar Mitzbah, als er in die Gemeinschaft der Männer Israels aufgenommen wurde, hatten in der nahe gelegenen Synagoge und hier im Hause stattgefunden.

Als er nun durch das Haus ging, stellte er fest, daß Zebedäus es in den letzten Jahren sehr vernachlässigt hatte. Es machte einen unordentlichen, ja sogar schmutzigen und heruntergekommenen Eindruck. Doch seine Mutter Salome und Maria von Nazareth sowie einige andere Frauen aus der Gemeinde der Gläubigen in Jerusalem waren im Haus eifrig an der Arbeit, um es zu säubern und wieder ordentlich einzurichten.

Seit die Gemeinde immer mehr wuchs, wurde es laufend

schwieriger, mit so vielen Menschen in dem großen Haus zu wohnen, in dem sie gleich nach Jesu Tod wieder Zuflucht gefunden hatten, vor allem, da Maria von Nazareth und seine Mutter auch älter wurden und manchmal doch etwas mehr Ruhe brauchten. Vor allem für Maria war das Leben mit den vielen Gläubigen manchmal aufreibend, da sie als Mutter Jesu laufend gefragt wurde, wie der Herr denn in Seiner Kindheit und Jugendzeit gewesen sei, und vieles andere mehr. Die Fragen wollten da kein Ende nehmen. Man konnte das wohl verstehen, aber es war auf die Dauer recht ermüdend.

Deshalb war Johannes froh, daß sie ihr eigenes Haus nach dem Tod von Zebedäus nun wieder benutzen und darin wohnen konnten. Das andere Haus wurde immer mehr zum Zentrum der wachsenden Gemeinde. Es war wirklich ein großes Anwesen. Der Besitzer, ein sehr wohlhabender Mann, hatte auch zur Gemeinde gehört und ihr das Haus geschenkt. Kürzlich war er selbst gestorben.

All diese Gedanken gingen Johannes durch den Kopf, als er jetzt einen Raum nach dem anderen inspizierte. Auch ihr Haus in Jerusalem war nicht gerade klein, sondern groß und repräsentativ genug für ein Mitglied des Sanhedrin. Aus dem letzten Raum in einem Seitengang hörte er Frauenstimmen. Als er hineinschaute, sah er Maria von Bethanien mit einer Dienerin. Die beiden Frauen mühten sich, einen alten Vorhang, der sehr schmutzig war, vom Fenster zu nehmen.

Als Johannes so überraschend Maria erblickte, die schöne Schwester von Lazarus, begann sein Herz höher zu schlagen. Deshalb blieb er in der Tür stehen und schaute den beiden unbemerkt zu. Maria war bei der Arbeit das Kopftuch heruntergerutscht. Als sie den schweren Vorhang jetzt mit einem letzten Ruck herunterriß und ihm der Dienerin mit den Worten übergab: „Hier, schaffe das schmutzige Ding fort", drehte sie sich um und bemerkte Johannes.

Beschämt schlug sie die Augen nieder, denn es schickte sich nicht für eine unverheiratete Frau, in der Gegenwart eines Mannes ohne Kopftuch zu sein. Sie stieg vom Stuhl herunter, schüttelte den Staub vom Gewand und wollte das Kopftuch wieder aufsetzen. Dabei sagte sie: „Verzeih mir, Herr.“

Johannes mußte lächeln. „Laß nur“, meinte er fröhlich, „für mich siehst du so hübsch genug aus.“

3. Kapitel

Der Wunder, die durch die Hände der Apostel geschahen, wurden immer mehr. Seit der Verhandlung vor dem Sanhedrin gingen Petrus und Johannes mit anderen Aposteln und Gläubigen täglich zum Tempel, um dort in Salomos Halle zu predigen. Niemand hatte sie bisher wieder gehindert. Der Heilige Geist wirkte so mächtig durch die Apostel, daß nicht nur aus Jerusalem, sondern sogar schon aus dem ganzen Land Kranke und Gebrechliche gebracht wurden. Man legte sie so an die Straßen und den Eingang des Tempels, den die Apostel gewöhnlich benutzten, daß ihr Schatten auf die Kranken fallen mußte, wenn sie vorübergingen. Allein dadurch wurden viele gesund.

Doch die Führer des Volkes waren nun zu dem Schluß gekommen, daß jetzt etwas unternommen werden mußte, wenn sie ihren Einfluß nicht völlig verlieren wollten. Auch an diesem Tag waren, seit die Apostel und ihre Mitarbeiter in der Halle Salomos waren, wieder ungezählte Wunder geschehen. Gegen Mittag trat der Sanhedrin zusammen, um zu beraten, was zu geschehen hatte. Man war sich schnell einig, die Apostel und ihre Mitarbeiter gefangenzusetzen.

Es war am frühen Nachmittag, als im Tempelhof die harten und gleichmäßigen Schritte einer großen Schar nahender Soldaten zu hören waren. Da tauchten sie auch schon auf und rückten in den großen Hof ein. Es waren einige hundert, geführt von ihren Offizieren. Die Priester hatten eine so große Zahl geschickt, weil sie fürchteten, das Volk könnte einen Aufruhr veranstalten, wenn zu wenige kämen.

Dann ging alles sehr schnell. Mit vorgehaltenen Waffen bahnte sich eine starke Schar der Soldaten den Weg bis zur Gruppe der Apostel und anderen Mitarbeitern, nahmen sie ohne große Worte gefangen und führten sie fort.

Wieder befanden sich Johannes und Petrus in einem Gefängnis. Doch war es dieses Mal eine größere Zelle, weil man mit ihnen ja etliche der anderen Apostel und Gläubigen ebenfalls eingesperrt hatte. Doch trotz dieser Umstände waren alle getrost und frohen Mutes. Sie beteten und sangen, so daß das Gefängnis erfüllt wurde mit Lobliedern zur Ehre Gottes.

Einer der wachhabenden Soldaten, der sich offensichtlich darüber ärgerte, trat an das Gitter und schrie: „Wenn sie erst kommen und euch holen, werdet ihr nicht mehr so singen."

„Was willst du damit sagen?" fragte Petrus.

„Da gibt es nicht viel zu sagen. Wir haben gehört, daß ihr alle sterben sollt, da ihr die Anführer dieser Aufrührer seid."

Nun schauten sie sich doch ein wenig besorgt an, und für einige Augenblicke verstummte das Singen und Beten. Doch der Apostel Jakobus faßte sich als erster wieder und rief dem Soldaten zu: „Wenn dies wahr ist, könnte uns keine größere Ehre zuteil werden, denn wir befänden uns dann in der Gesellschaft Johannes des Täufers und Jesus' von Nazareth."

Das ermutigte auch die anderen wieder, und bald begannen die Loblieder und Gebete aufs neue.

Während der Nacht wurden die schweren Tore des Gefängnisses verschlossen. Die Wachen standen nur noch draußen vor den geschlossenen Toren, aber nicht mehr im Zellengang. Auch die gefangenen Gläubigen wurden langsam müde, einer nach dem anderen schlief ein. Johannes fiel in einen unruhigen leichten Schlaf. Doch plötzlich schreckte er auf. Ein seltsames Geräusch hatte ihn geweckt. Da war es wieder! Es klang, als würden schwere eiserne Riegel zurückgezogen. Wie spät mochte es sein, überlegte Johannes. Sicher schon weit nach Mitternacht. Wieder war es zu hören. Das leise kratzende und schleifende Geräusch war in der Finsternis richtig unheimlich.

Leise weckte Johannes Petrus und Jakobus, die neben ihm schliefen. „Hört einmal", flüsterte er, „die Tore werden geöffnet."

„Jetzt kommen sie wohl, um uns zu holen", antwortete Jakobus ebenso leise. „Bei Tage wagen sie es der Menschen wegen nicht."

Johannes ging zur Zellentür und stellte verwundert fest, daß sie offen war. Vom großen Gefängnistor her war jetzt leichter Lichtschein zu sehen, als würde es ebenfalls geöffnet. Auch ihre gefangenen Mitbrüder erwachten jetzt. Mutiger geworden ging Johannes zu dem großen Tor. Tatsächlich, es stand einen Spalt offen. Er öffnete es weiter und blickte hinaus. Kopfschüttelnd meinte er dann: „Das ist recht seltsam, Brüder. Ich sehe keine Wachen und auch keine Fackeln. Das Licht muß eine andere Ursache haben. Fackeln können es nicht sein, es sei denn, Fackeln brennen neuerdings leuchtend weiß."

In diesem Augenblick wurde die Tür von außen weiter aufgestoßen. Ein Wesen, das in strahlend weißes Feuer gehüllt schien, trat ein, grüßte sie und sagte dann: „Geht, tretet wieder im Tempel auf und verkündet dem Volk alle Worte dieses Lebens!"

Am nächsten Morgen versammelte sich der Sanhedrin zeitig, um die gefangenen Anhänger des Nazareners zu verurteilen. Kaiphas gab Befehl, sie vorzuführen. Es dauerte ungewöhnlich lange, bis die Soldaten zurückkehrten. Sie waren völlig verstört, aber allein.

„Wo sind die Gefangenen?" wollte Kaiphas wissen.

Verwundert und erschrocken standen die Soldaten und Offiziere da. Endlich faßte sich einer ein Herz und antwortete kleinlaut: „Wir gingen zum Gefängnis und fanden alle Tore und Türen sorgfältig verschlossen und die Wachen vor den Toren stehen; als wir aber öffneten, fanden wir niemand darin."

Ratlos schauten sich die Priester, Pharisäer und Schriftgelehrten gegenseitig an. Ein aufgeregtes Murmeln erhob sich unter den Versammelten. Kaiphas selbst schien langsam zornig zu werden. Doch noch ehe er seiner Wut Ausdruck verleihen konnte, erschien ein anderer Offizier und berichtete: „Ehrwürdige Männer! Die Männer, die ihr ins Gefängnis geworfen habt, stehen im Tempel und lehren das Volk."

Trotz der vielen Wunder, die geschahen, begannen nach und nach schwere Zeiten für die junge Gemeinde in Jerusalem. „Aber wir müssen Gott mehr gehorchen als den Menschen", wurde bald die Parole der Gläubigen.

Dieses Wort hatten die Apostel dem Sanhedrin vorgehalten, als man sie an dem Tag, als sie von dem Engel aus dem Gefängnis befreit worden waren, wieder dorthin brachte und fragte, warum sie trotz des Verbotes weiter im Namen Jesu von Nazareth predigten. Kaiphas war so zornig gewesen, daß er die Apostel auspeitschen ließ.

Als im Sanhedrin beraten wurde, was zu tun sei, war ein ob seiner Klugheit hoch geachteter Pharisäer mit Namen Gamaliel aufgestanden und hatte geraten: „Laßt von diesen Männern ab und gebt sie frei; denn wenn dieses Vorhaben oder dieses Werk von Menschen stammt, wird es zerstört werden; stammt es aber von Gott, so könnt ihr sie nicht vernichten, sonst werdet ihr noch als Kämpfer gegen Gott dastehen."

Dieser kluge Rat hatte allen eingeleuchtet, und man hatte danach gehandelt. Die Apostel freuten sich, daß sie würdig gewesen waren, um Jesu Namen willen Schläge zu ertragen. Sie ließen nicht nach, im Tempel und in den Häusern Tag für Tag weiter das Evangelium von Jesus Christus zu verkündigen. Immer mehr Menschen bekehrten sich, und die Gemeinde wuchs weiterhin zusehends.

Doch ironischerweise wurde durch die Fürsprache desselben Mannes, der durch seinen klugen Rat die Apostel vor dem Tod gerettet hatte, ein bisher recht unbekannter junger Mann Mitglied im Sanhedrin, der bald der größte Verfolger der jungen Gemeinde Jesu werden sollte. Sein Name war Saulus von Tarsus. Er nahm den Platz des kürzlich verstorbenen Zebedäus von Kapernaum ein.

Saulus war aus einer weit entfernten Hafenstadt der römischen Provinz Zilicien nach Jerusalem gekommen und deshalb hier nicht sehr bekannt. Doch innerhalb weniger Monate, nachdem er den Sanhedrinsitz übernommen hatte, breiteten sich sein Ruf und sein Einfluß sehr schnell aus. Er war klein und untersetzt, mit Augen voller Eifer für den Judaismus und voller Haß für die Nachfolger Jesu. Er nahm sich vor, die junge Gemeinde restlos zu zerstören. Eine seiner ersten Taten war es, Männer aufzuhetzen, die Stephanus, einen der geisterfülltesten Diakone und Führer der Gläubigen, steinigten.

Johannes war bei der Steinigung von Stephanus nicht zugegen gewesen. Doch andere Gläubige hatten ihm hinterher erzählt, daß der treue Zeuge mit den Worten „Herr, rechne ihnen diese Sünde nicht zu“ unter dem Steinhagel seiner Feinde gestorben war.

Nach der Steinigung des Stephanus brach, hauptsächlich angestachelt durch den rasenden Haß des Saulus von Tarsus, eine wütende Verfolgung über die Gemeinde Jesu herein. Saulus drang mit den Soldaten, die ihm der Hohe Priester zur Verfügung gestellt hatte, in alle Häuser ein, von denen man wußte, daß darin Jesusnachfolger wohnten. Er ließ sie plündern und verhaftete die Gläubigen — Frauen und Männer —, um sie vor Gericht zu stellen. Man wußte, daß er die Schwachen dazu zwang, Gotteslästerungen auszusprechen, um sie verurteilen zu können. Solche, die treu an Jesus festhielten, ließ er schrecklich foltern. Viele Gläubige wurden in dieser Verfolgungszeit getötet.

Es war allerdings erstaunlich, daß die Soldaten weder das große Haus, das den Gläubigen geschenkt worden war, noch das Haus, das jetzt Johannes und Jakobus gehörte, jemals aufgesucht hatten. Auch die Apostel selbst waren während dieser Verfolgungszeit durch die Gnade des Herrn bisher bewahrt geblieben. Sie hielten sich alle noch in Jerusalem auf, während viele andere Gläubige die Stadt verlassen hatten und nun hin und her verstreut im ganzen Lande wohnten.

Johannes und Jakobus hatten auch Jesu Mutter und Salome auf geheimen Wegen aus der Stadt und nach Kapernaum zurückgebracht. Dort wohnten sie in dem alten Haus der Familie, bis sie einmal sicher nach Jerusalem zurückkehren konnten. Auch die drei Geschwister aus Bethanien, Maria, Martha und Lazarus, waren mit ihnen gegangen, um für sie zu sorgen.

Johannes und Jakobus waren nach Jerusalem zurückgekehrt, um mit den anderen Aposteln dort auszuhalten und die Gläubigen zu betreuen, die ebenfalls in der Stadt geblieben waren.

4. Kapitel

Als Johannes daran dachte, wieviel Überwindung es ihn damals gekostet hatte, nach Samarien zu gehen, obwohl dort sein geliebter früherer Herr, Johannes der Täufer, sich aufhielt, so mußte er jetzt noch den Kopf schütteln, weil er nun auf dem Weg dorthin war, um den Samaritern die gute Botschaft von Jesus zu bringen. Doch es war wirklich so.

Eine ganze Anzahl der Gläubigen, die aus Jerusalem geflohen waren, hatten Zuflucht in Samaria gesucht, weil sie wußten, daß der orthodoxe Pharisäer Saulus dorthin ganz gewiß nicht kommen würde; dazu verachtete er die Samariter viel zu sehr. Durch das Zeugnis dieser Gläubigen waren nun viele Samariter zum Glauben an Jesus gekommen.

Tatsächlich hatte die Flucht der Jesusanhänger aus Jerusalem dazu beigetragen, daß die Botschaft von Jesus im ganzen Lande bekannt wurde. Die Flüchtlinge waren wie guter Same gewesen, der auf fruchtbares Land ausgestreut wird. Überall, wohin sie kamen, bildeten sich neue Gemeinden von Gläubigen.

Es war für Johannes nur schwer zu verdauen gewesen, daß Samariter nun seine Brüder im Glauben sein sollten. Doch vor allem der Diakon Philippus hatte große evangelistische Erfolge in Samaria gehabt. Als klar wurde, daß es weiterer Lehre für die

Neubekehrten dort bedurfte, hatten die Apostel in Jerusalem beschlossen, Petrus und Johannes seien die richtigen Männer für diese Aufgabe.

So waren die beiden Apostel nun unterwegs. Sie reisten bei Nacht und hielten sich am Tag verborgen, um den Spionen, die Saulus überall in Judäa hatte, nicht aufzufallen. Als sie endlich in der dritten Nacht die Grenze nach Samaria überschritten, atmeten sie auf. Hier waren sie vor Saulus Häschern sicher. Kopfschüttelnd wandte Johannes sich an seinen Gefährten: „Weißt du, Petrus, hätte mir früher jemand gesagt, ich würde einmal froh sein, Samaria erreicht zu haben, den hätte ich für verrückt erklärt." Nachdenklich fügte er hinzu: „Was werde ich wohl in der Nachfolge des Meisters noch alles lernen müssen?"

Obwohl sie nun schon mehr als eine Woche in Samaria waren, wunderte sich Johannes immer noch darüber, wie freundlich und warm sie von den Gläubigen hier aufgenommen wurden, obwohl sie Juden waren. Überall hatte der Herr ihren Dienst gesegnet, und ihr Ruf lief ihnen in der ganzen Provinz voraus. Doch die Apostel erwarteten trotzdem nicht, daß immer alles ohne Schwierigkeiten abgehen würde.

Heute näherten sie sich der großen Stadt Sebaste. Philippus hatte vor einem gewissen Simon, einem berühmten Zauberer, gewarnt, der dort wohnte. Erstaunlicherweise hatte Simon der Zauberer behauptet, er sei durch die Predigt von Philippus auch an Jesus gläubig geworden. Doch Philippus hatte ihm nie ganz getraut. Er war nicht sicher, ob vielmehr die Wunder, die geschahen, den Zauberer angezogen hatten, und nicht so sehr das Evangelium.

Als die beiden Apostel die Stadt betraten, konnten sie schon von weitem das große schwarze Zelt des Zauberers sehen, das mit allerlei magischen Zeichen bemalt war. Mittlerweile versammelten sich auch viele Menschen, um Petrus und Johannes zu begrüßen, von deren Kommen man in der Stadt gehört hatte.

Als sie am Zelt des Zauberers vorübergingen, schaute dieser heraus. Die Edelsteine an dem hohen Turban, den er trug, glitzerten in der Sonne. Johannes hatte ein ganz eigenartiges Gefühl, als er in die schwarzen schillernden Augen dieses Mannes blickte. Simon kam einige Schritte auf sie zu und rief: „Männer und Brüder, wir freuen uns sehr, daß ihr gekommen seid. Unser Bruder Philippus hat uns viel von euch erzählt." Er verbeugte sich tief vor ihnen.

Petrus und Johannes blickten sich unsicher an. Sie hatten bemerkt, daß die Samariter den Zauberer offensichtlich sehr respektierten. Dieser fuhr jetzt fort: „Philippus hat viele Zeichen unter uns getan. Ich bin sicher, auch ihr werdet eure Vollmacht in der gleichen Art unter Beweis stellen."

„Wir brauchen nicht zu beweisen, wer wir sind", antwortete Johannes unwillig, „das wird unser Herr für uns tun. Wir werden mit unseren Brüdern und Schwestern beten, damit sie mit der Kraft des Heiligen Geistes erfüllt werden. Wenn dann auch Wunder geschehen, freuen wir uns ebenfalls darüber und sind dankbar. Und wenn keine geschehen, dann werden wir unseren Herrn trotzdem verherrlichen und preisen."

Der Zauberer antwortete nicht, sondern folgte schweigend, als Petrus und Johannes in die lokale Synagoge geführt wurden. Nie hätte sich Johannes träumen lassen, daß er je ein samaritisches Gebetshaus betreten würde. Doch als nach der Predigt die beiden Apostel des Herrn begannen, den samaritischen Gläubigen die Hände aufzulegen, geschahen dieselben erstaunlichen Dinge wie am ersten Pfingsttag in Jerusalem. Fast alle, die versammelt waren, wurden mit dem Heiligen Geist erfüllt, und diese Männer und Frauen redeten in neuen und fremden Sprachen. Johannes hatte nicht erwartet, daß der Herr den Samaritern den Heiligen Geist genauso schenken würde wie den Juden. Das schockierte ihn doch ein wenig.

Doch Johannes war nicht der einzige, der staunte. Auch dem Zauberer Simon ging es so. Philippus hatte zwar viele Wunder getan. Aber was jetzt geschah, als die Apostel den Menschen die Hände auflegten, hatte er noch nicht erlebt. Er gab seine Zurückhaltung auf und drängte sich zu den Aposteln. „Ihr Herren", rief er, „ich werde euch Geld geben. Mehr Geld, als ihr euch vorstellen könnt. Nur verleiht mir auch die Kraft, daß alle, denen ich die Hände auflege, den Heiligen Geist empfangen!"

Rundum wurde es still. Die Samariter, die soeben noch unter dem Eindruck der Erfüllung mit dem Heiligen Geist den Herrn gelobt und gepriesen hatten, schwiegen jetzt und warteten gespannt, was geschehen würde.

Petrus, der riesige Fischer, richtete sich noch ein wenig höher auf und fuhr den Zauberer hart an: „Dein Silber fahre mit dir ins Verderben, wenn du meinst, die Gabe Gottes lassen sich für Geld kaufen. Du hast weder ein Anteil daran noch ein Recht darauf, denn dein Herz ist nicht aufrichtig vor Gott. Wende dich von deiner Bosheit ab, und bitte den Herrn; vielleicht wird dir dein Ansinnen vergeben."

Johannes, der den Zauberer aufmerksam beobachtete, bemerkte, wie er unter Petrus Worten immer kleiner wurde. Endlich bat er eingeschüchtert: „Betet ihr für mich zum Herrn, damit mich nichts von dem trifft, was ihr gesagt habt."

Sie hatten nun so viele Städte und Dörfer in Samaria besucht, daß es Zeit wurde, an die Rückkehr nach Jerusalem zu denken. Sie näherten sich schon wieder Judäa, als sie am späten Nachmittag noch an einer kleinen Stadt vorüberkamen, die sie noch nicht besucht hatten. Als sie die Stadt betraten, sprach sich ihre Anwesenheit schnell herum und sie wurden bald von den Ältesten und Diakonen der Gemeinde von Jesusnachfolgern begrüßt. Schnell hatte sich die Gemeinde versammelt, und die beiden Apostel begannen zu predigen und mit den Gläubigen zu beten.

Später bereiteten die Frauen eine köstliche Mahlzeit zu. Während des Essens flüsterte Johannes seinem Gefährten in einem unbewachten Augenblick verstohlen zu: „Sag, Petrus, fällt es dir auch so schwer wie mir, diese Leute wirklich zu lieben?"

Petrus lächelte verständnisvoll und nickte.

Als das Abendessen zu Ende ging, wurden sie informiert, daß eine Diakonin mit Namen Rebekka ihr Haus als Nachtquartier für die beiden Männer angeboten hatte. Neugierig folgten sie den Diakonen, die sie in das Haus Rebekkas führten.

Hier wurden sie von Rebekka freundlich und warmherzig empfangen. „Mein Haus ist einfach, aber ich habe es so gut hergerichtet wie es ging, damit ihr euch wohlfühlt", sagte sie. „Ich selbst werde heute nacht bei einer anderen Schwester schlafen, die ebenfalls Diakonin unserer Gemeinde ist. Doch vorher möchte ich euch noch bewirten, so gut ich es vermag."

Johannes spürte, daß diese Frau große innere Qualitäten hatte und geistlich sehr gereift war. Das wunderte ihn sehr, denn er nahm an, es mit einer Neubekehrten zu tun zu haben. Als Rebekka einmal den Raum verließ, sagte er zu Petrus. „Ich fange an, anders über die Samariter zu denken. Diese Frau erstaunt mich. Man könnte denken, sie sei eine Jüdin."

Petrus, der bei seinen ersten Worten begonnen hatte zu kichern, mußte jetzt laut lachen: „Johannes", rief er amüsiert, „du bist mir ein schöner Heiliger."

„Sei leise", antwortete dieser verlegen. „Rebekka wird uns sonst hören."

In diesem Augenblick betrat die warmherzige Frau wieder den Raum. Sie brachte ein Gefäß mit Wein und zwei Becher. „Laßt es euch vor dem Schlafen noch munden", sagte sie, „obwohl ich mich für die geringe Qualität des Weins entschuldigen muß, denn ich bin eine arme Frau. Aber", fügte sie lächelnd hinzu, „wir haben sehr gutes Wasser hier."

Petrus nickte. „Der Brunnen vor der Stadt war schon immer gut, soweit ich weiß."

Jetzt erschienen in den Augen der Frau einige Tränen, und Johannes begann leise etwas zu ahnen. Als er dann nach und nach die Geschichte hörte, wurde ihm klar, daß er es hier mit der früheren samaritischen Hure zu tun hatte, über die er vor langer Zeit so empört gewesen war, als er sie mit dem Meister am Brunnen gesehen hatte. „Der Herr hat mir damals am Brunnen vom »lebendigen Wasser« erzählt", berichtete Rebekka leise, „das Er mir geben könne, wenn ich Ihn darum bitten würde. Und es ist wahr: Seit ich von diesem Wasser getrunken habe ist der Durst meiner Seele gestillt."

Endlich verabschiedete sie sich und wünschte den beiden Aposteln eine gute Nacht.

„Du hast es vorher gewußt, wie?" wollte Johannes von seinem großen Freund wissen, als Rebekka gegangen war.

Petrus nickte schmunzelnd.

Vor dem Einschlafen betete Johannes: „Herr, wenn Du mir hilfst, auch ein wenig von der Warmherzigkeit dieser Frau zu empfangen, will ich Dir sehr dankbar sein."

5. Kapitel

Die Gemeinde war mittlerweile schon mehr als vier Jahre alt. In dieser Zeit war sie so gewachsen, daß ihre Gegenwart in vielen Teilen des Römischen Reiches spürbar wurde. Bis nach Syrien und Äthiopien war das Evangelium schon getragen worden und in viele Provinzen.

Doch auch Saulus von Tarsus hatte die Gläubigen überall verfolgt. Niemand wußte, wie viele schon durch seinen Haß umgekommen waren. Fast wöchentlich hörten die Apostel in Jerusalem neue schreckliche Nachrichten darüber. Daß Petrus und Johannes sicher von Samaria zurückkehren konnten, war auch ein Wunder. Gewiß hatten Saulus Leute überall nach ihnen Ausschau gehalten. „Warum bleiben wir immer wieder verschont und es trifft andere?" fragte Johannes sich.

Seine große Sorge galt seinen Lieben in Kapernaum. Immer wieder, wenn Boten kamen, fragte er, wie es in Kapernaum stünde. Doch dorthin war Saulus noch nicht gekommen. Welcher Grund es auch immer war, aber die Stadt war bisher verschont geblieben.

Doch die Apostel hatten erfahren, daß Saulus von Tarsus nach Damaskus in Syrien gereist war, um dort die Gemeinde der Jesusnachfolger zu zerstören. Er hatte sich deshalb von dem Hohen Prister Empfehlungsbriefe an die dortige jüdische Synagoge schreiben lassen. Die Juden sollten ihm helfen, die Gläubigen ausfindig zu machen. Die Apostel hatten ihre Brüder in Damaskus gewarnt und beteten nun eifrig für sie.

An diesem Abend saßen Johannes, Petrus und Jakobus im Hof des großen Hauses. Sie unterhielten sich gerade sorgenvoll über Saulus böse Absichten in Damaskus. Da klopfte es an das Tor, und ein Bote trat ein. „Welche Neuigkeit wird man uns bringen?“ fragte Jakobus.

Erwartungsvoll blickten die drei Apostel dem Boten entgegen. Sie wunderten sich über seinen Gesichtsausdruck, der weder traurig noch froh war, sondern eher erstaunt. „Sprich, Bruder“, forderte Petrus ihn auf. „Hast du Neuigkeiten von Damaskus?“

„Brüder“, antwortete der Bote nervös, „wir erhielten Nachricht, daß Saulus von Tarsus sich bekehrt haben soll.“

„Rede kein närrisches Zeug“, mahnte ihn Petrus, „sondern überlege genau, was du uns ausrichten sollst.“

„Brüder“, beharrte der Bote, „ich kann nichts anderes sagen. Es wird berichtet, Saulus sei an Jesus gläubig geworden und lebe nun mit den Jüngern in Damaskus zusammen.“

Wäre der Bote nicht einer ihrer Brüder gewesen, hätten sie ihn wohl nur ausgelacht. Doch auch so wollten die Apostel die Nachricht nicht recht glauben. Doch im Laufe der nächsten Tage hörten sie immer neue Gerüchte über die „Bekehrung“ von Saulus.

„Aber selbst wenn es zutreffen sollte“, argumentierte Johannes, als die Apostel sich wieder einmal über dieses Gerücht unterhielten, „dann ist es sicher nur eine List von diesem Sohn der Hölle. Er will sich damit sicher nur in die Reihen unserer Gläubigen einschleichen, um uns dann um so besser verderben zu können.“ Die anderen nickten zustimmend.

Doch eines Tages betrat Barnabas das große Haus. Er war ein treuer Nachfolger Jesu; ein Levite aus Zypern. Während der Verfolgungszeit in Jerusalem hatte er mit seiner Familie die Stadt ebenfalls verlassen; deshalb hatten sie länger nichts von ihm gehört.

„Barnabas", rief Johannes freudig, „wir glaubten schon, du wärst verloren gegangen."

„Preis sei Gott", stimmte Jakobus zu. „Wir freuen uns, dich zu sehen."

Auch Petrus begrüßte nun den Bruder und fragte: „Wo kommst du her?"

„Aus Damaskus." Die Antwort hatte die Apostel getroffen, das konnte man sehen. „Brüder", fuhr Barnabas fort, „ich habe eine erstaunliche Geschichte zu erzählen. Ihr habt sicher von der Bekehrung des Saulus von Tarsus gehört?"

Die drei Apostel nickten.

„Aber wißt ihr auch, wie es geschehen ist?"

Kopfschütteln antwortete ihm. Also begann Barnabas zu erzählen: „Als Saulus mit seinen Begleitern noch ein ganzes Stück vor Damaskus war, ist ihm unser Herr vom Himmel her in einem großen Licht begegnet und hat ihn gefragt: »Saulus, Saulus, warum verfolgst du Mich?« Saulus ist durch das helle Licht blind geworden und mußte einige Tage hilflos in Damaskus in einem Raum verbringen. Doch der Herr zeigte ihm, daß ein Mann mit Namen Ananias zu ihm kommen und ihm die Hände auflegen würde. Daraufhin würde er wieder sehend werden.

Dann hat der Herr mit unserem Bruder Ananias geredet und ihn zu Saulus gesandt. Ananias war nach anfänglichem Zögern dem Herrn gehorsam und ist zu Saulus gegangen, hat ihm die Hände aufgelegt und im Namen Jesu mit ihm gebetet. So wurde Paulus wieder sehend und auch mit dem Heiligen Geist erfüllt. Er hält sich jetzt zu unserer Gemeinde dort und beginnt in Damaskus von Jesus zu predigen. Er nennt sich auch nicht mehr Saulus, sondern Paulus, also »der Kleine«."

Die Apostel schüttelten immer noch zweifelnd ihre Köpfe. „Es müßte aber schon ein sehr großes Wunder geschehen, um das Herz des Saulus zu verändern", meinte Jakobus nachdenklich.

„Sicher", nickte Barnabas. „Aber ihr müßtet doch am besten wissen, daß der Herr auch große Wunder tun kann. Doch ich muß jetzt wieder gehen", fügte er nach einem Augenblick des Zögerns hinzu. „Sicher wird der Heilige Geist euch noch klarmachen, daß ich euch die Wahrheit berichtet habe." Damit wandte er sich dem Tor zu.

Johannes überlegte immer noch. Da stand ihm plötzlich die Diakonin Rebekka in Sychar vor Augen. Hatte er nichts von der Bekehrung dieser ehemaligen samaritischen Hure gelernt? Wenn Gott aus ihr eine so begnadete Frau machen konnte, dann... „Barnabas", rief er, „warte!"

Barnabas drehte sich am Tor nochmals um und blickte Johannes entgegen, der zu ihm gelaufen kam. Die anderen Apostel schauten erstaunt zu. „Bruder", fragte Johannes, „gehst du wieder nach Damaskus?"

„Ja", antwortete dieser zurückhaltend.

„Dann grüße Saulus, der sich jetzt Paulus nennt, von mir im Namen Jesu."

Jetzt lächelte Barnabas froh und antwortete: „Das will ich gern tun." Damit ging er.

Es folgten einige friedliche und angenehme Jahre für Johannes und auch für die Gemeinde. Für etwa acht Jahre hatten die Nachfolger Jesu im allgemeinen Frieden. Seit der Bekehrung des Paulus breitete sich das Evangelium noch schneller aus als vorher. Gewiß, die orthodoxen Pharisäer und Schriftgelehrten behielten ihre feindliche Haltung bei, und in der einen oder anderen Stadt kam es auch immer wieder einmal zu örtlichen Unterdrückungen oder Verfolgungen, aber die gingen jeweils bald vorüber und waren lokal sehr beschränkt. Es hatte sich noch niemand wieder gefunden, der mit soviel Haß, Eifer und Energie die Christen verfolgte, wie früher Saulus von Tarsus.

Es dauerte jedoch mehrere Monate, bis auch Petrus langsam

von der Echtheit der Bekehrung des Saulus zu überzeugen war. Barnabas hatte die Apostel endlich dazu überredet, Paulus in Jerusalem zu einem Gespräch zu empfangen, dadurch wurde viel von dem anfänglichen Mißtrauen beiseite geräumt.

Als die Verfolgung sich langsam legte, sorgte Johannes bald dafür, daß die Frauen von Kapernaum wieder nach Jerusalem umzogen. Die Mutter des Herrn und Salome lobten die treue Fürsorge der Maria von Bethanien in so hohen Tönen, daß Johannes sie bat, nun auch wieder mit den beiden älteren Frauen in das Haus der Familie nach Jerusalem zu kommen, um weiter für sie zu sorgen.

Das große Haus mit dem oberen Saal wurde weiterhin als eine Art Gemeindezentrum benutzt. Die Apostel hielten sich gewöhnlich dort auf. Auch Gasträume für durchreisende Gläubige waren darin eingerichtet worden.

Da Petrus Jerusalem oft verließ, um nach den anderen Gemeinden in Palästina und den angrenzenden Ländern zu sehen, lagen auf Johannes und Jakobus in erster Linie die Aufgaben und Verantwortungen für die Jerusalemer Gemeinde. Ihnen war die Aufgabe zugefallen, den Dienst in der Heiligen Stadt zu versorgen, während Petrus, Paulus und Barnabas mehr auf das Missionsfeld zogen.

Doch wenn es so aussah, als sei Johannes und Jakobus der etwas bequemere Teil der Aufgabe zugefallen, ging es auch in Jerusalem ohne Probleme und Meinungsverschiedenheiten nicht ab. Eine Krise hatte es gegeben, als die Frage auftauchte, wer alles in die Gemeinde aufgenommen würde. Auf einer seiner Reisen war Petrus auch nach Cäsarea gekommen und hatte dort im Hause eines Heiden, eines gewissen Cornelius, der römischer Offizier war, das Evangelium gepredigt. Cornelius und alle, die in seinem Hause wohnten, hatten sich zu Jesus bekehrt und waren mit dem Heiligen Geist erfüllt worden, und zwar in der gleichen Weise wie die Apostel am ersten Pfingsttag, denn sie begannen auch in neuen Sprachen zu reden. Daraufhin hatte Petrus diese Neubekehrten auch getauft und als Glieder in die Gemeinde aufgenommen.

Man sollte meinen, daß sich nun alle darüber gefreut hätten. Doch dies war keineswegs der Fall. Das Gegenteil trat ein. Die gläubigen Juden erhoben größte Bedenken, weil Petrus unbeschnittene Heiden getauft und damit in die Gemeinde Jesu aufgenommen hatte. Es entstand darüber eine ziemlich heftige Auseinandersetzung. Petrus verteidigte sich mit dem Argument, daß er doch denen die Taufe nicht verweigern konnte, die von Gott genauso mit dem Heiligen Geist erfüllt wurden wie sie hier in Judäa und auch die Gläubigen in Samaria.

Endlich begannen auch die gläubigen Juden einzusehen, daß Jesus Christus nicht nur der Erlöser der Juden, sondern aller Menschen ist und daß Juden, Samariter und Heiden alle gleichermaßen in den Heilsplan Gottes eingeschlossen sind. So klein das Ereignis auch zu sein schien, daß sich in Cäsarea alle Angehörigen eines römischen Haushalts zu Jesus bekehrt hatten, war doch dadurch die Tür zum weltweiten Dienst der Gemeinde aufgestoßen worden.

Das Evangelium verbreitete sich von da an in der heidnischen Welt noch schneller, als es das bisher unter den Juden getan hatte. Die Apostel gingen nun nicht mehr nur in die Synagogen, um den Juden die Gute Botschaft zu bringen, sondern sie predigten jetzt auch auf öffentlichen Straßen und Plätzen und überall, wo sich ihnen Gelegenheit dazu bot. Bisher waren die Nachfolger Jesu auch noch nicht als „Christen" bezeichnet worden. Nun dauerte es nicht mehr lange, daß sich dieser Name für sie überall einbürgerte, und bald nannte man sie im ganzen Römischen Reich nur noch „Christen", ganz gleich, aus welchem Volk sie kamen.

Salome und Maria, die Mutter Jesu, hatten mehrere Male versucht, mit Johannes über Maria von Bethanien zu reden, weil sie sein Interesse an dieser, mittlerweile zu einer schönen Frau herangewachsenen treuen Jüngerin Jesu erkannt hatten. Die beiden älteren Frauen rühmten Johannes gegenüber oft die Vorzüge der schönen Schwester von Lazarus und Martha. Doch Johannes, der sich im stillen zwar zugab, daß er Maria gern mochte, erklärte ihnen bei einem solchen Gespräch ganz klar, daß er nicht die Absicht habe zu heiraten, sondern sein Leben wirklich ganz dem Dienst für seinen Meister weihen wolle. Damit war für ihn die Angelegenheit erledigt, wenn es ihn auch oft in die Gegenwart der Maria von Bethanien zog.

6. Kapitel

Doch die friedevolle Zeit dauerte nicht für immer. Kaum hatte sich die christliche Gemeinde in den letzten ruhigen Jahren an diesen Zustand gewöhnt, da erstand ihr ein neuer grimmiger Feind und Verfolger, der einen Namen trug, der in ganz Palästina und den angrenzenden Ländern immer noch gefürchtet war. Es war der König Herodes Agrippa.

Der König selbst war durch mancherlei Vorkommnisse auf die Christen zornig geworden, und außerdem hatte er erkannt, daß die Führer der Juden die Christen immer noch haßten und am liebsten gesehen hätten, wenn sie wieder von der Welt verschwänden. Da der König sich bei den Obersten der Juden gern ein gutes Ansehen verschaffen wollte, war das für ihn noch ein zweiter Grund, die Christen zu verfolgen.

Der König wußte natürlich, daß die frühere Verfolgung, bei der sich vor allem Saulus von Tarsus, der mittlerweile einer der eifrigsten Apostel geworden war, hervorgetan hatte, die christliche Gemeinde nicht hatte zerstören können. Zwar begann er, wie damals, viele Christen auspeitschen, in die Gefängnisse stecken und manche auch töten zu lassen, doch in ihm reifte noch ein anderer Plan. Er war überzeugt davon, er müsse die Führer der Christen treffen, wenn er wirklich etwas erreichen wollte. Deshalb sandte er seine Spione aus, die herausfinden sollten, wie man am besten der einflußreichsten Männer, vor allem der Apostel, habhaft werden konnte.

Wieder einmal rückte das Passahfest näher. In dieser Zeit

wurde Johannes immer ganz besonders an die Leiden und den Tod seines Meisters erinnert. Da nun auch die Gemeinde selbst wieder unter Verfolgung zu leiden hatte, und zwar vor allem in Jerusalem, kümmerte er sich noch mehr als bisher um die einzelnen Gläubigen. An diesem Tag war er wieder unterwegs, um einige christliche Familien zu besuchen, die von der Verfolgung durch Herodes Agrippa schon direkt betroffen worden waren.

Es war gegen Abend.

Johannes war schon in einer ganzen Anzahl Häuser gewesen, hatte die Gläubigen ermutigt, getröstet und mit ihnen gebetet. Nun wollte er noch ein Haus aufsuchen, und dann in das große Haus zurückkehren, wo die anderen Führer der Gemeinde sich mit ihm am Abend noch zum Gebet versammeln wollten. In einer Zeit wie dieser war das gemeinsame Gebet doppelt nötig. Es dämmerte schon, und in den engen Gassen der Stadt begann es dunkel zu werden.

Da hörte Johannes plötzlich eiliges Füßegetrappel. Es mußten etliche Leute sein, die da kamen. Da war es besser, vorsichtig zu sein, noch dazu, da man nie wußte, was vielleicht auch Herodes Agrippa gerade wieder plante. Johannes blickte sich um und zog sich in einen dunklen Durchgang zurück. Doch man hatte ihn scheinbar schon entdeckt, denn eine Stimme rief: „Hier ist er hineingegangen, ich habe ihn gerade noch gesehen."

Zuerst erschrak der Apostel ein wenig, doch die Stimme kam ihm irgendwie bekannt vor. Und dann rief die gleiche Stimme auch schon: „Bruder Johannes, wir suchen dich schon eine ganze Zeit, du wirst dringend gebraucht."

Jetzt erkannte Johannes, daß der Rufer einer der jüngeren Männer der Gemeinde war. Er trat aus dem Durchgang heraus und antwortete: „Hier bin ich! Was gibt es?"

Schnell kamen die jungen Männer zu ihm. Johannes erkannte, daß sie alle zur Gemeinde gehörten. „Bruder Johannes", ergriff einer das Wort, „es ist gut, daß wir dich gefunden haben. Es ist noch keine halbe Stunde her, da kamen eine ganze Anzahl Soldaten des Königs Herodes zu dem großen Haus der Gemeinde. Ohne zu fragen sind sie in das Haus eingedrungen und haben deinen Bruder Jakobus als Gefangenen mitgenommen. Wir wurden sofort losgeschickt, dich zu suchen."

Johannes Temperament brach wieder einmal durch. Er fuhr auf: „Nein", rief er, „das darf nicht wahr sein! Wie kann dieser Schuft es wagen, sich an meinem Bruder zu vergreifen. Ich werde sofort zu ihm gehen." Er drehte sich um und ging in der Richtung zu Herodes Palast davon.

Die jungen Männer versuchten ihn zurückzuhalten. „Tu es nicht", mahnten sie. „Sicher läßt Herodes Agrippa auch nach dir Ausschau halten. Du mußt ihm doch nicht gerade in die Arme laufen. Komm, wir werden ein sicheres Versteck für dich finden."

Doch bei Johannes war wieder einmal der Donnersohn durchgebrochen. Er wollte auf alles gute Zureden nicht hören, sondern ging, so schnell er konnte, zum Palast. Den jungen Männern blieb nichts anderes übrig, als ihn zu begleiten.

Die Nachricht von Jakobus Gefangennahme verbreitete sich wie ein Lauffeuer unter den Christen von Jerusalem. Als Johannes vor dem Palast von Herodes eintraf, waren schon eine stattliche Anzahl von Gemeindegliedern dort versammelt, und es wurden mit jeder Minute mehr, denn sie kamen aus allen Richtungen herbeigeeilt.

Es kam seit langer Zeit schon kaum mehr vor, daß sich alle Christen Jerusalems gemeinsam an einem Ort versammelten. Sie waren einfach zu viele geworden, und es gab kaum noch einen Platz oder Saal, der sie alle hätte fassen können. Da zu ihnen auch noch eine stattliche Anzahl Sympathisanten kamen, die sich nur nicht offen als Glieder zur Gemeinde bekannten, stellten die Christen in Jerusalem eine beachtliche Macht dar. Das war vielleicht auch einer der Gründe, weshalb die Führer des Volkes sich immer zurückgehalten hatten und nicht gegen die Gemeinde vorgegangen waren. Es waren nur Männer, die hier zusammenströmten, denn selbstverständlich hatte man Frauen und Kinder daheim gelassen. Aber auch so würde der Platz vor dem Palast bald zu klein werden. Viele hatten, da es zu dunkeln begann, brennende Fackeln mitgebracht, so daß sich das Licht, aber auch der Rauch, der vielen Fackeln vereinigte.

Schon ehe Johannes eingetroffen war, hatten die bereits versammelten Christen begonnen, zu beten und Psalmen zu singen. Johannes vernahm die bekannten Worte und stimmte mit ein:

Herr, Du mein Fels, meine Burg,
mein Retter, mein Gott,
meine Feste, in der ich mich berge,
mein Schild und sicheres Heil, meine Zuflucht.
Ich rufe: Der Herr sei gepriesen!,
und ich werde vor meinen Feinden gerettet.
Du hast mich zum Kampf mit Kraft umgürtet,
hast alle in die Knie gezwungen,
die sich gegen mich erhoben.
Es lebt der Herr! Mein Fels sei gepriesen!
Der Gott meines Heils sei hoch erhoben!
Du hast mich von meinen Feinden befreit,
mich über meine Gegner erhoben,
dem Mann der Gewalt mich entrissen!
Darum will ich Dir danken, Herr, vor den Völkern!

Alle, die herzueilten, stimmten mit ein, so daß der Gesang immer lauter wurde und bald weit zu hören war.

Johannes drängte sich durch die versammelten Christen hindurch, um zum Eingang des Palastes zu kommen. Alle, die ihn dabei erkannten, riefen ihm Worte der Ermutigung zu. Als er fast in der ersten Reihe war, hörte er eine vertraute Stimme rufen: „Johannes, komm hier herüber!“

Er blickte hin und erkannte Petrus, den großen Fischer, der fast alle anderen überragte und ihm eifrig zuwinkte. Johannes freute sich, seinen Freund in dieser Stunde hier zu sehen, denn er war auf einer Reise gewesen und eigentlich hatte man ihn noch nicht zurückerwartet. Er mußte ganz überraschend früher gekommen sein. Eilig ging er zu Petrus hinüber. Die beiden begrüßten sich ernst.

Immer aufs neue begannen die Christen zu singen. Wie Wellen rollte es gegen die Mauern des Palastes. „Herr, Du mein Fels, meine Burg, ... Du hast mich von meinen Feinden befreit ... dem Mann der Gewalt mich entrissen!" Doch im Palast selbst schien sich nichts zu rühren. Vor dem Palast standen, vier Reihen tief, eine große Schar Soldaten. Auch auf den kleinen Türmen und dem Vorbau des Palastes hatten überall Soldaten Stellung bezogen, die bis an die Zähne bewaffnet waren.

Eine weitere Stunde verging. Johannes Geduld war nun am Ende. „Ich ertrage es nicht mehr", sagte er zu Petrus. „Ich gehe hinein."

Petrus wollte ihn zurückhalten, doch Johannes hatte schon die ersten Schritte auf das Palasttor zu gemacht. Die erste Reihe der Soldaten fällte die Speere, als sie ihn kommen sahen. Petrus rief ihm nach: „Nicht, Johannes! Sei nicht töricht! Sie werden dich töten!"

Doch Johannes ging unbeirrt weiter. In seinem Herzen brannte ein Feuer, und in seinen Augen lohten die Flammen der Erregung. Wieder war es der „Sohn des Donners", der hier allein auf Herodes Soldaten zuschritt.

Doch dann geschah etwas Seltsames. Auf das Kommando eines Offiziers hin machten die Soldaten eine schmale Gasse frei, so daß Johannes bis zum Palasttor gehen konnte. Als er am Tor angelangt war, öffnete sich dieses, und er konnte auf den Hof schauen. Was er dort sah, traf ihn wie ein Blitz. Mitten auf dem Hof stand ein großer Henkerblock. Darauf lag der Leib seines toten Bruders Jakobus, und sein abgeschlagenes Haupt lag neben dem Block im Staub des Hofes. Die Hinrichtung mußte soeben erst stattgefunden haben, denn das Blut strömte noch aus dem Hals, und der Henker mit dem langen blutigen Schwert stand noch in der Nähe. Rundum auf dem Hof waren ebenfalls Soldaten aufgestellt, mit gespannten und schußbereiten Bogen. Alle Bögen waren auf das geöffnete Tor gerichtet.

Johannes war, als würde ihm der Boden unter den Füßen weggezogen. Dort lag der älteste Sohn des Zebedäus, der große Apostel Jesu Christi, sein geliebter Bruder Jakobus, in einer sich immer mehr ausbreitenden Blutlache. Eine ganze Zeit blieb Johannes stehen, ohne sich zu rühren. Dann drehte er sich um und ging mit schweren, schleppenden Schritten davon. Nur wie aus weiter Ferne drang jetzt der Gesang der Christen an seine Ohren:

Herr, Du mein Fels, meine Burg,
mein Retter, mein Gott,
meine Feste, in der ich mich berge...

Allein der Glaube und seine Liebe zu seinem Herrn und Meister Jesus Christus gaben Johannes in den kommenden Wochen die Kraft, die er brauchte, um trotz seines eigenen Leides noch seine Mutter zu trösten und weiterhin unermüdlich seinen Dienst in der Jerusalemer Gemeinde zu tun, die Verzagenden zu ermutigen und die Wankenden zu stärken und aufzurichten. Denn Herodes trieb es in der kommenden Zeit, angespornt durch den Erfolg, einen der Führer der Christen beseitigt zu haben, noch schlimmer als zuvor.

Wegen der zunehmenden Verfolgung gab es auch sonst manches zu bedenken. Da, wie sich durch die Verhaftung von Jakobus erwiesen hatte, auch das große Haus nicht mehr sicher war, schien es weise, auch die Apostel umziehen zu lassen. Petrus und seine Frau zogen in das Haus eines angesehenen Neubekehrten mit Namen Johannes Markus, der Paulus nach Antiochien begleitet hatte. Johannes selbst blieb im Haus seiner eigenen Familie, und die anderen Führer der Gemeinde mieden das große Haus nun auch. Doch dies alles brachte viel Arbeit mit sich.

Erst bei all diesen Dingen merkte Johannes, wie sehr ihm sein älterer Bruder jetzt fehlte. Sein etwas ruhigeres Wesen hatte doch immer einen stabilisierenden Einfluß auf ihn gehabt, und

Jakobus hatte ihm mit seiner ruhigen Sachlichkeit und Autorität viele Dinge abgenommen, die nun alle von ihm selbst erledigt werden mußten. Da war es für ihn eine große Hilfe, daß einer der Brüder des Herrn, nämlich Jakobus, seit seiner Bekehrung geistlich sehr gewachsen war und auch in der Gemeinde an Ansehen zugenommen hatte. Dadurch, daß er aus der irdischen Familie Jesu stammte, genoß er sowieso unter den Gläubigen eine gewisse Autorität. Johannes spürte erleichtert, daß nun dieser andere Jakobus ihm in der nächsten Zeit bei der Führung der Gemeinde eine große Hilfe wurde und immer mehr in die Verantwortung hineinwuchs.

Eines stellte Johannes an sich selbst mit Erstaunen fest: Trotz des Verlustes seines Bruders wurde sein Herz nicht bitter gegenüber Herodes und den anderen Feinden der Gemeinde, wie es damals beim Tod des Täufers oder bei dem von Jesus gewesen war. Dankbar erkannte er, daß auch in ihm der Heilige Geist und die Liebe Jesu ihr Werk taten und sein altes aufbrausendes und hartes Wesen mehr und mehr verwandelt wurde. Da er sich selbst kannte, meinte er, dies sei eines der größten Wunder. Doch manchmal, wenn er allein war, fragte er im Gebet seinen Herrn doch: „Warum, Herr, warum hast Du Jakobus genommen? Warum all die anderen und nicht mich?"

7. Kapitel

Seit dem Tod von Jakobus war mittlerweile etwa ein Monat vergangen, und das Passahfest war wieder einmal angebrochen. Johannes hatte am Abend vorher noch eine Gebetsversammlung geleitet, die bis weit nach Mitternacht gegangen war und war deshalb nicht, wie er sonst tat, schon vor Sonnenaufgang aufgestanden. Da wurde er durch heftiges Pochen an die Tür rauh aus dem Schlaf geweckt. „Herr!" rief eine Frauenstimme, und wieder pochte es heftig.

Johannes wachte schlaftrunken auf und bemerkte, daß gerade die Sonne erst aufgegangen sein mußte, denn sein Schlafgemach lag noch ziemlich im Dämmerlicht. „Herr!" rief die Frauenstimme wieder, diesmal noch drängender. Obwohl Johannes voller Freude die Stimme Marias von Bethanien erkannte, wunderte er sich doch, denn normalerweise würde eine Frau, außer der Ehefrau, dem Schlafzimmer eines Mannes gar nicht erst nahe kommen. Was war wohl geschehen?

„Ich komme!" rief er und zog schnell sein Obergewand über, dann öffnete er die Tür.

„Herr, vergib mir", sagte Maria und schlug verwirrt und beschämt die Augen nieder. „Aber ich war gerade aufgestanden, um das Feuer anzufachen, da traf ein Bote aus dem Haus von Johannes Markus bei uns ein und berichtete, Petrus sei mitgenommen worden."

Johannes fuhr auf: „Mitgenommen? Wieso? Von Wem?" fragte er erregt.

„Herr, gerade im ersten Morgengrauen sind Herodes Soldaten gekommen und haben Petrus gefangengenommen. Der Bote ist gekommen, sobald er konnte."

„Danke, Maria", sagte Johannes, um sie zu beruhigen. „Du hast richtig gehandelt, indem du mich geweckt hast. Bitte, wecke schnell auch alle anderen."

Auf Johannes Anweisung hin kam die Gemeinde dieses Mal nicht in großen Scharen öffentlich zusammen, wie noch bei der Gefangennahme von Jakobus. Herodes hatte sich in der Zwischenzeit auf so etwas vorbereitet, und man mußte dann mit einem Massengemetzel rechnen. Wie vorher versprochen, versammelten sich die Gläubigen vielmehr in kleineren Gruppen in den Häusern und Verstecken und begannen, unaufhörlich für Petrus zu beten. Jakobus, der Bruder Jesu, leitete in einem entlegeneren Teil der Stadt eine größere Gebetsversammlung, und eine andere große Schar, darunter etliche Apostel und andere Führer der Gemeinde, kam im Haus von Johannes Markus zusammen. Diese Versammlung leitete Johannes selbst. Während die anderen Juden freudig das Passahfest feierten, versammelten sich die

Christen überall, beteten, fasteten und schrien für Petrus zu Gott. Es war ein Teil des ausgeklügelten Plans von Herodes, gerade in der Passahzeit, die allen Juden, auch den gläubig Gewordenen, so viel bedeutete, die Gemeinde durch solch einen Schlag zu demoralisieren.

Doch trotz dieser Verfolgungszeit hielten fast alle Gläubigen treu zur Gemeinde. Kaum einer hatte sich abgewandt. Im Gegenteil: Die Zahl derer, die gläubig wurden und sich taufen ließen nahm immer noch zu.

Das Passahfest war vorüber. Die Gemeinde hatte aus sicherer Quelle Nachricht erhalten, Herodes wolle Petrus am nächsten Tag öffentlich enthaupten lassen. Dies hatte alle nochmals angespornt, mit vermehrtem Eifer zu beten. Auch im Haus Johannes Markus waren sie schon den ganzen Tag beisammen und flehten zu Gott. Als die Sonne sank, schien die Zeit doppelt schnell zu vergehen. Die Stunden flogen dahin. Bald würde der neue Tag anbrechen.

Johannes war erschöpft an das Fenster getreten, um ein wenig frische Luft zu schnappen. Ihm wurde erst jetzt bewußt, daß die Gemeinde in diesem Jahr das Passahfest kaum richtig zur Kenntnis genommen hatte. Sonst feierten die Christen in dieser Zeit auch noch den Tod und die Auferstehung ihres Herrn. In diesem Jahr hatte sich fast alles auf Petrus Gefangenschaft konzentriert. Als er seine Brüder und Schwestern rundum so beten sah, stand ihm plötzlich sein Herr wieder vor Augen, wie Er damals im Garten Gethsemane zu Gott gefleht hatte, Ihm den Kelch zu ersparen. Das tröstete ihn ein wenig, denn ihm wurde wieder einmal klar, daß der Herr sie in ihrer Gebetsnot verstehen konnte. Doch dann fielen ihm die letzten Worte ein, die Jesus damals gebetet hatte: „Aber nicht was Ich will soll geschehen, Vater, sondern was Du willst ...“

Johannes bebte leise. Mußte auch er erst das Schicksal seines Mitapostels und Freundes Petrus in die Hand Gottes legen und Ihm vertrauen, ganz gleich, was auch geschehen würde? In seiner Seele begann ein Kampf. „Herr, ich stünde dann fast allein ...“, sagte er im stillen. „Wie sollte ich wohl mit einer solchen Verantwortung fertig werden, nachdem Jakobus schon tot ist? Mir liegt doch nur das Wohlergehen Deiner Gemeinde am Herzen, Herr ..." Lange währte der Streit in ihm. Dann hörte er den Wächter die Mitternachtsstunde ausrufen. Er wußte, es war Zeit für eine Entscheidung. Leise flüsterte er: „Herr, wenn es Dein Wille ist, dann lasse ich Petrus los. Du weißt, wie sehr ich möchte, daß das Leben meines Freundes erhalten bleibt. Aber, Herr ..., es geschehe Dein Wille." Langsam wandte er sich wieder vom Fenster ab und ging an seinen Platz zurück, um mit den anderen weiter zu beten.

Etwa eine Stunde später wurde heftig an die Haustür gepocht. Alle erschraken, und Furcht wollte um sich greifen. Ein junges Dienstmädchen ging zum Tor. Sie erwartete, wie alle anderen, daß jeden Augenblick Herodes Soldaten eindringen würden. „Wer ist draußen?" rief das Mädchen laut. Die undeutliche Antwort von außerhalb des Tores konnte von den Lauschenden nicht verstanden werden. Doch plötzlich kam das Mädchen ganz aufgeregt zurückgerannt. „Es ist Petrus! Es ist Petrus!" rief sie. In ihrer Überraschung hatte sie sogar vergessen, das Tor zu öffnen.

Johannes Herz machte einen Freudensprung. Doch die meisten Anwesenden blickten das Mädchen ungläubig an, schüttelten die Köpfe und meinten, das Mädchen müsse sich verhört haben und solle sich erst einmal beruhigen. Im besten Falle könne es ein Engel sein. Aber auch das sei sehr unwahrscheinlich.

Als das Klopfen anhielt, ging Johannes selbst zum Tor. Einige andere folgten ihm zögernd, aber neugierig. Johannes, der die Stimme seines Freundes erkannte, öffnete und blickte in das strahlende Gesicht des großen Fischers. „Johannes!" „Petrus!" die Rufe schienen wie aus einem Mund zu kommen, während sich die Männer in die Arme fielen. Tränen der Freude liefen beiden über das Gesicht. Erstaunt schauten die anderen aus einiger Entfernung zu.

Johannes verschloß das Tor wieder sorgfältig und ging mit Petrus zurück in den Raum. Hier wurden alle zunächst von großem Staunen und dann von überströmender Freude und Dankbarkeit ergriffen. Nachdem das Loben und Danken langsam verklang, begann Petrus zu erzählen:

„Ich schlief zwischen zwei Soldaten, an die ich mit Ketten gebunden war. Außerdem standen weitere Wachen vor der Tür meiner Zelle und noch andere im Gang und vor den Außentüren. Plötzlich erhielt ich einen Schlag in die Seite, von dem ich erwachte. Ich erkannte einen Engel, der über mir stand und mich aufforderte aufzustehen. Als ich mich erhob, fielen die Ketten von mir ab, doch die Soldaten erwachten nicht. Der Engel nahm mich bei der Hand und führte mich ohne Störungen an allen Wachen vorbei und durch die großen Tore, die sich vor uns von selbst öffneten. Ehrlich, ich dachte, ich sei am Träumen. Dann standen wir auf der Straße und gingen zusammen noch so weit, daß uns die Wachen am Tor nicht mehr sehen konnten. Da verließ mich der Engel plötzlich. Jetzt erst kam ich richtig zu mir und merkte, daß alles Wirklichkeit war.“ Er schwieg einen Augenblick und blickte die gespannt Lauschenden an. Mit einem kleinen Lächeln schloß er: „Na, ihr könnt euch ja vorstellen, wie schnell ich gelaufen bin, um zu euch zu kommen. Und dann wolltet ihr mich nicht einmal hereinlassen. Doch ich weiß ganz sicher, daß der Herr mich durch Seinen Engel befreit hat.“

Noch schwiegen alle unter dem Eindruck des soeben Gehörten. Johannes blickte Petrus nachdenklich an und fragte dann: „Um welche Zeit etwa war es, als der Engel zu dir kam?“

Petrus überlegte: „Bis der Engel mich verließ und ich zu euch kam, dürfte etwa eine Stunde vergangen sein“, erwiderte er. Johannes nickte bestätigend mit dem Kopf, sagte aber nichts weiter.

Doch es war Johannes nicht vergönnt, sich lange an der Gemeinschaft seines Freundes und Bruders zu erfreuen. Allen war klar, daß Petrus nicht in der Stadt bleiben konnte, solange Herodes Agrippa seine Verfolgung nicht einstellte. Deshalb beschlossen die versammelten Führer der Gemeinde, Petrus solle noch in derselben Nacht Jerusalem mit seiner Frau Debora verlassen. Einige jüngere Männer der Gemeinde würden sie in ein vorbereitetes Versteck führen. So geschah es. Die beiden Apostel nahmen bewegt voneinander Abschied, und Petrus verschwand mit seinen Begleitern in den nächtlichen Gassen.

Als sich kurze Zeit später Johannes mit einigen anderen aufmachte, in sein eigenes Haus zurückzukehren, wurde ihm bewußt, daß er nun wieder ziemlich allein war. Zwar war er genauso dankbar wie alle anderen für die wunderbare Befreiung von Petrus. Doch da dieser nun die Stadt verlassen hatte, blieb alle Last der nächsten Zeit wieder auf seinen Schultern liegen. Außerdem mußte bedacht werden, daß Herodes sicherlich mächtig zornig werden würde, wenn er von der Befreiung des großen Apostels erfuhr. Wahrscheinlich würde er die Verfolgung nun mit doppelter Wut fortsetzen und seine Aufmerksamkeit darauf konzentrieren, nun den verbliebenen Führer der Gemeinde, nämlich Johannes, in seine Hand zu bekommen.

Als Johannes kurz darauf müde und erschöpft zu Bett ging, wurde ihm seine Einsamkeit doppelt bewußt. Dabei mußte er daran denken, daß unter dem gleichen Dach mit ihm Maria von Bethanien, die schöne Schwester von Lazarus, schlief, der er im Innersten seines Herzens sehr zugetan war. „Ob ich vielleicht doch den Rat meiner Mutter befolgen und sie heiraten soll?" überlegte er. „Braucht nicht jeder einen Menschen, mit dem er eng verbunden sein kann?" Sie war, wie immer, auch in den letzten Tagen eine der eifrigsten Beterinnen gewesen, und viele hatten während der Verfolgungszeit in ihrem Glauben neuen Mut und Trost gefunden.

Doch dann stand ihm plötzlich jener Augenblick vor Augen, als der Herr vor vielen Jahren hier in Jerusalem einmal zu ihm gesagt hatte: „Johannes, du sollst Mich besser kennenlernen als irgendein anderer Mensch..." Ja, er war seinem Herrn schon, als dieser noch auf Erden war, sehr nahe gekommen, überlegte er, und dabei sollte es bleiben. Nichts und niemand sollte ihn von der Beziehung zu seinem Meister ablenken können. „Aber Herr", flüsterte er, „wenn ich, auch wenn es mir schwer fällt, auf Maria verzichte, dann bleibt mir nur noch Du selbst..."

Als ihm nun vor Müdigkeit langsam die Augen zufielen, war

ihm, als höre er seines Herrn Stimme: „Sei getrost in Mir, und sorge dich nicht um das, was morgen kommen mag. Suche weiterhin zuerst das Reich Gottes und seine Gerechtigkeit. Alles andere, wessen du bedarfst, will Ich dir geben."

Im Amphitheater von Cäsarea schmetterten die Trompeten. Herodes Agrippa, der für die Zirkusspiele und für ein Fest zu Ehren des Kaisers in Rom nach hier gekommen war, wollte heute eine große Rede halten. Die Rede sollte sich in erster Linie an die anwesenden Gesandten der benachbarten phönizischen Städte Tyrus und Sidon richten, die in letzter Zeit mit Herodes in Streit gelegen hatten und nun doch einlenken mußten, weil sie erkannten, daß Herodes Agrippa der Stärkere war. Sie waren zu sehr von ihm abhängig, hatten deshalb eingelenkt und zur Eröffnung der jährlichen Zirkussaison ihre Gesandten geschickt, die Herodes die nötige Ehre erweisen sollten.

Schon hatte sich das von Fahnen reich geschmückte Theater gefüllt. Mit seinem weiten Zuschauerrund, das zum Meer hin offen war, bot es einen prächtigen Anblick. Auch die Gesandten saßen schon auf den für sie vorgesehenen Plätzen. Rund um die Manege des Theaters standen eine Reihe Soldaten in prächtigen Rüstungen. Auch vor und hinter der Königsloge, in die, so kündigten es die Trompeten an, Herodes jeden Augenblick einziehen würde, standen Soldaten der königlichen Garde in ebensolchen Prachtuniformen. Der gesamte Hofstaat des Königs war ebenfalls schon anwesend.

Da erschien der königliche Standartenträger. Die Soldaten an der Königsloge präsentierten ihre Schwerter. Die Trompeter hatten kurz abgesetzt und bliesen jetzt ein neues Signal, es war der sogenannte „Königsruf". Als sie damit begannen, erhoben sich alle im Amphitheater Anwesenden von ihren Plätzen. Und nun erschien der König. Er betrat seine Loge und blickte huldvoll auf die ihm jetzt von allen Seiten zujubelnden Besucher. Mit einer Rundumbewegung seiner erhobenen Hand begrüßte er sie und versäumte auch nicht, den Gesandten noch einen

Extragruß zuzuwinken. Dann setzte er sich. Auf eine weitere Handbewegung hin durften sich auch alle anderen wieder setzen.

Nach dem Vorbeimarsch einer Abteilung seiner Soldaten und einem weiteren Trompetensignal erhob sich der König wieder und begann mit seiner wohlvorbereiteten Rede, die etwa eine halbe Stunde dauerte. Die Ansprache wurde eine einzige Lobeshymne auf sich selbst. Er führte aus, wie klug Tyrus und Sidon doch gehandelt hätten, einzusehen, daß es besser sei, mit ihm, dem großen und weisen König Herodes Agrippa in Eintracht zu leben, statt Streitigkeiten vom Zaune zu brechen, die am Ende gar zu einem Krieg führen mußten, den der König selbstverständlich seiner überlegenen Kriegskunst und Tapferkeit wegen nur gewinnen könnte. Immer wieder pries sich Agrippa selbst in den höchsten Tönen. Wenn man ihm zuhörte, gab es wohl keinen klügeren und großartigeren Menschen auf der ganzen Erde als ihn. Der einzige, der außer ihm in seiner Ansprache noch ins Licht gerückt und gelobt wurde, war der römische Kaiser.

Als Herodes seine Rede beendet hatte, erhoben sich alle wieder und klatschten rasenden Beifall. Vor allem die Gesandten taten sich darin sehr hervor, weil sie wußten, daß es nötig war, das Wohlwollen des Königs für ihre Städte wieder zu erwerben. Huldvoll dankte Herodes durch leichtes Kopfneigen von seinem Thron aus. Als der Jubel ein wenig nachließ, rief einer der Gesandten aus Sidon sehr laut: „Diese Worte waren so weise, daß es Worte eines Gottes gewesen sind, nicht eines Menschen!"

Geschmeichelt erhob sich Herodes dieser Worte wegen und machte eine leichte Verbeugung in Richtung des Rufers. Doch als er sich wieder aufrichten wollte, schien es, als sei irgend etwas in ihn gefahren. Er verhielt sich plötzlich und wurde ganz starr, als könne er sich nicht mehr bewegen. Sein Gesicht verzerrte sich und seine Hände fuhren nach dem Kragen seines Prachtgewands, als wolle er es aufreißen. Dann stieß er einen unmenschlichen Schrei aus und stürzte zu Boden. Gott hatte die Bosheit und Überheblichkeit des Königs Herodes Agrippa nicht mehr hinnehmen wollen. Als der König sich in seinem Stolz nun auch noch einen Gott nennen ließ, hatte der einzig wahre Gott einen Engel gesandt, der den König augenblicklich mit einer schrecklichen Krankheit schlug, die ihm sofort furchtbare Schmerzen bereitete und bald zum Tode führte.

Ein ungeheurer Tumult brach im Amphitheater aus, als Herodes zu Boden stürzte. Soldaten und Hofbeamte rannten herbei, weil sie glaubten, es sei auf den König ein Anschlag verübt worden. Sofort wurde nach Ärzten gerufen, und er wurde so schnell und vorsichtig wie möglich in seinen Palast getragen. Doch die Ärzte konnten nichts mehr für ihn tun. Es konnte nicht einmal bestätigt werden, daß er vergiftet worden sei, wie man zunächst annahm. Eine geheimnisvolle Krankheit zerstörte ihn. Die Ärzte erklärten später, er sei von innen her von Würmern zerfressen worden.

Dies war die Strafe Gottes für einen größenwahnsinnig gewordenen König, der die Gemeinde Jesu mit seinem Haß verfolgte und sich selbst zum Gott machen ließ.

8. Kapitel

Nach dem Tode Herodes Agrippas hörten die Verfolgungen der christlichen Gemeinde in Jerusalem und ganz Palästina auf, und die Christen konnten wieder in Ruhe und Frieden ihrem Herrn dienen. Das große Haus wurde wieder zum Zentrum aller Gemeindeaktivitäten in Jerusalem, und auch im Hause des Zebedäus lebte man wieder froher und leichter, weil die ständige Furcht und Spannung, ob vielleicht herodianische Soldaten auftauchen würden, nun vorüber war. Es gab wohl in ganz Palästina keinen Christen, der dem plötzlichen Tod von Herodes Agrippa nachtrauerte. Aber in allen christlichen Gemeinden dankte man Jesus besonders dafür, daß Er sie in der Verfolgungszeit bewahrt und nun auch noch dafür gesorgt hatte, daß diese schreckliche Zeit zu Ende war.

Die ganze Jerusalemer Gemeinde, und vor allem Johannes, freute sich noch besonders darüber, daß nun auch der Apostel Petrus in wenigen Tagen in die Stadt zurückkehren würde. Johannes sehnte sich danach, seinen Freund und Bruder wieder begrüßen und bei sich haben zu dürfen. Das Beisammensein mit Petrus würde für ihn zu einem besonderen Ereignis werden, obwohl sich Johannes darüber klar war, daß diese Zeit nicht lange währen würde. Wie er Petrus kannte, würde es ihn bald drängen, wieder auf Reisen zu gehen, um überall das Evangelium von seinem Herrn und Meister zu verkündigen. Aber jetzt jedenfalls würde Petrus erst einmal zurückkehren, und darüber freute sich Johannes.

Doch noch etwas anderes beschäftigte Johannes in den letzten Monaten wieder besonders. Obwohl er damals, als Petrus der Verfolgung wegen die Stadt verlassen mußte, den Entschluß gefaßt hatte, die Absicht einer Heirat mit Maria von Bethanien endgültig aufzugeben, waren diese Gedanken zurückgekommen. Jetzt, wo wieder Ruhe eingekehrt war, schien ihm die beste Gelegenheit, eine solche Absicht zu verwirklichen. Immer wieder, wenn er Maria begegnete, verspürte er, daß er eine tiefe Zuneigung zu ihr hegte.

Doch endgültig konnte er sich noch nicht durchringen, nun diesen Schritt zu tun, weil er daran dachte, wozu er sich einmal entschlossen hatte. Deshalb nahm er sich vor, über diese Frage zunächst erst noch einmal mit seinem Freund Petrus zu sprechen, wenn dieser zurück sein würde. Er war überzeugt davon, daß Petrus ihn am besten verstehen und einen guten Rat geben konnte. Außerdem waren gerade heute Boten aus einer etwas entfernter liegenden Gemeinde eingetroffen, die dringend um Johannes Besuch bei ihnen baten, weil dort wichtige Dinge zu regeln seien. Das war auch noch ein Grund, die Sache mit Maria zurückzustellen.

Johannes verließ also mit den Boten die Stadt, in die er in einigen Tagen zurückkehren würde; gerade noch rechtzeitig, um bei der Ankunft von Petrus auch wieder anwesend zu sein.

Als er nach fünf Tagen und nach erfolgreich beendeter Mission wieder nach Jerusalem zurückkehrte, wurden seine Schritte durch den Wunsch beflügelt, bald Maria wiederzusehen. Trotzdem fiel es ihm unterwegs in den Straßen auf, daß die meisten Menschen einen recht betrübten Eindruck machten. Als er an das Tor seines Hauses klopfte, öffnete ihm Lazarus. Erstaunt fragte Johannes: „Du hier? Was ist geschehen?"

Lazarus antwortete: „Komm herein, Johannes, und sei willkommen daheim."

Johannes, von dunkler Ahnung befallen, fragte: „Ist etwas mit Maria?"

Lazarus nickte. „Sie ist schwer erkrankt. Seit zwei Tagen kämpft sie mit dem Tod."

„Bring mich zu ihr", forderte Johannes.

„Du weißt, es schickt sich nicht für einen Mann, in das Krankenzimmer einer Frau zu gehen", gab Lazarus zu bedenken.

„Fragt man danach, was sich schickt, wenn es um Leben und Tod geht?" antwortete Johannes. „Bring mich zu ihr."

Als Johannes den Raum betrat, fiel sein Blick zuerst auf die Kranke, die mit hochrotem Gesicht im Bett lag, die Augen geschlossen hatte und völlig apathisch wirkte. Ihr Atem ging kurz und stoßweise. Dann wurde ihm bewußt, daß neben dem Bett Maria, die Mutter Jesu, und seine eigene Mutter Salome saßen. Salome hatte, als er eintrat, wie abwehrend die Hand gehoben, ließ ihn aber dann gewähren, als er sich dem Bett näherte. „Es hat keinen Zweck, Sohn", sagte Salome, „Maria ist seit gestern abend bewußtlos und nicht mehr ansprechbar."

„Aber was ist mit ihr geschehen?" fragte Johannes verwirrt.

„Zwei Tage nachdem du Jerusalem verlassen hattest, brach in der Stadt ganz überraschend eine geheimnisvolle Krankheit aus, von der niemand bisher weiß, worum es sich handelt und was man dagegen tun könnte. Die Krankheit griff so schnell um sich, daß schon am ersten Tag viele hundert Menschen davon befallen waren. Auch Maria traf es gleich am ersten Tag. Die Menschen bekommen ganz plötzlich hohes Fieber, zittern am ganzen Körper und werden so schwach, daß sie sich nicht mehr auf den Beinen halten können.“

Erschüttert stand Johannes einige Augenblicke schweigend am Bett. „Deshalb wirkten die meisten Menschen in den Straßen so bedrückt“, meinte er endlich. „Aber habt ihr schon einen Arzt gerufen? Und was hat er gesagt?“

„Wir haben alles getan, was möglich war“, antwortete die Mutter Jesu. „Es waren mehrere Ärzte hier. Doch da niemand weiß, worum es sich bei dieser Krankheit handelt, weiß man auch nichts dagegen zu tun. Das einzige, was die Ärzte empfehlen, sind kühle Umschläge gegen das hohe Fieber. Und die machen wir laufend.“

„Wieviel Hoffnung besteht?“ wollte Johannes wissen.

Die Frauen zuckten die Schultern. „Niemand weiß es“, antwortete Salome. „Aber die meisten sind bisher wohl gestorben, nur bei wenigen wird es langsam wieder besser. Aber vielleicht...“

„Dann wollen wir den Herrn bitten, sie wieder gesund zu machen. Er kann sie uns doch nicht nehmen...“, meinte Johannes verzagt.

In diesem Augenblick öffnete die Kranke die Augen. Als sie Johannes erblickte, ging ein frohes Lächeln über ihr müdes Gesicht. In ihre Augen kam ein kleines Leuchten. „Ich war weit, weit weg“, flüsterte sie. „Aber mir war, als würde ich deine Stimme hören. Da habe ich mich bemüht, aufmerksam zu sein und zuzuhören. Du bist wirklich hier. Es freut mich, dich noch einmal zu sehen; aber ich habe auch unseren Herrn und Meister gesehen...“

Man merkte Maria an, wie schwer ihr das Sprechen fiel. Besorgt erwiderte Johannes: „Sprich nicht weiter, Maria, es strengt dich zu sehr an. Ruhe dich aus, damit du bald wieder gesund wirst. Wir werden beten.“

Doch die Kranke schüttelte ganz leicht den Kopf. „Nein“, antwortete sie, „ich werde zu Jesus gehen, ich weiß es. Ich bin schon kurz bei Ihm gewesen.“

„Maria...“, flehte Johannes.

„Seid nicht betrübt... wir werden uns doch wiedersehen", flüsterte die Kranke. „Ich hätte mir nur gewünscht... als Märtyrerin für meinen Herrn zu sterben. Aber ich werde bei..." Damit fiel sie wieder in die Bewußtlosigkeit zurück. In der nächsten Nacht ging sie in die Ewigkeit zu ihrem Herrn, den sie so geliebt hatte, ohne noch einmal das Bewußtsein zurückerlangt zu haben.

Johannes ging die nächsten beiden Tage wie im Traum umher. Wieder war ein Mensch, der ihm etwas bedeutete, von ihm genommen worden. Warum geschah das immer wieder, und warum mußte er zurückbleiben? Stets von neuem grübelte er in diesen Tagen darüber nach, weil er spürte, daß wieder einmal ein Stück innere Leere in seiner Seele zurückgeblieben war. „Herr", betete er, als er am nächsten Abend zu Bett ging, „bleibst wirklich nur Du allein in meinem Leben übrig? Dann mußt Du auch diesen leeren Platz in mir ausfüllen. Du mußt mir noch größer werden, Herr."

Und wieder war ihm, als würde er beim Hinübergleiten in den Schlaf die Stimme seines Herrn hören: „Johannes, habe Ich dir nicht gesagt, du sollst Mich besser kennenlernen, als irgendein anderer Mensch? Sei getrost, Ich will dir noch größer werden."

Am nächsten Morgen war es Johannes, als brenne der Schmerz über den Tod Marias nicht mehr ganz so heftig in seiner Seele, obwohl es ihm schien, als ob er sich immer noch unter einer Art Schock befände. Als aber dann im Laufe des Nachmittags Petrus mit seiner Frau Debora eintraf, war es Johannes, als würde er durch die Ankunft seines Freundes ganz neuen Lebensmut erhalten.

Als die beiden Freunde einander gegenüberstanden, sich tief in die Augen blickten und dann umarmten, spürte Johannes, daß er jetzt wieder jemand an seiner Seite hatte, der ihn verstand und den er ebenso gut kannte und verstand. Von allen Jüngern waren sie beide wohl am engsten mit dem Meister verbunden gewesen. Außerdem waren sie ja schon, ehe sie Jesus kennenlernten, gute Freunde. Aber die gemeinsame Liebe zu dem Herrn und der gemeinsame Dienst für Ihn hatten sie einander so nahe gebracht, wie es auch unter guten Freunden wohl selten ist. „Ja", dachte Johannes, „der Herr hat mich gut getröstet, indem Er gerade zu diesem Zeitpunkt meinen Freund zurückkehren ließ. Der Meister weiß wirklich immer, was wir brauchen."

Alle im großen Haus Anwesenden waren froh, Petrus wieder in ihrer Mitte zu haben und begrüßten ihn freudig. Daraus wurde gleich eine Gebetsversammlung, in der man Gott aus übervollem Herzen dankte für das wohlbehaltene Wiedersehen und für das Ende der Verfolgungszeit. Alle wurden von neuem Eifer ergriffen, nun noch mehr für den Herrn zu wirken als bisher. Anschließend berichteten die in Jerusalem Gebliebenen und auch der zurückgekehrte Petrus, wie es ihnen in der Zeit der Not ergangen war. Viele größere und kleinere Erlebnisse von wunderbaren Führungen und Bewahrungen durch den Herrn waren zu erzählen. Noch während des Abendessens ging die frohe Unterhaltung lange weiter.

Der Abend war schon ein ganzes Stück vorgeschritten, als die beiden Freunde endlich allein auf dem großen Dach des Hauses saßen, die etwas kühler werdende Abendluft genossen und beide das Verlangen im Herzen trugen, noch miteinander zu sprechen. Petrus hatte wohl bemerkt, daß Johannes während der ganzen bisherigen Unterhaltung sehr wenig gesprochen und manchmal einen recht abwesenden Eindruck gemacht hatte. Johannes andererseits hatte sich im Laufe des Nachmittags entschlossen, über die Gedanken, die ihn bewegten, nun doch einmal mit Petrus zu reden, da dieser ihn sicherlich verstehen würde, wenn ihn überhaupt ein Mensch verstehen konnte. Doch er wußte nun nicht recht, wie er beginnen sollte und suchte nach Worten.

Petrus ahnte dies und half ihm, indem er sagte: „Dich bedrückt doch etwas, Johannes? Vielleicht hilft es dir, wenn du mit mir darüber sprechen kannst."

Johannes blickte nachdenklich. „Du hast es wieder erahnt, mein Freund“, antwortete er leise. „Ja, mich bewegen schon länger Gedanken, die aber nun durch den Tod der Maria von Bethanien — du hast ja schon davon gehört . . .“, Petrus nickte bestätigend, „wieder stärker geworden sind.“

Johannes schwieg wieder, weil er überlegte, wie er jetzt erklären sollte, was er empfand. Petrus unterbrach ihn nicht, sondern wartete geduldig. Die beiden hatten ein so enges Verhältnis bekommen, daß sie sich oft auch wortlos verstanden.

Endlich begann Johannes zögernd. „Weißt du, ich habe in all den Jahren immer wieder miterlebt, wie Menschen, die mir lieb und teuer waren, durch ganz verschiedene Umstände von meiner Seite gerissen wurden. Das begann mit Johannes dem Täufer — bei unserem Meister ging es uns ja allen gemeinsam so —“, wieder nickte Petrus bestätigend. „Doch es ging mit manchen anderen Menschen fort, wie zum Beispiel meinem Bruder Jakobus, bis jetzt hin zu Maria von Bethanien. Auch um dich, Petrus, habe ich mir ja einige Male Sorgen gemacht. Als Herodes Agrippa dich gefangen hatte, warst du nahe vor dem Tod.“

„Maria von Bethanien hat dir einiges bedeutet, wie?“ fragte Petrus leise, als Johannes jetzt wieder einen Augenblick schwieg.

Der andere nickte und fuhr fort: „Aber sieh, Petrus, ich selbst bin eigentlich immer ziemlich unbehelligt durch alle Schwierigkeiten hindurchgekommen. Ich erinnere mich noch gut, wie ich, als damals mein Bruder Jakobus enthauptet wurde, den Herrn gefragt habe: »Herr, warum Jakobus und nicht ich?« Warum all die Menschen an meiner Seite, die ich lieb habe, Petrus? Warum nicht ich? Du bist von allen fast der einzige, der mir noch geblieben ist; und manchmal, wenn du nicht in Jerusalem bist, fühle ich mich recht einsam.“

Wieder herrschte einige Augenblicke Schweigen, bis Johannes zaghaft fragte: „Kannst du verstehen, was ich damit sagen will, Freund Petrus?“

Dieser nickte wieder, ließ sich aber mit der Antwort Zeit. Es schien, als sei er jetzt am Nachdenken, was er sagen solle. Endlich gab er sich einen Ruck und begann: „Ja, Johannes, ich verstehe dich. Auch mir ging es manchmal so. Doch dann habe ich immer an etwas denken müssen, das mir der Herr einmal gesagt hat. Wenn ich es auch bis heute nicht recht verstanden habe . . ."

„Welches Wort des Herrn war das?" forschte Johannes eifrig.

Diesmal schüttelte Petrus den Kopf. „Nein, Johannes, du kennst diese Worte des Meisters bisher nicht, denn Er hat sie mir einmal allein gesagt. Aber nun, da du mir diese Frage stellst, will ich dir davon erzählen, obwohl ich das bisher noch zu keinem Menschen getan habe."

Aufmerksam lauschte Johannes, als Petrus jetzt fortfuhr: „Du erinnerst dich an den Tag, als der Herr nach Seiner Auferstehung zu uns an den See nach Galiläa kam?" Johannes nickte bestätigend.

„Weißt du auch noch, daß der Herr mich nach dem Essen beiseite nahm und mit mir ein Stück am Seeufer entlang ging?"

„Ja."

„Während dieses Gesprächs hat der Meister mir zwei Dinge gesagt, die ich bis heute nicht recht verstehe", fuhr Petrus nachdenklich fort. Das erste betraf mich. Er sagte: „Als du jung warst, hast du dich selbst gegürtet und konntest gehen, wohin du wolltest. Wenn du aber alt geworden bist, wirst du deine Hände ausstrecken, und ein anderer wird dich gürten und führen, wohin du nicht willst."

Wieder trat Schweigen ein, weil beide Männer über dieses Wort nachdachten. Endlich begann Petrus wieder: „Mir steht das Erlebnis noch so lebendig vor Augen, als sei es erst gestern gewesen, und die Worte haben sich mir unauslöschlich eingeprägt. Doch du wirst dich auch noch erinnern, daß du in einem gewissen Abstand hinter uns hergegangen bist, während die anderen am Feuer zurückblieben."

„Ja", sagte Johannes wieder.

„Damals habe ich mich darüber geärgert", bekannte Petrus etwas beschämt. „Ich dachte: »Muß er denn immer dabei sein? Was geht es ihn an, wenn der Meister etwas mit mir zu besprechen hat. Er muß doch nicht immer der sein, der Ihm am nächsten ist.“ Leise fügte er hinzu: „Verzeih mir, Johannes, heute weiß ich es besser.“

Johannes legte seinem Freund kurz die Hand auf den Arm. Diese Geste sagte unter den beiden mehr, als tausend Worte getan hätten. Petrus fuhr fort: „Aber ich habe mich damals so sehr geärgert, daß ich zum Herrn sagte: »Herr, was wird denn mit ihm?« — Da erhielt ich von unserem Meister eine ganz seltsame Antwort.“

Wieder schwieg Petrus, als müsse er sich selbst erst nochmals genau erinnern. Schon wollte Johannes, der in höchster Spannung wartete, ihn anstoßen, da begann Petrus: „Der Meister sagte: »Wenn Ich will, daß er bis zu Meinem Kommen bleibt, was geht es dich an? Du aber folge Mir nach.“

Das Schweigen währte dieses Mal noch länger, bis Petrus endlich fragte: „Nun, Johannes, was sagst du dazu?“

Verwundert schüttelte Johannes den Kopf. „Hat der Herr es wirklich so gesagt?“ fragte er zweifelnd.

„Genau so!“ nickte Petrus.

„Du wirst geführt werden, wohin du nicht willst, hat Er zu dir gesagt?“ wiederholte Johannes verwundert. „Und über mich: »Wenn Ich will, daß er bis zu Meinem Kommen bleibt...«“ Johannes machte eine aufgeregte Geste mit der Hand. „Aber soll das etwa bedeuten, daß ich vielleicht...?“ Er wagte es nicht, den Gedanken zu Ende auszusprechen.

Bedächtig wiegte Petrus jetzt seinen Kopf hin und her. „Ich weiß, was du jetzt sagen willst, Johannes. Ich habe diese Gedanken auch schon oft gehabt, im Blick auf mich... und auch, was dich betrifft. Ich sagte dir aber schon, daß ich die Worte des Herrn bis heute auch noch nicht recht verstehe. Doch eines ist mir dadurch schon klar geworden: Der Meister weiß genau, was Er mit uns vorhat, und wir dürfen Ihm getrost vertrauen.“ Nach einigen Augenblicken fügte er hinzu: „Doch ich bin von der Reise heute jetzt rechtschaffen müde. Laß uns schlafen gehen.“

Während Johannes den Weg zu seinem eigenen Haus zurücklegte, ging ihm immer wieder durch den Kopf: „Wenn Ich will, daß er bis zu Meinem Kommen bleibt ..." Konnte das bedeuten, daß der Herr ihm sagen wollte, er solle sich noch mehr auf Ihn, den Meister, allein konzentrieren? „Herr, ich will Dir vertrauen", flüsterte er. „Dir allein!"

Mittlerweile war nun seit dem Tod Marias von Bethanien auch die Mutter von Johannes, Salome, in die Ewigkeit gegangen. Petrus war, wie Johannes es erwartet hatte, schon längst wieder auf Reisen, um die Gemeinden zu stärken und neue zu gründen. Seit mehr als einem Jahr war er schon in Rom, der Hauptstadt des Weltreichs. Dort hatte schon länger eine christliche Gemeinde bestanden; seit sich aber Petrus dort befand, erlebte der Aufbau der Gemeinde einen mächtigen Aufschwung. Nur wenige Menschen waren Johannes aus der ersten Zeit mit dem Meister noch geblieben. Darunter eine, für die ihm einmal die Fürsorge übertragen worden war und die er lieben gelernt hatte wie seine eigene Mutter: Maria von Nazareth, die Mutter Jesu. Es gab sogar vorübergehend einmal eine Zeit, da wurde sie so etwas wie der Mittelpunkt des Haushalts im alten Jerusalemer Haus der Familie Zebedäus aus Kapernaum.

Überraschenderweise war es ein Arzt von heidnischer Abstammung, mit Namen Lukas, der sie so in den Mittelpunkt rückte. Lukas war einer der treuesten Mitarbeiter des Apostels Paulus, des früheren Saulus von Tarsus. Als Paulus wieder einmal für eine Zeit nach Jerusalem kam, war er in Begleitung von Barnabas und Lukas.

Matthäus, der ehemalige Zöllner, hatte vor einigen Jahren einen Bericht über das Leben Jesu geschrieben, der in erster Linie für jüdische Leser gedacht war, deshalb sprach er die vielen interessierten Menschen aus der heidnischen Welt nicht so sehr an, wie es vielleicht hätte sein sollen. Darum hatte Lukas sich vorgenommen, einen ähnlichen Bericht über das Leben Jesu zu schreiben, aber in einer Art, die auch für Menschen, die aus dem Heidentum kamen, ansprechend war. Außerdem ging es ihm auch noch darum, manche Einzelheiten zu berichten, die in Matthäus Bericht vielleicht noch fehlten. Woher aber konnte man vieles, vor allem mit der Geburt Jesu Zusammenhängendes, besser erfahren, als von Jesu Mutter? Deshalb kam Lukas mit dem Apostel Paulus in das Haus des Apostels Johannes, um die Mutter Jesu zu bitten, ihm zu erzählen, was sie wußte.

Es war Winterzeit, als Lukas mit den anderen in Jerusalem eintraf. An den Abenden versammelte man sich nun in den kommenden Wochen um ein mildes Feuer, dem Maria aus Nazareth am nächsten saß, denn sie war nicht mehr die Jüngste, und lauschte, was sie zu erzählen hatte. Lukas schrieb unermüdlich auf, was er von Jesu Mutter zu hören bekam.

Johannes erinnerte sich lebhaft daran, wie ihm sein Meister einmal mitgeteilt hatte, Johannes der Täufer sei sein Cousin. Damals hatte Jesus noch erwähnt, es hätten sich bei des Täufers und auch bei Seiner eigenen Geburt manche erstaunliche Dinge ereignet. Er hatte aber nicht mehr darüber sagen wollen, sondern nur noch hinzugefügt, es werde sicher die Zeit kommen, wo Johannes auch darüber mehr erfahren würde. Nun erfuhr er, als er dem Bericht lauschte, der für Lukas bestimmt war, aus dem Munde Marias von Nazareth, was sich damals alles ereignet hatte. „Ob der Meister vor so vielen Jahren schon gewußt hat, auf welche Weise ich es einmal erfahren würde?“ wunderte sich Johannes.

9. Kapitel

Es schien das Schicksal des Christentums zu sein, immer wieder das Mißfallen und die Feindschaft der Fürsten und Regierungen der damaligen Zeit zu erregen. Johannes der Täufer war von Anfang seines Dienstes an vom Sanhedrin und den regierenden Hohen Priestern und später auch von Herodes Antipas befeindet und von diesem sogar getötet worden. Herodes der Große hatte versucht, Jesus ums Leben zu bringen, als dieser gerade erst geboren war. Gelehrte Männer aus fernen Ländern hatten ihn auf die Geburt eines neuen Königs der Juden aufmerksam gemacht. Da Herodes darin für sich und seine Nachkommen einen Rivalen vermutete, hatte er versucht, ihn gleich wieder zu töten und hatte deshalb in Bethlehem alle jüngeren Kinder umbringen lassen.

Jesus selbst war von den Führern der Juden während Seines ganzen öffentlichen Auftretens gehaßt und verfolgt und endlich von Juden und Römern gemeinsam getötet worden. Und nachher hatte es nicht aufgehört. Der Apostel Jakobus, der Diakon Stephanus und zahllose andere Christen waren in den Verfolgungen durch die jüdischen Behörden, durch Herodes Agrippa und durch andere ums Leben gekommen oder waren vertrieben worden oder mußten in Gefängnissen schmachten oder sonst Not leiden.

Als Paulus dieses Mal wieder in Jerusalem war, sollte es sein letzter Besuch sein. Wieder hatte er sich in langen Debatten mit den Schriftgelehrten und Pharisäern auseinandergesetzt, die ihm und den Christen vorwarfen, das Gesetz Moses zu mißachten. Der Aufruhr darüber war nicht gering, so daß er gefangengenommen und dem römischen Prokurator Felix vorgeführt wurde. Für etwa zwei Jahre wurde er von Felix ohne echte Gerichtsverhandlung in leichter Haft gehalten. Der Römer Festus, der Felix als Prokurator in Palästina ablöste, wußte nicht, was er mit Paulus anstellen sollte und hätte ihn vielleicht freigelassen, wenn dieser nicht in der Zwischenzeit als römischer Staatsbürger an den Kaiser in Rom appelliert hätte. So wurde er also nach Rom gesandt, dort vor einem kaiserlichen Gericht gehört und freigelassen. Zur Zeit, so wußte Johannes, war er wieder in den christlichen Gemeinden in Griechenland unterwegs.

Während der frühen Jahre nach dem ersten Pfingstfest war der Einfluß der christlichen Gemeinde natürlich hauptsächlich in Palästina zu spüren gewesen. Deshalb hatten sich die römischen Kaiser Caligula und Claudius nicht allzusehr um diese wachsende Bewegung in ihrem Reich gekümmert, obwohl Claudius begonnen hatte, das Evangelium als eine Bedrohung für das römische Kaisertum anzusehen und sogar alle christlichen Juden aus seiner Hauptstadt Rom verbannte. Aber mehr als das unternahm er gegen die Christen nicht.

Doch der Mann, der nun auf Roms Thron saß, konnte die immer mehr wachsende christliche Kirche nicht mehr übersehen, da sie sich in allen Teilen seines Reiches und auch in seiner Hauptstadt selbst mächtig ausbreitete. Außerdem besaß dieser Mann einen überaus bösartigen Charakter, was sich in den ersten Jahren seiner Regierung zwar noch nicht zeigte, aber dann um so schlimmer zum Ausbruch kam. Er wurde so schlimm, daß man stets an seinen Namen denkt, wenn irgendwo von den Gewalttaten der römischen Imperatoren die Rede ist.

Nero, denn er war dieser Kaiser, regierte in den ersten fünf Jahren seiner Zeit so gut, daß man sagte, es seien goldene Jahre. Doch dann schien irgend etwas in seinem Wesen zu explodieren, so daß er von da an seinen Namen mit blutigen Lettern in das Buch der Geschichte einprägte. Er ging so weit, daß er sogar seine eigene Mutter Agrippina durch gedungene Mörder umbringen ließ.

Nero, der nach und nach offensichtlich einer Art Wahnsinn verfiel, hielt sich selbst später für einen Gott und erwartete, daß man ihn entsprechend ehrte. So bestand er zum Beispiel auf der Anrede „Göttlicher Imperator". Da das Christentum zu dieser Zeit auch schon in höheren Kreisen Roms Fuß gefaßt hatte, war es unausweichlich, daß Nero auch mit Christen in Berührung kam. Diese waren zwar treue Staatsbürger, weigerten sich aber, Neros Göttlichkeit anzuerkennen. Dies forderte den Zorn Neros heraus, der die christliche Gemeinde mit immer mehr wachsendem Mißtrauen beobachtete und bald zu unterdrücken begann.

Da sich Nero unter anderem auch für einen großen Baumeister hielt, war einer seiner Lieblingsträume, Rom ganz neu aufzubauen. Doch dazu hätte erst die alte Stadt, die in rund 800 Jahren so gewachsen war, wie sie jetzt stand, beiseite geräumt werden müssen. Nero fand also ihm ergebene Subjekte, die er dafür bezahlte, und ließ durch diese seine eigene Hauptstadt anzünden. Es wurde eine schreckliche Katastrophe.

Da auf Neros Geheiß hin das Feuer zur gleichen Zeit an mehreren Stellen gelegt wurde und in den alten Straßen und Gassen der Stadt genügend Nahrung fand, breitete es sich rasend schnell aus. Der Kampf der Soldaten und Bürger der Stadt gegen den Brand war fast vergeblich. Wenn es ihnen mit viel Mühe gelungen war, an einer Stelle den Brand zu löschen, und sie sich nun einem weiteren Brandherd zuwandten, fachten die von Nero bezahlten Männer hinter ihrem Rücken die Feuer neu an. Neun Tage wüteten die Flammen, viele Tausende von Menschen kamen in ihnen um. Am Ende lagen etwa zwei Drittel der Stadt in Trümmern, und Hunderttausende waren obdachlos.

Schon vom ersten Tag des Brandes an wurde nach den Schuldigen für diese Katastrophe gefragt. Nero, darauf vorbereitet, fand auch hier schnell bezahlte Verräter und Zeugen, angebliche Christen, die aussagten, es seien die Christen Roms gewesen, die diese Brände gelegt und damit die Stadt angezündet hätten. Schon am zweiten Tag des Brandes hatte man also die Christen als Schuldige dafür verantwortlich gemacht, und vom dritten Tag an ließ Nero alle Christen, deren er habhaft werden konnte, in die Gefängnisse werfen. Man wird nie wissen, wie viele es waren, aber es waren viele, viele Tausende. Unter ihnen befanden sich auch Petrus und seine Frau Debora. Der Kaiser hatte auf diese Weise gleich zwei Ziele erreicht. Erstens konnte er dem durch den Brand wütenden Volk Schuldige vorweisen, so daß der Verdacht von ihm abgelenkt wurde, und zweitens konnte er nun seinem aufgestauten Haß gegen die Christen freien Lauf lassen. Es wurde eine der grausamsten Verfolgungen und Schlächtereien, die es je in der Geschichte der Menschheit gegeben hat.

Im Zirkus Maximus wurden Massenkreuzigungen vorgenommen. Man kreuzigte dort Hunderte von Christen zur gleichen Zeit, um die Sensationslust des Volkes zu befriedigen. In großer Zahl wurden sie auch bei Zirkusspielen vor die Pranken der wilden Tiere getrieben und von ihnen zerrissen. Nero erfand in seiner sadistischen Gier, Menschen sterben zu sehen, immer neue Todesarten. Eine Zeitlang ließ er sie verbrennen. Doch als ihm dies nicht mehr Vergnügen genug bereitete, erfand er noch grausamere Dinge. Er ließ seine Opfer in nur schwer brennbare Stoffe einwickeln und in seinen Gärten in den Bäumen aufhängen. Bei seinen abendlichen Gartenfesten dienten sie dann als lebendige Fackeln, die nur langsam verbrannten. Andere wieder ließ er in Felle von wilden Tieren einnähen und warf sie dann Rudeln blutdurstiger Hunde vor, von denen sie Stück um Stück zerrissen wurden.

Petrus saß mit Debora und vielen anderen Christen ebenfalls in einem der römischen Gefängnisse. Eines Tages wurde ihnen mitgeteilt, daß sie zum Tode verurteilt seien. Am nächsten Morgen wurden sie von rauhen Soldaten unter Schlägen und Fußtritten aus den Zellen gezerrt, aneinandergefesselt und auf Karren verladen, mit denen sie zu dem großen Feld des Zirkus Maximus gefahren wurden. Während die anderen Christen einer nach dem anderen ans Kreuz geschlagen wurden, führten eine Gruppe Soldaten Petrus und seine Frau in eine höher gelegene Loge, von wo aus der gesamte Zirkus zu übersehen war.

„Was soll das bedeuten?" fragte Petrus den Offizier seiner Wachmannschaft. „Unser großmütiger Kaiser gönnt dir das besondere Vergnügen, dem Tod all derer zuzusehen, die du verführt hast", war die höhnische Antwort. Und so geschah es. Petrus und Debora mußten den ganzen Tag hindurch dem Leiden und Sterben ihrer Brüder und Schwestern in Christus zuschauen.

Nach diesem Tag des Grauens wurden Petrus und Debora getrennt. Petrus wurde in das gefürchtetste und schrecklichste Gefängnis Roms gebracht, den Tullianischen Kerker, der eines Tages als der Mamertinische Kerker bekannt werden sollte. Hier wurde er in eine der untersten Zellen gelegt, in der es immer dunkel war; nur durch ein Loch weit oben kam ein schwacher Schimmer Licht herein. Angekettet an einen dicken Holzpfeiler mußte er immer stehen, da die um den Leib geschmiedete Kette ein Sitzen nicht erlaubte. Der Kaiser versuchte mit aller Gewalt, Petrus Glaube und Widerstandskraft zu zerbrechen, doch es gelang ihm nicht. Selbst noch in diesem Kerker erzählte der Apostel den Wachen von Jesus und verkündigte ihnen das Evangelium, so daß die Soldaten sich bekehrten.

Endlich kam der Tag, da auch Petrus hingerichtet werden sollte. Als die Soldaten ihn nach draußen führten, brannte ihm das Licht in die Augen, nachdem er wochenlang in fast völliger Dunkelheit gelebt hatte. Mit ihm sollte auch Debora sterben und viele andere Christen. Am Eingang des Zirkus Maximus traf er zum letzten Mal auf dieser Erde mit Debora zusammen. Dann wurde er gemeinsam mit ihr und den anderen unter dem Gejohle der versammelten Volksmassen in den Zirkus getrieben.

Wieder mußte er zuschauen, wie vor ihm all die anderen Christen an die Kreuze geschlagen wurden. Als man Debora von seiner Seite riß und zu einem Kreuz führte, rief er ihr nach: „Sei stark und denke an den Herrn!"

Als er jetzt im Zirkus vor der Loge Neros stand, gebunden und von zwei Soldaten bewacht, mußte er an die Worte seines Herrn denken: „... Wenn du aber alt geworden bist, wirst du deine Hände ausstrecken, und ein anderer wird dich gürten und dich führen, wohin du nicht willst." Er würde seinem Herrn nun also auch noch auf diesem Weg folgen. Es hatte sich erwiesen, daß sein Herr, der durch den Heiligen Geist in ihm wohnte, auch jetzt noch stärker war als der römische Kaiser. Nero hatte in der Zeit von Petrus Gefangenschaft alle ihm zu Gebote stehenden Mittel eingesetzt, um diesen Zeugen Christi zu zerbrechen und ihm seinen Glauben zu nehmen. Doch das war ihm nicht gelungen.

Hier stand nun der große Fischer vom See in Galiläa, der mächtige Apostel Jesu Christi, vor dem versammelten römischen Volk. Würde er es auch jetzt noch wagen, den Kaiser herauszufordern? Ja — er wagte es. Als die Soldaten ihn als letztes Opfer des Tages zum Kreuz führten, richtete Petrus sich noch einmal hoch auf. Körperlich zwar schon sehr schwach und mitgenommen, aber an Geist und Seele ungebrochen, blickte er zur Loge Neros hinauf und rief ihm zu: ,,Wenn ich jetzt am Kreuz sterben soll, Cäsar, dann erfülle mir einen Wunsch: Es wäre zuviel Ehre für mich, so zu sterben, wie mein Herr starb. Laß mich mit dem Kopf nach unten kreuzigen.“ — Und so geschah es!

10. Kapitel

Wenn auch in Palästina von der neronischen Christenverfolgung noch wenig zu spüren war, wurde es doch auch dort immer schwieriger für die christliche Gemeinde. Erstens ließ der Haß der jüdischen Führer nicht nach, sondern wurde eher schlimmer, und außerdem wuchs im ganzen Römischen Reich die Ablehnung gegen die Christen. Das machte sich natürlich auch in Palästina bemerkbar. Weiterhin nahmen auch die Aktivitäten der jüdischen Nationalisten — der Zeloten — der römischen Besatzungsmacht gegenüber immer mehr zu, so daß es dadurch zu erhöhten politischen Spannungen kam, worunter natürlich auch die Gemeinde mit zu leiden hatte.

Die römischen Behörden beobachteten alle Versammlungen mit Mißtrauen, weil sie dahinter stets auch verschleierte zelotische Unternehmen vermuteten. So mußte die Gemeinde auch in Jerusalem immer mehr Vorsicht walten lassen und oft Versammlungen im Geheimen abhalten, da in letzter Zeit schon wieder Christen ihres Glaubens wegen getötet worden waren.

Johannes war mittlerweile schon 55 Jahre alt geworden. Sein Dienst als Apostel hatte sich aber bisher ausschließlich auf Palästina beschränkt. Er und Jakobus, der Bruder Jesu, waren die anerkannten Führer der Gemeinde in Jerusalem und ganz Palästina. An diesem Abend war der Apostel wieder einmal zu einer Gebetsversammlung in einem entfernteren Teil Jerusalems gewesen. Auf dem Heimweg ließ er die nötige Vorsicht walten, um nicht in einer der engen Straßen überfallen zu werden.

Als er sich der Innenstadt näherte, war ihm, als würde er tumultartigen Lärm hören, und wurde deshalb noch vorsichtiger. Aufmerksam lauschte er, je weiter er ging. Ja — irgend etwas war da im Gange. Vielleicht veranstalteten die Zeloten wieder einen Aufruhr. Da war es besser, sich fernzuhalten, denn wenn man in ihre Auseinandersetzungen mit den römischen Soldaten geriet, wurde nicht lange gefragt, wer man war und wohin man gehörte. Johannes überlegte gerade, ob er am nahe gelegenen Haus einer christlichen Familie anklopfen und vorläufig dort bleiben sollte, bis der Lärm vorüber war, oder ob er versuchen sollte, diese Sache, was immer es sein mochte, im weiten Bogen zu umgehen, da fiel ihm auf, daß es sich eigentlich um keinen Lärm handelte, der sich wie Streit anhörte, sondern eher wie Jubel.

Neugierig geworden ging er doch noch näher. Ja, es war so. Dort jubelten Menschen, und zwar mußte es am Palast des römischen Prokurators sein. Nun wollte Johannes es genau wissen und ging gerade darauf zu. Als er jetzt in die Straße einbog, die direkt zum Palast führte, sah er auf dem Platz davor Männer tanzen und singen. Es waren Juden, und zwar hauptsächlich junge Leute aus der ärmeren Klasse. Johannes konnte sich nicht vorstellen, welchen Grund es geben könnte, vor dem Palast des römischen Prokurators in Jubelgesänge auszubrechen.

Als er ganz heran war, schaute er einige Augenblicke zu und wandte sich dann fragend an einen noch sehr jungen Mann, der in der Nähe stand. „Sag mir, mein Junge, was geht hier vor?"

Der junge Bursche drehte sich ihm zu. Man konnte ihm seine Begeisterung ansehen. „Hast du es denn noch nicht gehört?" rief er. „Rom brennt!"

„Rom brennt?" Johannes war überrascht. „Woher weiß man es? Und ist es schlimm?"

„Boten brachten die Nachricht. Sie sagen, Kaiser Nero habe das Feuer selbst legen lassen. Das erste Vernünftige, was er getan hat. Die halbe Stadt soll verbrannt sein, und Tausende von diesen Heiden ebenfalls."

Johannes starrte den Jungen erstaunt an und meinte dann

nachdenklich. „Es leben doch nicht nur Heiden in Rom, mein Junge, sondern auch viele von unserem Volk. Hat man nichts unternommen, um das Feuer zu löschen?"

Ärgerlich schüttelte der Bursche den Kopf. „Für mich wohnen in Rom nur Heiden, und denen geschieht es recht."

„Aber auch Heiden sind Menschen", gab Johannes noch zu bedenken und wandte sich dann zum Gehen. Der Bursche blickte ihm kopfschüttelnd nach. Aber Johannes Herz war mit Sorge erfüllt. „Mein Herr", seufzte er, „wie mag es der Gemeinde in Rom ergehen? Und wie Petrus?"

Es war reichlich zwei Wochen später und gegen Abend. Johannes saß mit Maria, der Mutter Jesu, im Hof. Sie hatten sich über mancherlei unterhalten, auch darüber, wie es wohl der Gemeinde in Rom und Petrus gehen mochte. Nachdem Johannes an jenem Abend vor dem Palast des Prokurators vom Brand Roms erfahren hatte, begannen die Christen in Jerusalem sofort, ernstlich für ihre Brüder und Schwestern in Rom zu beten, und vor allem für Petrus. Weitere Einzelheiten hatte man bisher von Rom nicht erfahren.

Jetzt klopfte es plötzlich an die Hoftür. Als Johannes das Tor öffnete, sah er einen jungen Burschen vor sich, der ihm bekannt vorkam. „Herr", sagte dieser, „vielleicht erkennst du mich wieder?"

„Ja", nickte Johannes, „du hast mir an jenem Abend vor dem Palast des Prokurators vom Brand Roms erzählt."

„Herr", meinte der Junge nervös, „nachdem du mit mir gesprochen hattest, habe ich einige Tage darüber nachgedacht, wer du sein könntest. Denn auch ich habe dich früher schon einmal gesehen."

„So?" meinte Johannes.

„Ja"." Der Bursche wurde eifriger. „Mein Onkel hat mich einmal auf dich aufmerksam gemacht, als ich noch einige Jahre jünger war."

„Dein Onkel?"

„Ja, Herr. Mein Onkel war früher gelähmt. Er hat mir erzählt, du und ein anderer Mann hätten ihn an der Schönen Tür im Tempel durch ein Wunder gesund gemacht. Dort soll er immer gesessen und gebettelt haben, als er noch gelähmt war. Ich weiß das nicht mehr. Damals war ich noch gar nicht geboren. Aber mein Onkel und die anderen Verwandten versicherten mir, die Sache sei wahr, obwohl sie mir sehr erstaunlich vorkommt."

Jetzt mußte Johannes lächeln. „Ja, mein Junge, das stimmt", bestätigte er. „Ich kann mich erinnern. Aber es waren nicht wir, die deinen Onkel gesund gemacht haben, sondern unser Herr Jesus Christus."

„Nun ja", meinte der Bursche, „darüber weiß ich nichts. Aber jedenfalls habe ich mich in den letzten Tagen erkundigt, wer du bist, und erfuhr, du seist der Apostel Johannes, der Führer der Christen hier in Jerusalem."

„Auch das stimmt. Aber nun sag mir endlich: Warum bist du zu mir gekommen?"

Der Junge wurde wieder unsicher. „Das weiß ich auch nicht genau", meinte er. „Aber du brauchst keine Sorge zu haben, ich bin kein Spion. Aber du hast dir an jenem Abend so viele Sorgen gemacht um die Menschen in Rom. Das hat mich gewundert. Als ich aber hörte, du seist der Führer der Christen, habe ich es verstanden."

„Nun sag aber endlich, was du willst", forderte Johannes, der schon ungeduldig wurde.

„Herr, ich dachte, ich müßte dir die Neuigkeit mitteilen, weil du doch meinem Onkel geholfen hast."

„Welche Neuigkeit?"

„Wir erhielten Nachrichten aus Rom, Herr. Und da sie die Christen betreffen, dachte ich, du solltest sie wissen."

„Welche Nachrichten hast du?"

„Herr, ich verstehe die Nachrichten nicht, denn ich habe immer gehört, die Christen redeten von Liebe und Frieden und so... Und nun wird gesagt, die Christen seien Aufrührer gegen Rom."

,,Das kann nicht stimmen. Unsere Brüder kümmern sich nicht um die Angelegenheiten des römischen Staates. Wir bauen an einem Reich, das nicht von dieser Welt ist. Wer sagt denn so etwas?"

,,Nero hat behauptet, die Christen seien Aufrührer und hätten deshalb Rom in Brand gesteckt. Wir glauben zwar immer noch, daß er es selbst war. Aber so wird gesagt."

,,Wieso kann Nero solches behaupten? Kann er es denn beweisen?"

,,Er hat angeblich Zeugen dafür. Es sollen Christen sein, die wegen dieses Brandanschlags von euch abgefallen sind."

,,Das kann nicht sein", ereiferte sich Johannes. ,,Wenn er Zeugen hat, dann sind es falsche, die er für Geld gekauft hat."

,,Das mag sein", bestätigte der Junge. ,,Aber unsere Nachrichten sagen, daß Nero aus diesem Grund begonnen hat, die Christen in Rom zu verfolgen und alle ins Gefängnis zu werfen. Wir haben gehört, daß er auch ihren Anführer dort gefangen hat. Er soll wohl Petrus heißen. Ist er nicht der zweite Mann, mit dem du damals gemeinsam meinen Onkel gesund gemacht hast, Herr?"

,,Bist du sicher?" fragte Johannes besorgt.

,,Die Nachrichten sind noch ungenau, Herr, aber so wird gesagt." Der Junge machte eine leichte Verbeugung und ging davon.

Johannes schloß das Tor und ging mit schleppenden Schritten zu Maria zurück, die ihm fragend entgegenblickte. Er berichtete ihr, was er soeben gehört hatte. Dann saßen die beiden noch lange und beteten für ihre Brüder und Schwestern in Rom und vor allem für Petrus.

Es dauerte nicht mehr lange, dann erhielt die Gemeinde selbst Nachricht aus Rom, die bestätigte, was der junge Bursche Johannes gesagt hatte. Nochmals einige Wochen später erfuhren die Christen in Jerusalem, daß Petrus den Märtyrertod gestorben war. ,,Herr, warum Petrus", fragte Johannes, ,,warum nicht ich?" Dann mußte er wieder an die Worte denken, die der Herr nach Seiner Auferstehung Petrus am See in Galiläa gesagt hatte.

Wenn Johannes auf die letzten Jahre zurückblickte, hätte er es manchmal vorgezogen, mit seinem Freund und Bruder Petrus in der Arena für Jesus gestorben zu sein, denn auf eine Weise starb er fast täglich. Er war mittlerweile der einzige Überlebende der zwölf Apostel Jesu.

Etwa zwei Jahre nach Petrus Tod hatte Paulus ein ähnliches Schicksal getroffen; er war von Neros Schergen enthauptet worden. Und auch das war dem Tyrannen in Rom noch nicht genug. Die Christenverfolgung, die durch den Brand Roms mit Macht eingesetzt hatte, breitete sich danach schnell auf alle Teile des Reiches aus. Eine ganze Anzahl der besten Männer und Frauen, die überall wie das Salz der Erde wirkten und durch die Gott Seinen Segen zu den Menschen fließen lassen konnte, fielen dem Wüten dieser Verfolgung zum Opfer: Jakobus, der Bruder Jesu, einer der Pfeiler der Gemeinde in Jerusalem und mit Johannes zusammen deren Leiter; Philippus, Matthäus, Johannes Markus; Matthias, der den Platz von Judas Ischariot im Jüngerkreis eingenommen hatte; Judas, der Bruder Jesu; Nathanael Bar Tholomäus, Thomas und sogar Lukas, der Arzt. Von Rom aus hatte sich der Wahnsinn dieser Verfolgung über Griechenland, Mazedonien, Kleinasien bis nach Syrien und Palästina ausgebreitet und ließ die Gemeinde aus tausend Wunden bluten.

Doch die Gemeinde Jesu Christi war unter der Verfolgung nicht gestorben, sondern wuchs im Gegenteil immer mehr. Doch Johannes hatte, als einer nach dem anderen der Gefährten von seiner Seite gerissen wurde, gefühlt wie er immer einsamer wurde. Gewiß hatte er genug Brüder und Schwestern in Christo um sich, denn auch die Gemeinde in Jerusalem wuchs immer noch, und manche von ihnen waren dem Apostel im Laufe der Zeit auch Freunde geworden. Doch von den Gefährten der Zeit mit Jesus und der Anfangszeit der Gemeinde war außer Maria, der Mutter Jesu, niemand mehr vorhanden. Dabei war er selbst noch kein alter Mann. Doch immer öfter mußte er in letzter Zeit an das Wort Jesu denken, das Er einst zu Petrus über ihn gesagt hatte: „Wenn Ich will, daß er bis zu Meinem Kommen bleibt, was geht das dich an?“

Oft, wenn er darüber nachdachte, flehte er: ,,Herr, wirst Du bald wiederkommen? Wirst Du dann Dein Reich aufrichten?" Manchmal war ihm, als höre er dann in seinem Herzen die Antwort: ,,Sei zufrieden, Johannes, du bist noch nicht zu alt, um noch von Mir zu lernen und Aufgaben für Mich zu erfüllen."

,,Und die anderen, Herr, meine Gefährten, wie war es mit ihnen?"

Wieder hörte er in seinem Herzen die leise Antwort: ,,Habe Ich dir nicht gesagt, du würdest Mich kennenlernen wie kein anderer Mensch?"

,,Ja, Herr, ich weiß das", seufzte der Apostel. ,,Aber ist dazu nötig, daß ich immer einsamer werde?"

,,Du hast Mich, Johannes", klang leise die Antwort. ,,Ich bin der Weg, die Wahrheit und das Leben. All das hast du doch lange gesucht und in Mir gefunden. Genügt das nicht?"

Lange saß Johannes still und dachte über sein zurückliegendes Leben nach. Endlich nickte er: ,,Doch, Meister, das ist genug." Entschlossen erhob er sich, um wieder für die anderen dazusein.

11. Kapitel

Neros Verfolgungswahn gegenüber allen, die ihm angeblich nicht genug Ehre entgegenbrachten, hatte den Wunsch der jüdischen Zeloten, sich von der Herrschaft Roms zu befreien, nur noch gesteigert. Es war mittlerweile schon das Jahr 68 n. Chr., und in Jerusalem herrschte Krieg. Zwar war es zunächst noch ein Bürgerkrieg — Juden gegen Juden —, der sich noch nicht direkt gegen die römische Herrschaft richtete, aber es war doch der Anfang zu dem Aufstand. Außerdem trug auch noch die unfähige und ungerechte Regierung der römischen Prokuratoren in Judäa dazu bei, den Haß gegen Rom zu schüren.

Schon Felix war es nicht mehr gelungen, ein auch nur annähernd gerechtes Regime aufrecht zu erhalten. Bei Albinus war es noch schlimmer geworden. Er hatte die jüdischen Städte regelrecht ausgeplündert und rücksichtslos die Steuern erhöht. Er war sogar soweit gegangen, Schwerkriminelle gegen Zahlung entsprechender Lösegelder wieder freizulassen. Sein Nachfolger Florus fuhr in der gleichen Weise fort, nur daß er viel gewalttätiger war als Albinus und für die geringsten Kleinigkeiten Juden in Massen hinrichten ließ.

Dies hatte dazu geführt, daß eine starke Gruppe des jüdischen Volkes, vor allem die jüngeren Männer und solche aus den ärmeren Schichten, immer mehr zum Aufstand gegen Rom hetzten. Dagegen gab es eine konservative Gruppe, hauptsächlich die Wohlhabenden und Älteren, die davon nichts hielten. Diese beiden Gruppen standen sich in stets zunehmender Feindschaft gegenüber und bekämpften sich gegenseitig.

Als der Prokurator Florus dann auch noch den größten Teil des Goldes aus dem Tempelschatz beschlagnahmte, brach die Rebellion offen aus, und in den Straßen Jerusalems und im Lande herrschte offener Bürgerkrieg. Die Einwohner Jerusalems waren in zwei feindliche Lager zerfallen. Der Streit ging mitten durch die Familien. Oft stand Bruder gegen Bruder oder Vater gegen Sohn.

Außerhalb Jerusalems hatten Truppen der Zeloten auch schon begonnen, die Römer direkt anzugreifen. Starke Abteilungen der Zeloten hatten Massada, die alte Festung Herodes des Großen, die jetzt ein römisches Militärlager war, eingeschlossen, bei einem überraschenden Angriff erobert und die römischen Soldaten bis auf den letzten Mann niedergemacht. Doch am gleichen Tage wurden in Cäsarea 20000 jüdische Einwohner von den Heiden erschlagen und der Rest in die Sklaverei verkauft. Kurz darauf wiederholte sich ähnliches in Damaskus, wo 10000 jüdische Bürger getötet wurden.

In Jerusalem selbst hatte Florus in seiner typischen Art rücksichtslos die Häuser der Juden plündern lassen. Viele wurden dabei erschlagen und die Anführer der Rebellen außerhalb der

Stadtmauer an Kreuze genagelt. An einem Nachmittag mußten über 3600 Juden ihr Leben lassen.

Die Truppen der aufständischen Zeloten übten wiederum Vergeltung und überfielen in ganz Palästina Städte mit hauptsächlich heidnischer Einwohnerschaft, zerstörten sie völlig und töteten alle Heiden, die sie fanden — Männer, Frauen und Kinder. Da die Provinz Syrien sich mit den Römern verbündet hatte, um den Aufstand der Zeloten niederzuwerfen, fielen diese auch in Syrien ein und zerstörten eine ganze Anzahl syrischer Städte und Dörfer auf ähnliche Weise.

Die Christen im Lande versuchten sich aus den Streitigkeiten herauszuhalten, was nicht immer gelang, da sie in ihrer Neutralität beiden Parteien verdächtig erschienen. Jede Seite glaubte, sie würden es mit der gegnerischen Partei halten. So hatten die Christen oft unter beiden zu leiden. Auch in Jerusalem, wo die Feindschaft besonders hart aufeinander prallte, wurde die Stellung der Gemeinde deshalb immer schwieriger.

Das alte Haus der Familie Zebedäus hatte sich fast in ein kleines Flüchtlingslager verwandelt. Eine ganze Reihe christlicher Familien, deren Häuser geplündert und zerstört worden waren, hatten sich nach hier geflüchtet. Johannes nahm sie alle auf und versuchte, für jeden noch ein Plätzchen zu finden. Es war wohl der Herr durch den Heiligen Geist gewesen, der Johannes kurz vor Ausbruch der Feindseligkeiten noch ins Herz gegeben hatte, die Vorratsräume des Hauses bis zum letzten Eckchen mit Lebensmitteln füllen lassen. Da auch die ankommenden Flüchtlinge von ihren Vorräten mitbrachten, was noch vorhanden war, herrschte wenigstens an Nahrung kein Mangel, wenn auch die Enge immer drangvoller wurde.

Wegen der Zustände in den Straßen wagten es die Christen kaum mehr, nach draußen zu gehen. Dies geschah nur in den äußersten Notfällen. Andererseits war das Haus nun verhältnismäßig sicher, eben weil so viele Menschen darin wohnten, denn es befanden sich darunter auch eine ganze Anzahl Männer, die schon mehrere Male den Versuch einer der Bürgerkriegsparteien, in das Haus einzubrechen, abgewehrt hatten. Deshalb ließ man sie seit einiger Zeit respektvoll in Ruhe, wenn sie auch immer mit Argwohn beobachtet wurden.

Eines Abends, bei Einbruch der Dunkelheit, als Johannes wieder einmal von dem mit einer niedrigen Mauer umgebenen Hausdach aus die darunter liegenden Straßen beobachtete, wurde seine Aufmerksamkeit durch lautes Rufen zu einer bestimmten Stelle gelenkt. Er erkannte, daß eine Gruppe der konservativen Partei einen jungen Zeloten verfolgte, der auf Johannes Haus zufloh. Als Johannes bemerkte, daß der Zelot wohl auch schon verwundet war, drängte es ihn, dem Fliehenden zu helfen.

In fliegender Eile überlegte er: Kann ich es wagen, oder werde ich dadurch die Sicherheit des Hauses und aller Bewohner aufs Spiel setzen? Für die war er ja auch verantwortlich. Wenn er dem jungen Zeloten half und dessen Gegner es merkten, würden sie zu der Überzeugung kommen, daß die Christen es mit der zelotischen Partei hielten. Was daraus entstehen konnte, war nicht vorauszusehen. Doch das Drängen im Herzen, dem Flüchtenden zu helfen, wurde stärker.

„Wenn es mir gelingt, die Verfolger für einige Augenblicke zu verwirren", überlegte Johannes, „könnte ich den Flüchtling ungesehen durch die kleine Hinterpforte hereinbekommen. Die Dunkelheit könnte mir dabei helfen." Sofort handelte er, lief an die andere Ecke des Daches und rief mit lauter Stimme in die Straße hinunter: „Halt! — Sofort zurück!"

Die List half. Die Verfolger blieben stehen und blickten sich nach dem Rufenden um. Da sie nicht genau wußten, woher der Befehl gekommen war, berieten sie einige Augenblicke, ob einer ihrer Anführer sie gewarnt haben könnte, nicht in eine Falle zu laufen.

In der Zwischenzeit rannte Johannes, so schnell er konnte, die Stufen hinunter, zum kleinen Hinterpförtchen und von da zur Straßenecke. Als er vorsichtig um die Hausecke blickte, schleppte sich der junge Bursche nur wenige Schritte vor ihm schwer atmend heran. Von den Verfolgern war im Moment nichts zu sehen. „He", rief Johannes leise, „schnell hier herum!"

Der Zelot wurde aufmerksam, beeilte sich nochmals und bog mit letzter Kraft um die Ecke. Johannes ergriff seine Hand und zog ihn zur Pforte. Doch kurz vorher brach der junge Bursche zusammen. Er hatte seine letzte Kraft verbraucht. Jetzt waren in der anderen Straße auch wieder die Rufe der Verfolger zu hören. Es war also keine Zeit mehr zu verlieren. Johannes packte den Verwundeten unter den Schultern und zog ihn die wenigen Schritte in die Pforte hinein und schloß diese schnell hinter sich. Vorsichtig blickte er durch eine kleine Öffnung in der Mauer hinaus. Da bogen auch schon die ersten Verfolger um die Ecke und schauten sich nach allen Seiten um. Da aber die schmale Seitenstraße leer vor ihnen lag, riefen sie den anderen zu, der Verfolgte müsse sich wohl in eine andere Gasse gewandt haben und rannten schnell weiter.

Aufatmend beugte sich Johannes nun über den Verletzten. Mittlerweile waren auch einige Männer aus dem Haus herzugekommen. Gerade wollte Johannes sie auffordern, den Bewußtlosen ins Haus zu tragen, da schlug dieser die Augen auf. Johannes hatte ihn mittlerweile erkannt. Es war der junge Bursche, durch den er von dem Brand Roms und von der Gefahr, in der die Christen dort schwebten, erfahren hatte. „Junge", sagte er freundlich, „ich bin der Apostel Johannes. Erkennst du mich?"

Ein leichtes Lächeln erschien auf dem Gesicht des Erschöpften. „Ich weiß", flüsterte er und verlor wieder das Bewußtsein. Auf eine Handbewegung von Johannes hin trugen ihn die Männer ins Haus.

Der Name des jungen Zeloten war Polykarp. Johannes hatte ihn bald ins Herz geschlossen. Polykarp hatte ihm erzählt, er sei mit voller Absicht zu Johannes Haus geflohen, als seine Feinde ihn töten wollten. Er hatte im stillen gehofft, hier Zuflucht zu finden. Römische Soldaten hatten schon vor einigen Monaten seine Eltern und alle Familienangehörigen getötet und ihr Haus zerstört. Seitdem lebte er mit anderen Zeloten in den Ruinen, von denen es jetzt in Jerusalem viele gab. Seit er nun im Hause war, hielt er sich immer eng an den Apostel.

Schon am Tage, nachdem Polykarp zu ihnen gekommen war, hatte Johannes eine ernste Aussprache mit ihm gehabt und ihm klargemacht, daß er nur im Hause bleiben könne, wenn er alle Verbindungen mit den Zeloten aufgab, da sich die Christen aus allen politischen Auseinandersetzungen heraushalten wollten. Polykarp hatte das nur widerwillig akzeptiert, sich aber bisher daran gehalten. Aber er beobachtete dabei sehr sorgfältig und skeptisch die Haltung dieser Leute, die behaupteten, ihre Treue gelte in erster Linie einem Königreich, das mit all den Reichen dieser Welt nichts zu tun habe.

Mittlerweile hatte sich der Bürgerkrieg zu einem regelrechten Aufstand gegen Rom ausgeweitet, da die Zeloten nach und nach auch das Übergewicht über die konservative jüdische Partei errangen. Die römischen Truppen waren aus Jerusalem und aus ganz Judäa vertrieben worden und wurden auch in Galiläa immer weiter zurückgedrängt. Doch obwohl nun fast ganz Palästina in die Hand der Zeloten gefallen war, Rom konnten sie nicht besiegen.

Schon war der befähigte römische General Vespasian, der spätere Kaiser, mit einer großen Armee in Galiläa eingerückt und entriß den Zeloten wieder einen Stützpunkt nach dem anderen. Es gingen Gerüchte um, daß sein Sohn Titus mit starken römischen Heeresabteilungen auf dem Marsch nach Jerusalem sei. Würde die jüdische Hauptstadt fallen, war der Aufstand wohl bald zu Ende.

In Johannes Haus hatten in der letzten Zeit mehrere ernste Beratungen stattgefunden; dabei ging es immer um die Frage, ob sie Jerusalem verlassen sollten oder nicht. Viele Angehörige der christlichen Gemeinde waren schon aus der Stadt geflohen, doch noch immer hielten sich eine ganze Anzahl in Jerusalem auf. Johannes legte allen, die in den letzten Monaten zu ihnen ins Haus geflohen waren, nahe, doch jetzt, wo die Gelegenheit günstig war, die Stadt zu verlassen, ehe vielleicht die römische Armee es unmöglich machen würde. Er selbst wollte noch nicht gehen. Zwar hatte der größere Teil der Gemeinde der Stadt schon den Rücken gekehrt, aber eine ganze Anzahl Christen waren noch hier. Und Johannes fühlte sich als Hirte der Gemeinde noch nicht frei, sie zu verlassen, solange es nicht unbedingt nötig wurde.

Doch da viele im Hause auf seinen Rat hörten und gingen, war es jetzt nicht mehr ganz so eng. Dafür klopften immer mehr hilfsbedürftige Menschen, die keine Christen waren, an das Tor, baten um etwas zu essen oder anderen Beistand. Johannes und seine wenigen zurückgebliebenen Brüder und Schwestern taten, was sie konnten und halfen jedem. Wer Hunger hatte, wurde gespeist; wer verwundet war, verbunden; und manchmal gewährte man auch einem Erschöpften für eine Nacht einen ruhigen Schlafplatz. Dabei wurde nicht danach gefragt, zu welcher der streitenden Parteien der Hilfesuchende gehört.

Polykarp beobachtete mit wachsendem Erstaunen die Tätigkeit der Christen. Was er sah und miterlebte, machte großen Eindruck auf ihn, obwohl er nicht mit allem einverstanden war. Er hatte Johannes vorgeworfen, daß er den Menschen riet, die Stadt zu verlassen, statt dessen hätte er nach Polykarps Meinung gerade das Gegenteil tun sollen. Vor allem die Männer hätte er beeinflussen müssen, zurückzubleiben, um bei der Verteidigung der Stadt zu helfen, sollte Titus mit seinen Soldaten bald vor den Mauern erscheinen.

Doch Johannes hatte dem Jungen klargemacht, daß er das tun müsse, was ihm nach den Worten seines Herrn richtig erscheine. Der Junge hatte daraufhin kopfschüttelnd gefragt, was diese ganze Sache denn überhaupt mit Jesus zu tun habe. Johannes hatte ihm erklärt, daß Jesus gesagt hatte, Jerusalem würde von seinen Feinden erobert werden. Wenn man dies wisse, sei es doch wohl besser, vorher aus der Stadt zu gehen. Er selbst, Johannes, würde die Stadt auch schon verlassen haben, wenn er nicht noch Aufgaben hier zu erfüllen hätte.

Polykarp, der diesen Gedanken immer noch nicht wahrhaben wollte, hatte gemeint, Johannes könne doch vielleicht die ganze Sache auch falsch verstanden haben. Ernst hatte Johannes den Jungen angeblickt und geantwortet: „Da kann man nichts falsch verstehen. Als Jesus mit uns das letzte Mal nach

Jerusalem kam, hat Er über den Untergang der Stadt geweint und dann auf den Tempel gezeigt und gesagt, daß davon kein Stein auf dem anderen bleiben würde."

Polykarp war hochgefahren und hatte voller Empörung gerufen: „Niemals! So etwas wird nie geschehen! Dafür ist der Tempel zu gewaltig! Er ist das Haus Jahwes!"

Johannes hatte kopfschüttelnd erwidert: „Nicht mehr, mein Junge. Die Herzen der Menschen sind jetzt der Tempel Gottes."

Doch dann waren die Römer viel schneller vor Jerusalem erschienen als erwartet. Ganz überraschend tauchte Titus im Jahre 70 n. Chr. vor der Stadt auf und schloß sie ein. Nun war es kaum noch möglich zu fliehen. Tausende, die es jetzt doch noch versuchten, wurden von den Römern gefangen und gnadenlos ans Kreuz geschlagen. Rund um Jerusalem waren die Hügel voller Kreuze, und die Belagerten in der Stadt mußten alles mit ansehen.

In der Stadt wurde die Lage selbst immer unerträglicher. Durch die vorangegangenen Streitereien und Kämpfe hatte man nicht für genügend Nahrung gesorgt, und bald herrschte der Hunger, so daß mehr Leute durch Hunger und Krankheiten starben als durch die Kämpfe um die Stadt, die ebenfalls mit gnadenloser Härte geführt wurden. Das Sterben in der Stadt nahm immer mehr zu. Weil nach dem Gesetz niemand innerhalb der Stadtmauer beerdigt werden durfte, man aber nicht hinausgehen konnte, um die Toten zu beerdigen, da die Römer die Stadt ganz eng umklammert hielten und jeden töteten, der sich außerhalb des Schutzes der Mauern begab, blieb den Bewohnern nichts weiter übrig, als die Toten nachts von den Mauern hinabzuwerfen und dort liegen zu lassen. So türmten sich rund um die Mauern Haufen von Leichen, die in der Hitze bald in Verwesung übergingen und die Stadt in einen Pesthauch einhüllten.

Auch die zurückgebliebenen Christen mußten unter der Not gleichermaßen leiden, und viele von ihnen starben. Da die Gemeinde nun sehr zusammengeschmolzen war, gab es wieder einmal eine Besprechung in Johannes Haus. Der Apostel sagte: „Brüder, es hat keinen Sinn mehr, noch länger in Jerusalem zu bleiben. Ich glaube, den Willen Gottes richtig verstanden zu haben, wenn wir jetzt versuchen, Jerusalem zu verlassen. Natürlich können wir das nicht alle gemeinsam tun, sondern müssen es bei einer günstigen Gelegenheit jeweils in kleinen Gruppen zu zweit oder zu dritt versuchen. Ich jedenfalls werde mit Maria von Nazareth die Stadt verlassen. Wenn es des Herrn Wille ist, wird Er uns bewahren."

Dieser Entschluß ihres langjährigen Leiters gab den Ausschlag. Fast alle Christen, die noch in der Stadt waren, erklärten, sie bei der nächsten günstigen Gelegenheit ebenfalls verlassen zu wollen. Der Abschied an diesem Abend war herzbewegend. Da viele nicht wußten, wohin sie sich wenden sollten, wenn die Flucht aus der Stadt glücken sollte, war ihnen klar, daß sie sich nun vielleicht zum letzten Mal sehen würden. Manche Träne wurde vergossen, und als die Männer das Haus verließen, hob Johannes segnend die Hände.

Johannes begann sich nun dafür zu interessieren, in welcher Weise die Römer die Stadt eingeschlossen hatten und ob es vielleicht eine Möglichkeit gäbe, ungesehen hinauszukommen. Obwohl er von militärischen Dingen nichts verstand, mußte er bald einsehen, daß es, wenn kein Wunder geschah, wohl keine Möglichkeit gab, die Stadt mit Maria von Nazareth, die ja auch nicht mehr die Jüngste war, zu verlassen, ohne in die Hände römischer Soldaten zu fallen. Doch das machte ihn nicht mutlos. Er betete nur um so eifriger dafür, der Herr möge ihm die Gelegenheit zeigen.

Eines Tages sprach ihn Polykarp darauf an. „Herr, ich habe gehört, du willst die Stadt verlassen. Das wird nicht möglich sein, wenn du nicht dein Leben einbüßen willst."

Johannes blickte ihn ruhig an und antwortete: „Wenn der Herr es will, wird sich ein Weg dafür öffnen."

Die Belagerung dauerte schon etwa fünf Monate. Da war es Johannes, während er betete, als dränge der Heilige Geist ihn, nochmals hinaus an die Stadtmauer zu gehen, und zwar an die Ostseite, weil er dort etwas Wichtiges erfahren würde. Johannes, der die ganze Zeit auf eine Weisung vom Herrn gewartet hatte, machte sich gehorsam auf den Weg. Während er an der Stadtmauer entlang ging, konnte er dem Gespräch zweier Führer der Verteidiger Jerusalems zuhören, die dort standen und eifrig zu den Römern hinüberblickten. ,,Es ist seltsam", hörte er den einen sagen, ,,aber meine Leute scheinen mit ihrer Behauptung recht zu haben, daß die Römer auf dieser Seite fast alle ihre Soldaten abziehen. Ich kann nur noch hier und da einzelne Wachen bemerken."

Johannes blieb stehen und lauschte aufmerksam. Nach einigen Augenblicken meinte der andere: ,,Du hast recht, es sind kaum welche von den Heiden zu sehen. Doch vielleicht wollen sie uns eine Falle stellen. Sie hoffen vielleicht, daß wir uns herauslocken lassen, um dann über uns herfallen und uns niedermetzeln zu können."

Der andere nickte. ,,So könnte es sein", antwortete er. ,,Was immer es auch bedeuten mag, jedenfalls steckt irgendeine Teufelei dahinter. So einfach ziehen die doch nicht ab."

Aber Johannes war es, als würde eine Stimme zu ihm sagen: ,,Siehst du, das ist deine Gelegenheit."

Eilig ging er nach Hause und begab sich zu Maria von Nazareth. ,,Mutter", begann er, ,,ich glaube, der Herr hat mir gesagt, wir sollen morgen früh, noch ehe die Sonne aufgeht, die Stadt verlassen."

Maria nickte. ,,Ich bin bereit, Sohn. Wir werden tun, was der Herr dir ins Herz gegeben hat. Sage nur, was zu geschehen hat, ich werde dir folgen."

Am nächsten Morgen, es war noch dunkel, machte sich Johannes mit Maria auf den Weg. Leise öffnete er das Tor und blickte auf die Straße. Als sich nichts rührte, zog er Maria hinaus und wollte das Tor gerade wieder schließen, da stand plötzlich Polykarp neben ihm. ,,Herr", sagte er, ,,es ist zwar eine

Torheit von dir, die Stadt verlassen zu wollen, doch wenn du diese Torheit schon begehst, dann laß mich auch dabei sein. Ich werde dich sicher nicht behindern, sondern kann dir vielleicht helfen. Und außerdem bin ich mittlerweile davon überzeugt, daß dein Herr auch der rechte Herr für mich ist."

Überrascht legte Johannes dem jungen Burschen einen Augenblick die Hand auf die Schulter, nickte dann und schloß das Tor leise hinter sich. Die drei machten sich auf den Weg zur Nordostecke der Stadt. Hier und da gab es in der Mauer sogenannte „Nadelöhre". Das waren ganz enge Durchlässe, die vor allem für Zeiten der Gefahr gedacht waren, um Boten hinaus- und hereinzulassen. Sie waren so eng, daß ein Mensch gerade hindurchkommen konnte. Für größere Tiere waren sie schon nicht benutzbar. Natürlich wurden diese „Nadelöhre" scharf bewacht. Aber die Wächter ließen solche, die die Stadt verlassen wollten, hinaus, weil dadurch weniger Menschen in der Stadt mit Lebensmitteln zu versorgen waren. Durch so ein „Nadelöhr" an der Nordostecke der Mauer schlüpften die drei ins Freie.

Johannes hatte sich zwar gestern bei Tage das Gelände noch von der Mauer aus genau angesehen. Doch jetzt im Dunkeln und hier unten sah alles doch ganz anders aus. Leise tasteten sie sich voran und gaben sich dabei die größte Mühe, keinerlei Geräusche zu machen. Auch hier lagen im Vorfeld der Mauer überall Leichen herum. Der Geruch der Verwesenden, an denen sie jetzt so nahe vorbei mußten, wurde manchmal fast unerträglich. Es wird berichtet, daß am Ende der Belagerung Jerusalems durch Titus rund 100 000 Tote unbeerdigt rund um die Stadt gelegen hätten.

Unbehelligt kamen die Flüchtlinge hinunter ins Kidrontal. Als sie in die Nähe des Gartens Gethsemane gelangten, mußte Johannes an jene Nacht denken, als sein Herr von dem Verräter Judas Ischariot und den Soldaten davongeführt wurde. Viele Bäume des Gartens waren von den Römern während der Belagerung gefällt worden; trotzdem standen noch manche Bäume und Büsche herum, die notdürftig Schutz vor Sicht geben würden. Plötzlich hörten sie vor sich rauhes Lachen. Wie angewurzelt blieben sie stehen. Langsam begann sich jetzt am Himmel das erste Grau des kommenden Morgens zu zeigen. Polykarp machte eine Handbewegung, die andeutete, er wolle einmal nachsehen. Johannes nickte, und der Bursche huschte davon. Schon bald kehrte er zurück und berichtete, vor ihnen säßen einige römische Soldaten und unterhielten sich in einer fremden Sprache. Es waren offensichtlich Söldner aus einer der vielen Provinzen Roms, die ihre Muttersprache zur Unterhaltung benutzten.

Da sie nun wußten, wo die römische Wache sich befand, konnten sie diese mit einiger Vorsicht umgehen. Sie mußten sich außerdem nun beeilen, da sie noch ein Stück den Ölberg hinauf wollten, ehe es hell zu werden begann. Durch die Gnade Gottes bewahrt, erreichten sie fast den Gipfel des Ölbergs, ohne daß sie jemand aufhielt.

Johannes bemerkte, daß Maria von Nazareth fast am Ende ihrer Kräfte war. Da es nun auch hell wurde, blickte er sich nach einem Versteck um. Polykarp entdeckte eine kleine Mulde mit einigen Büschen darin, die genug Sichtschutz boten, wenn man nicht gerade nach ihnen suchte. Von hier aus konnten sie zur Stadt hinüberblicken und waren selbst verborgen. Hier beschlossen sie zu bleiben, bis es dunkel wurde.

Während sie noch versuchten, sich so gut es ging zwischen den Büschen einzurichten, hörten sie plötzlich aus der Richtung der Stadt dumpfen Lärm. Dann konnten sie auch den Ruf jüdischer und römischer Hörner unterscheiden. Noch herrschte das Grau der Dämmerung, so daß sie nicht weit genug schauen konnten. Doch als dann die Sonne aufging und es heller wurde, sahen sie, was den Lärm verursachte. Die Römer waren im Morgengrauen von der anderen Seite überraschend zum Sturm auf die Stadt angetreten. Deshalb hatten sie hier alle Soldaten abgezogen, außer einigen Wachen, um ihre ganze Kraft da einsetzen zu können, wo sie angriffen.

Da sie von ihrem Unterschlupf aus den Teil der Mauer, den die Römer angriffen, nicht gut sehen konnten, waren sie zunächst mehr auf die Geräusche und Vermutungen angewiesen. Doch nachdem der Kampf längere Zeit anhielt, schien es ihnen, als sei es den Römern gelungen, einen Teil der Mauer zu erobern. Da sahen sie auch schon, wie auf einem der Türme heftig gekämpft wurde. Bald war zu erkennen, daß die feindlichen Soldaten in die Stadt einbrachen. Langsam mußten die mit rasender Leidenschaft kämpfenden Verteidiger immer weiter zurückweichen, bis der Tempel und die von ihnen besetzte römische Burg Antonia die letzte Zuflucht blieben. Doch dann schlugen auch schon aus den Gebäuden des Tempels die ersten Flammen.

Als Johannes wieder einmal zu Polykarp blickte, sah er, wie diesem die Tränen über das Gesicht liefen. Als der junge Mann bemerkte, daß Johannes ihn beobachtete, sagte er: „Davon hast du gesprochen, Herr."

„Es ist die Erfüllung der prophetischen Worte meines Herrn und Meisters", antwortete Johannes.

„Aber warum mußte es so kommen?" fragte der Junge zitternd und schluchzend.

„Weil diese Stadt ihren Messias verworfen hat." Schwer und wie endgültig klangen die Worte des Apostels.

„Und wird es immer so bleiben müssen?" fragte Polykarp verzagt.

„Das weiß ich nicht", antwortete Johannes. „Ich weiß nur, was Jesus über die Stadt gesagt hat." Und er zitierte aus seinem Gedächtnis:

„Jerusalem, Jerusalem, du tötest die Propheten und steinigst die Boten, die zu dir gesandt sind. Wie oft wollte Ich deine Kinder um Mich sammeln, so wie eine Henne ihre Küken unter ihre Flügel nimmt, aber ihr habt nicht gewollt. Darum wird euer Haus verwüstet. Und Ich sage euch: Von jetzt an werdet ihr Mich nicht mehr sehen, bis ihr ruft: Gesegnet sei Er, der da kommt im Namen des Herrn."

Teil VI

DIE HERRLICHKEIT

Die Welt und ihre Begierde vergeht,
wer aber den Willen Gottes tut,
bleibt in Ewigkeit
(1. Johannes 2, 17).

1. Kapitel

Die Jahre seit dem Fall Jerusalems waren gnadenvoll gute Jahre für Johannes gewesen. Als sie Jerusalem sicher verlassen hatten, war die Frage aufgetaucht, wohin sie sich wenden sollten. Nachdem Titus den jüdischen Aufstand niedergeschlagen hatte, war in ganz Palästina kaum noch ein sicherer Platz für Juden oder jüdische Christen vorhanden, vor allem dann, wenn sie so bekannt waren wie Johannes, von dem alle wußten, daß er der Führer der Christen in Palästina war. Also schieden auch Nazareth, Marias Heimatstadt, und Kapernaum, wo die Familie Zebedäus immer noch ein stattliches Anwesen besaß, als Zufluchtsorte aus. Johannes überlegte, ob sie nach Antiochien gehen sollten, wo es, seit dem Dienst des Paulus dort, eine große blühende Christengemeinde gab. Doch Antiochien lag in Syrien; und diese Provinz war während des Aufstands der Verbündete Roms gewesen. Deshalb war es dort auch nicht viel sicherer.

Eine andere große Stadt, die zu einem Zentrum des jungen Christentums geworden war, lag noch weiter nördlich in der römischen Provinz Asia Minor. Auch dort in Ephesus hatte Paulus vor langen Jahren die Gemeinde gegründet, die mittlerweile so groß und innerlich gefestigt war, daß sie als Zentrum für alle Gemeinden in Kleinasien galt. Außerdem lag die Stadt verkehrsmäßig günstig. Und Johannes wußte, daß der Bischof der Gemeinde, Timotheus, schon oft den Wunsch geäußert hatte, Hilfe bei seiner immer mehr wachsenden Arbeit zu haben.

Diese Überlegungen also waren es gewesen, die Johannes bewogen hatten, in die weit entfernte Stadt Ephesus zu ziehen. Die Gemeinde hatte ihn freudig aufgenommen, als er mit Maria und Polykarp bei ihnen erschien, und wohlhabende Gemeindeglieder hatten ihm ein Haus zur Verfügung gestellt, das an einem leichten Berghang lag. Von hier aus konnte er den Hafen und die Innenstadt gut übersehen.

Ephesus war das Zentrum des Artemis-Gottesdienstes. Der Tempel der Artemis in der Stadt war etwa vier Mal so groß als das Parthenon in Athen und galt damals als eines der sieben Weltwunder. Deshalb ergossen sich auch beständig große Pilgerströme der Artemis-Verehrer in die Stadt, und eines der einträglichsten Gewerbe der Stadt war die Herstellung von Götterbildern der Artemis (Diana) und aller möglichen anderen Dinge, die mit dem Artemis-Kult in Verbindung standen. Daß in einer solchen Stadt auch das damalige Geistesleben blühte und sich viele Astrologen, Philosophen usw. dort niederließen, ist gut zu verstehen.

Als der Apostel Paulus vor etwa 26 Jahren zum ersten Mal hierher gekommen war, hatte es in der Stadt eine regelrechte Erweckung durch die Botschaft des Evangeliums gegeben. In großen Scharen hatten sich die Menschen zum Christentum bekehrt. Das wiederum hatte dem Artemis-Kult geschadet und vor allem auch dem Handel mit den Götterbildern Abbruch getan. Dadurch kam es zu einem Aufruhr der Handwerker und Händler, die sich mit Herstellung und Vertrieb der Artemis-Kultdinge befaßten. Sie forderten, es sollte etwas gegen die Christen unternommen werden. Doch außer der Tatsache, daß Paulus die Stadt verließ, durfte die christliche Gemeinde unbeschadet weiter bestehen und wuchs noch mehr.

Als Johannes nun in Ephesus eintraf, fand er nicht nur hier eine große Gemeinde vor, sondern auch im ganzen kleinasiatischen Umland viele weitere christliche Gemeinden, von denen an der Küste die in Smyrna und Pergamon, sowie im Inland die in Thyatira, Sardes, Philadelphia und Laodizea die größten waren. Johannes fand im Dienst für all diese Gemeinden eine neue Aufgabe und wurde von ihnen bald als ihr geistlicher Vater und Führer angesehen, da er ja der einzige der Apostel Jesu Christi war, der noch lebte.

Im ganzen Römischen Reich genoß das Christentum jetzt eine Zeit der Freiheit. Kaiser Vespasian und sein Sohn Titus, der ihm auf dem Kaiserthron folgte, waren zwar als Soldaten gnadenlos mit den Feinden Roms, doch als Kaiser regierten sie großzügig und tolerant. Auch die Gemeinden in Kleinasien genossen diese Zeit der Freiheit nach den blutigen Verfolgungen unter Nero.

Auch fand der Apostel in Ephesus neue Freunde und Mitarbeiter. Vor allem Polykarp, der durch das Zeugnis des Apostels für Christus gewonnen war, entwickelte sich zu einem eifrigen und klugen Mitarbeiter und wurde bald eine Schlüsselfigur unter den Helfern des Apostels in der Arbeit in ganz Kleinasien. Ein anderer junger Mann mit Namen Papias wuchs auch bald in ein ganz besonderes Vertrauensverhältnis zu Johannes und wurde einer der großen Führer der frühen christlichen Gemeinden. Und natürlich darf der treueste Gefährte des Apostels nicht unerwähnt bleiben: Timotheus, der Bischof von Ephesus, der schon vor vielen Jahren durch den Dienst von Paulus zu Christus gefunden hatte.

Nun war Johannes doch noch aus der Provinz Palästina

hinausgezogen in die Weite des Römischen Reiches. Da, wie schon erwähnt, alle Gemeinden in Kleinasien ihn bald als ihren geistlichen Vater ansahen, wurde er oft in die eine oder andere gerufen, um Probleme zu regeln, Fragen zu klären und in schwierigen Situationen zu helfen und zu raten. So war also seine Zeit wieder genauso ausgefüllt wie in Jerusalem, was ihn tief befriedigte, weil er sah, daß sein geliebter Herr noch Aufgaben für ihn hatte.

Es gab nur noch wenige Dinge, die ihm in dieser Zeit Kummer machten. Eines davon war der Gedanke an die Zerstörung seines Vaterlandes. Nie konnte er den Anblick des in Flammen aufgehenden Tempels und der zusammenbrechenden Mauer Jerusalems vergessen. Er hatte später gehört, daß die letzten Zeloten, die Jerusalem noch verteidigten, als sie sahen, daß ihre Sache aussichtslos geworden war, sich selbst umgebracht hatten. Es wurde geschätzt, daß der Aufstand das jüdische Volk fast 1200000 Tote gekostet hatte, und rund 100000 Gefangene waren in die Sklaverei verkauft worden. Man konnte derzeit kaum mehr davon reden, daß es noch eine jüdische Nation gab. Die im Lande Zurückgebliebenen hatten keine eigenen Führer mehr und mußten schrecklichen Hunger leiden. Die Tempelsteuer, die früher dem Dienst Jahwes zugute kam, wurde nun für den heidnischen Tempel Cäsars gefordert. Die Juden waren ohne Priesterschaft und ohne Sanhedrin, ohne Tempel, ohne Opfer und ohne Land, das sie noch ihr eigenes nennen konnten. Die vielen, die aus Palästina geflohen waren, sammelten sich hin und her in jüdischen Gemeinden und Synagogen und wurden von ihren Rabbis betreut. Doch da sie in vielen Dingen so anders waren, als die Bewohner der Länder, wurden sie von denen immer mißtrauisch beobachtet, verachtet, ausgenutzt und oft verfolgt.

Zwar gelang es den Juden in den kommenden Jahrzehnten, mit aller Zähigkeit und dem Eifer dieses Volkes, nochmals ein eigenes Gemeinwesen aufzubauen, aber es wurde nie mehr so, wie es gewesen war.

Noch ein anderer Kummer traf Johannes im dritten Jahr seines Dienstes in Kleinasien. Maria, die Mutter Jesu, verließ still dieses Leben, um in das Reich ihres Sohnes zu gehen. Johannes wunderte sich eines Morgens, daß sie nicht erschien. Als er leise an ihr Bett ging, fand er nur noch den toten Leib. Ein sanfter, fast froher Gesichtsausdruck lag auf den Zügen der Entschlafenen.

Eines der größten Probleme, mit denen Johannes zu tun bekam, war die Irrlehre der Gnosis, die nach und nach in die christlichen Gemeinden einsickerte. Vor allem in Ephesus, diesem Zentrum heidnischer Philosophie und Religion, fand sie weiten Raum. Schon Paulus hatte sich mit gnostischen Ideen auseinandersetzen müssen; es war ihm aber nicht gelungen, sie ganz zu besiegen. Nun wurde Johannes hier im kleinasiatischen Raum damit ganz besonders konfrontiert.

Gnostizismus war nicht neu in der Welt. Manche gnostische Gedanken konnte man zurückverfolgen bis zu den alten Babyloniern, Persern, Ägyptern und Griechen, und es gab sogar bestimmte judaistische Sekten, die solchen Ideen huldigten. Je nachdem, in welcher geistigen Umgebung die gnostischen Gedanken sich entwickelten, trugen sie entweder mehr mystischen, okkulten oder intellektuellen Charakter. Doch gleich, nach welcher Seite hin sie sich entwickelten, an einigen Grundideen hielten alle Gnostiker gleichermaßen fest:

Für sie war das materielle Universum grundsätzlich böse und das geistige grundsätzlich gut. Der Mensch war ein Gefangener der materiellen Welt und strebte danach, in die geistige zurückzukehren. Der Schöpfergott der materiellen Welt war nicht das höchste und beste Wesen, sondern über Ihm in der geistigen Welt existierte noch der sogenannte „gute Gott“. Die Erlösung des Menschen lag in seiner Befreiung von der materiellen Welt und von der Herrschaft der Autoritäten und Geister, welche die Planeten regierten. Erlösung erreichte man, indem man das „Wissen“, eine Art überirdische Weisheit, ergriff, das einem durch Erleuchtung zuteil wurde und wodurch man in das Reich der Wahrheit und geistigen Wirklichkeit versetzt wurde.

Natürlich konnte, wenn alles Materielle böse war, auch Christus nicht wirklich in einem materiellen Leib geboren sein, sondern Er lebte auf dieser Erde nur in einer Art Erscheinung. Da Er nie in einem materiellen Leib lebte, konnte Er auch nicht wirklich sterben und brauchte auch nicht von den Toten auferstehen. Erlösung erlangte, wie schon gesagt, nicht jener, der glaubte, wie es das Evangelium sagt, sondern der, der erleuchtet wurde.

Manche dieser gnostischen Ideen drangen zu jener Zeit in die christlichen Gemeinden ein. Man berief sich dabei sogar auf einiges, das der Apostel Paulus geschrieben und gelehrt hatte. War es nicht Paulus gewesen, der von der Schwäche und Verderbtheit des Fleisches sprach und von der Kraft des Geistes? Und hatte nicht Paulus gerade den Ephesern geschrieben, daß Christus über alle „Fürsten und Gewalten, Mächte und Herrschaften dieser Welt" gesiegt hatte, über die „Fürsten und Gewalten und Beherrscher dieser finsteren Welt, ... die bösen Geister des himmlischen Bereichs"? Kein Wunder, daß die Gnostiker zwischen dem Gott des Alten Testaments, dem Gott, der diese materielle Welt geschaffen hatte und der Gott der Juden war, und dem Gott des Neuen Testaments, dem Gott und Vater Jesu Christi, dem geistigen und guten Gott unterschieden und daraus zwei Götter machten.

Immer weiter griffen diese Ideen in den christlichen Gemeinden vor allem Kleinasiens um sich und drohten, die Fundamente des christlichen Glaubens und der Lehre zu zerstören. Deshalb drängten Polykarp und Papias sowie Timotheus den Apostel immer wieder, das, was er den Gemeinden stets als die Lehren seines Herrn und Meisters weitergab, nun endlich auch schriftlich niederzulegen, damit es als Schutzwall gegen diese Irrlehren erhalten bliebe, auch wenn der Apostel selbst nicht mehr würde sprechen können.

Oft saß er in seinem Haus vor den leeren Pergamentrollen und überlegte, was er schreiben sollte. Und wenn Polykarp oder die anderen ihn wieder einmal besonders drängten, argumentierte er: „Haben nicht Matthäus, Johannes Markus und Lukas schon alles aufgeschrieben, was wir über unseren Meister wissen, wozu braucht es dann noch ein weiteres Evangelium?"

Doch seine Mitarbeiter lächelten dann nur und drängten weiter: „Matthäus, Markus und Lukas hatten aber noch nicht in der gleichen Weise mit den Irrlehren der Gnosis zu kämpfen wie wir heute, deshalb haben sie auch manche Dinge noch nicht so betont und in dem Licht gezeigt, wie du es heute tust, um diese Irrlehren zu entlarven. Und das muß festgehalten werden, denn hier erwächst der christlichen Gemeinde eine tödliche Gefahr, wenn sie nicht überwunden wird."

Timotheus fügte dann noch hinzu: „Außerdem warst du der Jünger, der dem Herrn am nächsten stand, das wissen wir alle; und du hast deshalb den Herrn sicherlich noch besser verstanden als alle anderen. Dieses aus der engen Gemeinschaft und Liebe zum Herrn erwachsene Wissen muß erhalten bleiben."

2. Kapitel

Es war wirklich eine große Aufgabe, all das, was ihn bewegte, so niederzuschreiben, daß damit auch die drängenden Fragen beantwortet wurden. Viel hatte Johannes schon dafür gebetet und lange darüber nachgedacht. Da kam ihm, wie so oft schon in seinem Leben, der Herr wieder durch den Heiligen Geist zu Hilfe. Als er wieder einmal nachdenklich vor seinem Haus saß und auf die Stadt hinunter blickte, hörte er die ihm schon so wohlbekannte leise Stimme in seinem Inneren: „Johannes, nun beginn endlich zu schreiben, du hast nicht unbegrenzt Zeit."

„Herr", erwiderte er, „ich weiß es, aber ich muß doch erst die richtigen Worte für mein Buch finden."

„Es ist nicht dein Buch, Johannes, sondern Mein Buch, denn Mein Evangelium soll dadurch befestigt und weiter verbreitet werden. Ich will dir die Worte geben, die du schreiben sollst."

Und plötzlich war es Johannes, als würde ein Vorhang beiseite gezogen. Die vielerlei Gedanken, die ihn bewegt hatten und für die er keine Ordnung gefunden hatte, standen auf einmal deutlich und klar geordnet vor ihm. Er griff zur Feder und begann:

„Im Anfang war das Wort, und das Wort war bei Gott, und das Wort war Gott. Im Anfang war es bei Gott. Alles ist durch das Wort geworden, und ohne das Wort wurde nichts, was geworden ist.

In Ihm war das Leben, und das Leben war das Licht der Menschen. Und das Licht leuchtete in die Finsternis, und die Finsternis hat es nicht erfaßt...

Das wahre Licht, das jeden Menschen erleuchtet, kam in die Welt.

Er war in der Welt, und die Welt ist durch Ihn geworden, aber die Welt erkannte Ihn nicht. Er kam in Sein Eigentum, aber die Seinen nahmen Ihn nicht auf. Allen aber, die Ihn aufnahmen, gab Er Macht, Kinder Gottes zu werden, allen, die an Seinen Namen glauben, die nicht aus dem Blut, nicht aus dem Willen des Fleisches, nicht aus dem Willen des Mannes, sondern aus Gott geboren sind...

Und das Wort ist Fleisch geworden und hat unter uns gewohnt, und wir haben Seine Herrlichkeit gesehen, die Herrlichkeit des einzigen Sohnes vom Vater, voll Gnade und Wahrheit."

So fügte er, inspiriert durch den Heiligen Geist, Stück um Stück an sein Evangelium an, das bis heute eines der Herzstücke der Bibel ist und außerdem eines der schönsten Bücher in der gesamten Weltliteratur. Der Fischer vom See in Galiläa wurde auf diese Weise zu einem der großen Lehrer der gesamten Christenheit.

Doch er schrieb nicht nur das Evangelium, sondern auch mehrere Briefe, die den Gemeinden halfen, an der gesunden christlichen Lehre festzuhalten. Außerdem war er, soweit es seine Kräfte noch zuließen, auch unermüdlich tätig, weiterhin die Gemeinden in Kleinasien zu bereisen und dort zu predigen, zu lehren und zu ermahnen.

Vor allem aber pflegte er immer mehr und inniger den Gebetsumgang mit seinem Herrn. Dadurch wurde er in dieser Zeit auch mehr und mehr zum „Apostel der Liebe". Die Liebe Gottes wurde zum Mittelpunkt seiner Verkündigung. Und hier wieder war es Jesus Christus, der ins Fleisch gekommene Gottessohn, in dem diese Liebe Gottes besonders sichtbar wurde. Doch ab und zu brach auch noch einmal der „Donnersohn" durch, vor allem, wenn er mit besonders hartnäckigen Vertretern von Irrlehren zu tun hatte. Da konnte es schon einmal geschehen, daß er voller Eifer und Zorn mahnte: „Wenn jemand zu euch kommt und nicht diese Lehre bringt, dann nehmt ihn nicht in euer Haus auf, sondern verweigert ihm den Gruß. Denn wer ihm den Gruß bietet, macht sich mitschuldig an seinen bösen Taten."

Doch wenn immer er eine Gemeinde besucht hatte und sich wieder verabschiedete, konnte man ziemlich sicher sein, daß seine letzten Worte an die Gläubigen waren: „Meine Kinder, liebt euch untereinander!"

3. Kapitel

Der römische Kaiser Titus war viel zu früh gestorben, und sein Bruder Domitian folgte ihm auf dem Thron. Fünf Jahre lang erwies auch er sich als vernünftiger und großzügiger Herrscher, doch als im Jahre 86 n. Chr. sich ein Provinzgouverneur gegen ihn erhob, wurde er ganz überraschend zum Tyrannen. Rücksichtslos schlug er die Revolte nieder und sicherte sich die Unterstützung der Armee. Er entmachtete den römischen Senat vollständig und herrschte von da an als Diktator.

Bald ließ er von sich verkündigen, er sei göttlicher Natur, ließ überall Standbilder von sich aufrichten, vor denen Opfer gebracht werden mußten, und alle, die bei ihm um eine Audienz nachsuchten, wurden ermahnt, vor ihm zu knien, seine Knie zu umfassen und ihn mit „unser Herr und Gott“ anzureden.

Viele, vor allem einflußreiche Vertreter der oberen Klasse, wollten sich dieser Tyrannei nicht beugen und wurden umgebracht. Die Zyniker, Stoiker und andere Philosophen, die seinen Anspruch, ein Gott zu sein, nicht anerkannten, wurden aus der Hauptstadt vertrieben. Da er immer rücksichtsloser wurde, gingen die meisten Menschen auf seine Forderungen ein, um in Frieden leben zu können. Doch es gab zwei Gruppen im Römischen Reich, die sich hartnäckig weigerten, dem Kaiser göttliche Ehre zuteil werden zu lassen: die Christen und die Juden. Deshalb konzentrierte sich Domitians Zorn auf sie.

So kam es wieder zu einer grausamen Christenverfolgung, die sich über das ganze Römische Reich erstreckte; der ersten seit Neros blutigen Taten, die nun schon über 20 Jahre zurück lagen. Den Christen wurde nachgesagt, in ihren Versammlungen wilde Orgien zu feiern. Sie wurden des Verrats am Kaiser beschuldigt. Man behauptete, sie opferten Kinder, ja sogar, sie würden dem Kannibalismus huldigen. Die Bevölkerung des gesamten Reiches wurde bewußt zum Haß gegen die christlichen Gemeinden aufgehetzt. Für alles Unheil, das geschah, ob es Seuchen waren, Erdbeben, Hungersnöte oder anderes, machte man die Christen verantwortlich.

Wenn jemand als Christ verdächtigt wurde und nicht abschwören wollte, mußte er sterben. Die Gläubigen wurden in die Gefängnisse geworfen, auf Streckbänke gebunden und ihre Körper in die Länge gezogen, bis alle Sehnen und Muskeln rissen; ihnen wurde jeder Knochen einzeln zerschlagen, sie wurden verbrannt, zu Tode gegeißelt und in siedendem Wasser totgekocht; und wieder, wie schon bei Nero, wurden sie zur Belustigung der Volksmassen vor die wilden Tiere in den Arenen des Reiches getrieben. Glücklich waren noch jene, die eines schnellen Todes durch Enthaupten oder am Galgen starben.

Johannes war in dieser Zeit viel allein. Da er immer älter wurde, nahm auch die Schwäche zu, und er konnte nicht mehr so viel reisen wie früher. Seine jüngeren Gefährten hatten deshalb viel von diesem Dienst übernommen. Polykarp war jetzt der Bischof der Gemeinde in Smyrna, und Papias war nach Hierapolis gegangen, mehr als 150 Kilometer östlich von Ephesus. Damit der alternde Apostel nicht allein bleiben mußte, war Timotheus in sein Haus gezogen und sorgte für ihn wie ein Sohn für seinen Vater. Doch heute war er, wie so oft, wieder den ganzen Tag nicht im Hause, weil er leidende Glieder der Gemeinde aufsuchte.

Wieder einmal hatte der Apostel Nachricht erhalten, daß in einer Stadt die römischen Verfolger besonders grausam gewütet hatten und viele Christen ums Leben gekommen waren, darunter auch eine ganze Anzahl, die sich durch Johannes Dienst bekehrt hatten. Betend saß er in seinem Haus und flehte für seine leidenden Brüder und Schwestern. „Herr", seufzte er, „warum müssen sie gehen, so viele von ihnen sind noch so jung, und warum muß ich immer noch bleiben?"

Da hörte er wieder die leise und freundliche Stimme in seinem Herzen: „Weil Ich noch eine Aufgabe für dich habe, Johannes. Eine Aufgabe, die kaum ein anderer übernehmen kann, weil niemand Mich so kennengelernt hat wie du."

„Welche Aufgabe kann ich schon noch bewältigen, Herr; ich bin alt und schwach. Und wie lange soll es noch dauern, Herr?"

„Es wird bald sein", vernahm er die Stimme wieder, „und es wird nicht leicht sein, durchzuhalten, Johannes, aber Ich werde dir Kraft geben."

Still saß der Apostel und hielt noch lange Zwiesprache mit seinem Herrn.

In den Straßen von Ephesus ging es wild zu. Es war das größte jährliche Fest zu Ehren der Göttin Artemis. Noch an diesem Abend würde ihr großes Standbild, das angeblich vom Himmel gefallen war, vom Tempel in die große Zirkusarena gefahren werden. Bei diesen Festen kam es gewöhnlich zu den fürchterlichsten sexuellen Ausschweifungen. In Scharen zogen die Anhänger der Artemis durch die Straßen der Stadt, trugen kleine Götzenbilder der Göttin mit sich herum und priesen sie laut. Daneben wurde auch der göttliche Kaiser Domitian laut gepriesen und verehrt.

Die Christen zogen es vor, an einem solchen Tag so wenig wie möglich auf die Straße zu gehen. Sie blieben in ihren Häusern und verriegelten diese so gut sie konnten. Timotheus war wieder einmal unterwegs, aber eine Anzahl junger Christen waren heute zu Johannes gekommen, damit er an diesem Tag nicht allein sein mußte. Der Apostel saß auf seinem Lieblingsplatz am Fenster und blickte auf die Stadt hinunter. Schon mehrere Male waren heute grölende Horden von Artemis-Anhängern an seinem Hause vorübergezogen und hatten laut nach ihm gerufen und ihn unflätig beschimpft. Die Dämmerung rückte langsam heran, und damit würde der Höhepunkt des Festes kommen; dann würde das Standbild der Göttin durch die Straßen gefahren. Zu dieser Zeit wurde es für jeden, der kein Artemis-Anhänger war, gefährlich, noch auf der Straße zu sein, weil jeder, der der Göttin nicht zujubelte, von dem wilden Mob angegriffen wurde.

Auch Timotheus hatte um diese Zeit schon zurück sein wollen, war aber noch nicht eingetroffen. Mehrere Male hatten die jungen Männer den Apostel schon besorgt gefragt: „Vater, was könnte Bruder Timotheus so lange aufgehalten haben? Ob einige von uns einmal gehen und nach ihm Ausschau halten sollten?"

„Ich bin auch besorgt, meine Kinder", hatte Johannes geantwortet. „Aber ich weiß nicht, ob es Sinn hat, nach ihm zu schauen. Ihr wüßtet ja gar nicht, wo ihr es tun solltet und brächtet euch selbst nur noch in Gefahr. Wir wollen lieber für ihn beten. Der Herr kann ihn bewahren."

Kurze Zeit später zog wieder eine besonders große und lärmende Horde vor das Haus. Sie trugen ein Artemis-Bild mit sich und jubelten der Göttin laut zu. Anschließend begannen sie die Christen zu beschimpfen und benutzten dazu die unflätigsten Worte. „Ihr Verräter und Christenschweine", schrien sie, „wir wissen wohl, daß euer Oberhaupt in diesem Haus wohnt. Aber es wird euch bald dreckig gehen. Domitian hat euch schon auf der Schwarzen Liste und wird euch zu finden wissen."

Jetzt kamen einige der Schreier bis an das gut verriegelte Hoftor heran. Sie trugen einen großen und scheinbar recht schweren Sack, den sie vor dem Tor abwarfen. „Hier bringen wir dir ein Geschenk, alter Mann", riefen sie. „Es soll dir eine Warnung sein." Sie schrien und johlten noch einige Zeit weiter, dann zogen sie ab.

Sofort eilten einige der jungen Männer zum Tor, öffneten es schnell, trugen den Sack herein und verriegelten das Tor wieder. Als sie den Sack öffneten, fanden sie darin Timotheus. Er war schwer zusammengeschlagen und bewußtlos. Vorsichtig trugen sie ihn ins Haus und auf sein Lager, wo sie seine Wunden wuschen und verbanden. Johannes blickte erschüttert auf seinen Bruder und Freund.

Fünf Tage später hauchte Timotheus sein Leben aus und ging in das ewige Leben ein. Die Verletzungen, die ihm die wütende Meute beigebracht hatte, waren zu schwer gewesen. Johannes und Polykarp standen lange Zeit schweigend neben ihrem toten Freund und Bruder. Polykarp war sofort herbeigeeilt, als er die Nachricht von dem Vorfall erhalten hatte. Er war noch rechtzeitig gekommen, um die letzten Stunden, ehe Timotheus starb, anwesend zu sein.

Im Raum war es still. Nur einige der anwesenden Frauen der Gemeinde schluchzten leise. Endlich meinte Johannes wie tröstend: „Nun ist wieder einer meiner Freunde zum Herrn gegangen, und ich muß noch ausharren." Dann wandte er sich um und ging mit müden Schritten in den Nachbarraum.

Als er nach kurzer Zeit wiederkam, hielt er eine große Pergamentrolle in der Hand, die er Polykarp reichte. „Hier, Kind", sagte er, „das ist die Arbeit, um die du und unser Bruder Timotheus mich gebeten haben. Ich bin gerade in den letzten Tagen fertig geworden. Bewahre und hüte, was ich dir übergebe, und sorge dafür, daß alles, was darin steht, in allen unseren Gemeinden verbreitet wird, denn es sind die Worte unseres Herrn Christus."

Polykarp drückte erschüttert die unbezahlbar kostbare Rolle an sich. Er freute sich, weil er das fertige Evangelium nun in den Händen halten konnte, fragte sich aber gleichzeitig, warum der Apostel es nicht selbst behielt. „Wäre es nicht besser, du würdest selbst darüber wachen, Bruder Johannes?" fragte er ehrfürchtig. „Es gibt genug junge Leute in der Gemeinde zu Ephesus, die sofort beginnen könnten, abzuschreiben, was du aufgeschrieben hast."

Doch Johannes schüttelte den Kopf. „Ich werde nicht mehr die Möglichkeit haben, diese Rolle zu hüten", antwortete er leise. „Ich weiß es, denn mein Herr hat es mir gesagt. Deine Aufgabe ist es jetzt, mein Kind, sie zu schützen und zu verbreiten."

Noch ehe Polykarp antworten konnte, pochte es laut und vernehmlich an das Hoftor. „Öffnet, im Namen des Kaisers!" rief eine laute Stimme.

Auf eine Handbewegung des Apostels hin eilte ein jüngerer Bruder zum Tor und öffnete es. Herein drang eine Schar römischer Soldaten mit einem Offizier an der Spitze. Mit harten Schritten überquerten sie den Hof und betraten das Haus. „Wir suchen einen Johannes, genannt der »Apostel«!" rief der Offizier.

Überrascht und eingeschüchtert traten die Anwesenden einige Schritte zurück. Nur Polykarp machte Anstalten, sich schützend vor Johannes zu stellen. „Sohn", wehrte dieser ab, „laß es gut sein. Des Herrn Wille soll geschehen."

Dann handelte Johannes unbewußt so, wie sein Herr vor vielen Jahren in Gethsemane. Er trat zwei Schritte vor und sah dem Offizier fest in die Augen. „Es wird keinen Ärger geben", sagte er. „Ich bin es, den Domitian sucht. Laßt also alle anderen im Hause in Ruhe. Ihr seht, wir haben einen Toten zu beklagen."

Selbst den hartgesottenen Söldnern verschlug die Ruhe und Autorität des alten Apostels für Augenblicke die Sprache. Doch dann faßten sie sich wieder. Zwei der Soldaten packten Johannes rechts und links an den Armen. Mit einem Blick auf die anderen sagte der Offizier: „Ihr habt dieses Mal nur noch Glück gehabt. Wir werden auch bald zu euch kommen.“ Damit führten sie Johannes davon.

An der Tür drehte sich der Mann Gottes noch einmal um und blickte zurück auf die Seinen. „Meine Kinder“, sagte er ruhig, „liebt euch untereinander. Die Liebe Jesu Christi bewahre euch.“ Ungeduldig zerrten die Soldaten ihn fort.

4. Kapitel

Das kleine Schiff verließ mit mehr als 100 Gefangenen des Kaisers an Bord Ephesus. Es erreichte den Hafen von Patmos im Juli des Jahres 95 n. Chr. Die meisten der aneinander geketteten Männer, die in Patmos das Schiff verließen, waren politische Gefangene. Johannes war der einzige Christ unter ihnen. Wäre er ein weniger bekannter Führer der Christen gewesen, würde er vielleicht auch eines grausamen, aber doch schnelleren Todes gestorben sein. So aber wollte Domitian ihn in den Marmorminen der berüchtigten Sträflingsinsel Patmos nach und nach an Erschöpfung und Hunger zugrunde gehen lassen.

Als die Insel vor ihnen aus dem Meer auftauchte und immer näher rückte, hatte Johannes erkannt, wie öde und vegetationslos sie war. Noch nicht 40 Quadratkilometer groß, ragten ihre Felsformationen wie mächtige grau und rot gefärbte Zinnen aus dem Meer. Drei Berge aus erkaltetem Lava bildeten die höchsten Erhebungen.

Im Hafen angekommen, wurden sie registriert und dann ins Innere der Insel geführt. Nach einiger Zeit kamen sie an einen großen Abgrund. Johannes hörte die Männer, die an der Spitze des Zuges gingen, aufstöhnen, als sie in den Abgrund schauten.

Als er dann selbst hinabschauen konnte, blickte er in einen riesigen Steinbruch, in dem schon Hunderte von anderen Sträflingen arbeiteten. Auf einer sich langsam den Abhang hinunterziehenden breiten Straße, die auch dazu diente, die Marmorblöcke heraufzuschaffen, wurden sie hinuntergeführt in das Loch, das für die restliche Zeit ihres Lebens ihr Aufenthaltsort sein sollte.

Im ganzen Römischen Reich hatte man von der Sklaveninsel Patmos gehört. Aber niemand konnte sich ihre Schrecken wirklich vorstellen, der nicht selbst hier gewesen war. Auf dem Grund des tiefen Loches standen einige altersschwache Gebäude. Sie bildeten das Hauptquartier dieser, von den römischen Kaisern schon seit Generationen benutzten Sträflingskolonie. Rundum auf den Hängen standen die Aufseher; brutale und stumpfsinnige und durch die Jahre des Dienstes in dieser unwirschen Umgebung verhärtete Söldner ohne jegliches Erbarmen.

Dann waren da die Gefangenen. Alle trugen sie an den Knöcheln Ketten. Manche von ihnen waren verhärtete Kriminelle, andere, wie Johannes, unschuldige Opfer des politischen Terrors. Der Gestank in dieser riesigen Grube war für die Neuankömmlinge fast unerträglich. Die Gefangenen hatten, seit sie nach hier gekommen waren, nicht mehr gebadet. Ihre Haut war durch die gnadenlose Sonne entweder fast schwarz gebrannt und verhärtet oder eine einzige verbrannte Wunde. Sie waren mit zahllosen Narben bedeckt, wo sie von den Geißeln der Aufseher getroffen worden waren. Viele hatten auch offene Wunden von den Geißeln oder von den scharfen Ecken der herausgebrochenen Marmorsteine. Sie mußten im Schmutz ihrer eigenen Exkremente arbeiten und hatten nie die Gelegenheit, auch nur für einen Augenblick für sich allein zu sein.

Johannes hatte hart zu kämpfen, um nicht die Fassung zu verlieren. „Herr“, seufzte er im stillen, „verlaß mich nicht ...“ Das also war das Schicksal, welches Domitian ihm zugedacht hatte. Er mußte trotz seines Alters und seiner daraus resultierenden Schwäche in der Grube von Roms Teufelsinsel arbeiten. Erstaunlicherweise mußte er in diesem Augenblick daran denken, wie der Herr zu ihnen gesagt hatte: „Liebet eure Feinde.“ Wie konnte der Herr nur so etwas erwarten? „Ich kann es nicht, Herr", stöhnte er innerlich.

„Aber Ich kann es... durch dich", versprach der Meister.

Die Sonne strahlte gnadenlos in den steinigen Abgrund und quälte die Männer, die hier arbeiteten. Johannes hatte, seit er hier war, nur wenige Tage erlebt, in denen dies nicht der Fall war. Er wußte nicht mehr genau, wieviel Zeit er hier schon zugebracht hatte und welches Datum war. Wenn man hier zwölf Monate existierte, so mochte einem das so vorkommen wie zwölf Jahre im normalen Leben. Das einzige Ereignis, das die Zeit teilte, waren Sonnenaufgang und Sonnenuntergang. Das Leben schien keine Bedeutung mehr zu haben in diesem Loch aus Stein, sondern nur noch aus Extremen zu bestehen — der Hitze des Tages und der Kälte der Nacht; dem Verlangen nach Schlaf und der Mühsal der Arbeit. Nahrung, wenn man es so nennen konnte, mußte während der Arbeit eingenommen werden. Wasser gab es nur gerade soviel, daß die Männer arbeitsfähig blieben. Kann die Hölle schlimmer sein? fragte sich Johannes oft.

Seit sie auf der Insel angekommen waren, hatte Johannes das Loch noch nicht verlassen. Er hatte fast vergessen, daß es draußen noch eine andere Welt gab. Geschlafen wurde auf rohen hölzernen Liegen ohne jede Decke. Immer mußten sie die eiserne Kette um ihre Knöchel tragen. Sie wurde nur abgenommen, wenn einer schwer erkrankte oder starb. Oft lagen die gestorbenen Männer tagelang auf ihren Pritschen, ehe die Aufseher kamen, ihnen die Ketten abnahmen und die toten Körper davontragen ließen. Die einzigen Gefangenen, die etwas mehr Freiheit hatten und keine Ketten zu tragen brauchten, waren junge Knaben und ganz alte Männer, die sonst nicht mehr schnell genug vorangekommen wären. Ihnen wurde die Aufgabe zugeteilt, Wasser aus der einzigen Quelle der Insel zu holen und in dem Loch wenigstens ein gewisses Maß an Ordnung zu erhalten.

Doch obwohl Johannes der älteste Gefangene war, wurden ihm diese Erleichterungen nicht eingeräumt; und zwar auf ausdrücklichen Befehl des Kaisers. Außerdem war er während der Anfangszeit in dem Steinbruch fortwährend den besonderen Feindseligkeiten der Aufseher ausgesetzt gewesen. Sie schienen die Anweisung erhalten zu haben, ihn besonders schlecht zu behandeln. Manchmal war er gnadenlos mit der Peitsche geschlagen worden, ohne daß es einen ausreichenden Grund dafür gab. Einer der Aufseher schien besonders zornig auf ihn zu sein, weil er ein Christ war. Einmal hatte er Johannes heftig geschlagen und ihn dabei angeschrien: ,,Wenn dein Jesus wirklich Gott ist, warum erlöst Er dich dann nicht von diesem Leben — und von meiner Hand?"

Der Apostel hatte ihn nur ruhig angeblickt und geantwortet: ,,Freund, mein Leib wird eines Tages sterben, doch ich habe ewiges Leben. Und ich habe zwar Ketten an meinen Füßen, aber mein Herz ist frei. Und alle Legionen Domitians sind nicht in der Lage, mein Herz in Ketten zu legen."

Nach und nach sprach sich Johannes geistige Widerstandskraft unter den anderen Gefangenen herum. Es kam so weit, daß die anderen in dem schwachen alten Heiligen, der seelisch nicht zu zerbrechen war, eine Art Helden sahen. Begonnen hatte es mit den Gefangenen, die mit ihm zusammengekettet waren. Da Johannes sich seine Kraft aus der Gemeinschaft mit seinem Herrn holte, wurden seine Nachbarn, ob sie wollten oder nicht, immer wieder Zeuge seiner Gebete und seiner Glaubenslieder.

Zuerst war es ihm nicht in den Sinn gekommen, daß er auf diese Weise einen Dienst für seinen Herrn und an seinen Mitmenschen tun könnte. Johannes hatte Patmos nicht als einen Ort angesehen, wo man überhaupt einen Dienst für den Herrn tun konnte. Es war ihm zunächst nur darum gegangen, seinem Herzen Luft zu machen und laut zu Gott zu rufen. Doch dadurch war er seinen Mitgefangenen aufgefallen. Zuerst hatten die meisten über ihn gespottet. Doch als sie merkten, welch innere Widerstandskraft und unzerstörbare Hoffnung von diesem alten Mann ausging, hatten sie begonnen, sich für die Quelle dieser Kraft zu interessieren.

Endlich war es so weit gekommen, daß viele der Männer in der Marmorgrube sich fragend an ihn gewandt hatten. Erstaunt hatte Johannes festgestellt, daß es ihm möglich war, mit diesen Männern von Jesus zu reden. Und viele hatten ihr Herz dem Evangelium geöffnet und hatten Jesus als den Herrn und die Hoffnung ihres Lebens angenommen. Wieder geschah, was schon Nero mit Petrus erleben mußte: Der Versuch, die Christen zu zerbrechen, wurde in das Gegenteil umgekehrt und endete mit einem herrlichen Sieg Christi. Sogar in dem steinigen Boden von Patmos konnte der Same des Christentums Wurzeln fassen und wachsen.

Es war im fünfzehnten Jahr der Regierung Domitians. Johannes war mittlerweile 15 Monate auf Patmos. Es war Nacht, und ein Wintersturm brauste über die Insel. Johannes lag frierend auf seiner harten Pritsche, eingehüllt in die Reste seiner Kleidung, die er, seit er hier war, jeden Tag trug. Gerade als er trotz der Kälte vor Erschöpfung einschlafen wollte, wurde er von einer rauhen Hand an der Schulter geschüttelt. „Pssst...", flüsterte eine Stimme neben ihm, „sprich kein Wort."

Johannes fuhr hoch, konnte aber nicht erkennen, wer sich über ihn beugte. „Alter Mann, sei still", sagte die Stimme wieder. Eine Hand tastete nach seinem Knöchel und begann dort zu suchen. Dann spürte Johannes, wie sich die Kette löste. Offensichtlich besaß der Fremde einen Schlüssel. Das erste Mal, seit er Ephesus verlassen hatte, war er frei von Ketten oder Stricken.

Doch dann fuhr es Johannes durch den Sinn: Kein Römer würde einen Gefangenen freilassen, es sei denn, er war schrecklich krank oder... tot. „Mein Herr", fragte Johannes im stillen, „ist meine Zeit gekommen?"

Flüsternd forderte der Fremde Johannes auf, ihm leise zu folgen. Das war ebenso seltsam. Seit wann gingen römische Wachen voraus und ließen einen ungefesselten Gefangenen hinterher gehen? Johannes folgte ohne Zögern, konnte aber trotzdem nicht verstehen, was hier geschah. Er hatte nur mittlerweile bemerkt, daß es sich um einen Soldaten der römischen Bewachungsmannschaft handelte.

Der Soldat ging eiligen Schrittes zu der schräg nach oben und aus dem tiefen Loch herausführenden Straße, die er hinaufschritt. Johannes fiel es immer schwerer, dem Soldaten, der jung und stark war, noch folgen zu können. Endlich, als sie schon etwa zwei Drittel der Straße hinauf waren, mußte er verschnaufen. „Soldat", rief er leise, „ich kann nicht mehr. Und außerdem, was soll das alles?"

Der Römer machte sich der Verzögerung wegen sichtlich Sorgen, kam zurück und faßte Johannes am Arm, um ihn weiterzuziehen. „Mach schnell, alter Mann", murmelte er.

Doch Johannes weigerte sich. „Ich gehe nicht weiter, ehe ich wenigstens eine Erklärung bekommen habe", sagte er.

„Ich habe den Befehl erhalten, dich zu beseitigen", antwortete der Soldat ungeduldig, „weil du für das Lager und auch für die Sache Roms eine Gefahr bedeutest."

„Etwa, weil etliche Gefangene sich zu Christus bekehrt haben?"

„Ja."

„Und was sollst du nun tun? Hast du vor, mich zu töten?"

„So lautet der Befehl Domitians nicht."

„Und welchen Befehl hat er gegeben?" wollte Johannes wissen.

„Er hat in dieser Hinsicht keinen genauen Befehl gegeben. Ich habe deshalb selbst entschieden, was ich tun werde."

Bei diesem längeren Satz erkannte Johannes den anderen an der Stimme. Er war der Führer des römischen Wachkommandos. Zwar war er verhältnismäßig jung, hatte aber den Befehl über das Lager erhalten, um sich zu bewähren. Der junge Offizier war Johannes schon einige Male aufgefallen, weil er den Eindruck gehabt hatte, als habe dieser ab und zu verstohlen zugehört, wenn er mit den anderen Gefangenen von Jesus sprach.

Ohne weitere Fragen zu stellen, folgte Johannes jetzt. Als sie den Kraterrand erreichten, schlug sein Führer eine Richtung ein, die durchaus nicht zum Hafen und zum Militärlager führte, sondern eher noch weiter weg davon. „Sei jetzt vorsichtig", mahnte der Offizier, „hier geht nur sehr selten jemand, deshalb gibt es keinen gebahnten Weg. Vor allem in der Dunkelheit kann man schnell straucheln und stürzen." Johannes war, als läge in der Stimme des anderen echte Besorgnis um sein Wohlergehen.

Nachdem sie noch etwa zehn Minuten gegangen waren, kamen sie zu einer niedrigen Höhle, die sich, durch große Felsbrocken verborgen, an der Flanke des Berges öffnete. Der Soldat zeigte auf die Öffnung und sagte: „Hier, dies ist das Beste, was ich für dich tun konnte." Dabei zog er aus einem engen Krug eine Fackel heraus, die er bis jetzt sorgfältig darin verborgen gehalten hatte, damit ihr Lichtschein in der Finsternis nicht auffiel. Mit der Fackel leuchtete er in die Höhle hinein. Johannes entdeckte darin zu seinem Erstaunen einige Decken, ein nicht mehr neues, aber noch recht ordentliches wollenes Obergewand, einen großen Krug mit Wasser und einen beachtlichen Vorrat an Lebensmitteln.

„Warum tust du das?" fragte er erstaunt.

Scheinbar ärgerlich knurrte der Soldat: „Ich habe dir schon gesagt, daß du im Lager Störungen verursachst und ich dich beiseite schaffen soll. Das ist des Kaisers Wille."

„Und das hier", Johannes hatte das wollene Obergewand aufgehoben, „ist das auch des Kaisers Wille?" Lächelnd blickte er den anderen an.

„Alter Mann", antwortete er mürrisch, „du stellst zu viele Fragen. Sei vorsichtig und laß kein Licht nach draußen dringen. Ich habe meinen Auftrag erfüllt und dich aus dem Lager beseitigt." Damit drehte er sich um und ging.

„Die Liebe Jesu bewahre dich", rief Johannes ihm noch nach; dann begann er, sich in der Höhle häuslich einzurichten.

5. Kapitel

Johannes hatte die Freiheit noch nie so genossen wie jetzt. Die ersten Tage verbrachte er einfach damit, in oder vor seiner Hütte zu liegen, zu beten, zu schlafen und sonst nichts zu tun. Er hatte bisher keinen Menschen zu sehen bekommen und auch keine Anzeichen dafür bemerkt, daß Menschen hier in die Nähe kämen. Die Insel war ja, außer den Sträflingen und der Wachmannschaft, unbewohnt. Und der Offizier hatte wohl darauf geachtet, daß sein Versteck, denn anders war es wohl nicht zu bezeichnen, an einem verhältnismäßig sicheren Ort lag. Trotzdem mußte er natürlich vorsichtig sein.

Nach einigen Tagen begann er mit der gebotenen Vorsicht die Umgebung der Höhle zu erforschen. Ihm war immer gewesen, als höre er beständig die Brandung des Meeres. In der letzten Nacht hatte ein Wintersturm getobt, da vernahm er es besonders deutlich. Schnell entdeckte er, daß er sich nicht getäuscht hatte. Als er den Abhang umrundete, lag das Meer vor ihm. Keine fünf Minuten von der Höhle entfernt.

Da die Höhle in einem der drei Vulkankegel lag, stieg er am nächsten Tag dort hinauf und hatte einen atemberaubenden Ausblick. Im Norden ragte die Insel Samos über den Horizont, im Süden war Leros zu sehen, südwestlich Amorgas und der Vulkan von Santorin. Dazwischen gab es eine Anzahl kleinere Inseln, in der gleichen Art oder noch kleiner als Patmos.

Manchmal kam der Offizier vorbei und brachte ihm frisches Wasser und Nahrung. „Kann ich sonst etwas für dich tun?" fragte er immer.

Schon beim ersten Mal hatte Johannes ihn nach dem genauen Datum gefragt und hatte nun begonnen, seinen eigenen Kalender in den Stein zu ritzen. Sonst antwortete Johannes gewöhnlich: „Ich brauche nichts. Die Gegenwart meines Herrn genügt mir."

Heute war der Soldat wieder erschienen und wurde von Johannes Bitte überrascht. Als er wie gewöhnlich fragte, antwortete Johannes: „Ja. Bring mir bitte einige Rollen Papyrus, ein Gefäß mit Tinte und eine Feder."

„Papyrus, alter Mann. Wozu das?"

„Mein Herr hat mir gesagt, ich werde diese Dinge benötigen", antwortete Johannes. „Aber bisher hat Er mir noch nicht gesagt, wozu."

Kopfschüttelnd ging der Soldat davon.

Es war der erste Tag der Woche, der Sonntag. Da es auch der Auferstehungstag Jesu war, hatte es sich bei den meisten christlichen Gemeinden schon eingebürgert, daß sie diesen Tag auch zu ihrem Hauptversammlungstag wählten. Sie nannten ihn den „Tag des Herrn". Johannes fühlte sich deshalb heute besonders mit seinen Brüdern und Schwestern verbunden, die sich überall versammelten.

Doch das war es nicht allein. Schon als er am Morgen die Augen aufschlug, war ihm die Gegenwart des Herrn durch den Heiligen Geist mehr als sonst bewußt geworden. Irgendwie spürte er, daß der Tag gekommen war, an dem der Herr ihm zeigen würde, was Er mit ihm auf dieser Insel beabsichtigte. Er schlüpfte in das wollene Obergewand und ging den Berg hinauf. Dort hatte er in den letzten Wochen einen Platz gefunden, der ihm für seine Gebetszeiten lieb geworden war. Angekommen, setzte er sich und fragte: „Herr, ist die Zeit nun gekommen? Und glaubst Du, daß ich wirklich bereit bin für Deine Absicht?"

Beruhigend klang die Antwort des Geistes in ihm: „Ja, Johannes, du bist nun zubereitet, zu sehen, was du den Gemeinden übermitteln sollst." Fast im gleichen Augenblick war ihm, als würde er durch den Heiligen Geist in eine andere Dimension entrückt. Hinter sich hörte er eine laute Stimme rufen: „Ich bin das Alpha und das Omega, der Erste und der Letzte. Was du siehst, das schreibe in ein Buch!"

Johannes drehte sich schnell um, weil er die Quelle dieser Stimme entdecken wollte. Da sah er sieben goldene Leuchter, und mitten unter ihnen einen, der „wie eines Menschen Sohn aussah; er war bekleidet mit einem Gewand, das bis auf die Füße reichte, und um die Brust trug Er einen Gürtel aus Gold“.

Johannes zitterte und fiel auf seine Knie. Er wußte: Dies war sein Herr. Doch Er erschien anders als nach der Auferstehung. Auf dem Verklärungsberg hatte er schon etwas von der Herrlichkeit seines Herrn gesehen, doch nun erschien Er so: „Sein Haupt und Seine Haare waren weiß wie weiße Wolle, leuchtend weiß wie Schnee; und Seine Augen wie Feuerflammen; Seine Beine glänzten wie Golderz, das im Schmelzofen glüht, und Seine Stimme war wie das Rauschen von Wassermassen.“

Freundlich legte der Herr Seine rechte Hand auf Seinen zitternden Apostel und sagte: „Fürchte dich nicht! Ich bin der Erste und der Letzte und der Lebendige. Ich war tot, doch nun lebe Ich in alle Ewigkeit, und Ich habe die Schlüssel zum Tod und zur Unterwelt.“ Mit einer auffordernden Handbewegung fuhr Er fort: „Schreib auf, was du gesehen hast, was ist und was danach geschehen wird.“

Johannes brachte kein Wort heraus. Er hatte das Verlangen, den Herrn zu umarmen, wagte es aber nicht. Er erhob sich und stand wartend auf das, was kommen würde. Und dann kam es wirklich und erfüllte sein Herz einerseits mit großer Sorge und andererseits mit unaussprechlicher Freude; denn es war die Geschichte von der Zukunft der Menschheit und von Gottes Ewigkeit.

„An den Engel der Gemeinde in Ephesus schreibe ...“, begann der Herr; und so fuhr Er fort, die sieben großen Gemeinden Kleinasiens anzusprechen, zu ermutigen, zu mahnen und zu warnen. Immer schloß Er mit der Mahnung, auf Seine Worte zu hören und zu überwinden.

Bei einigen Dingen, die er hörte, wurde dem Apostel bange. „Ob meine Kinder wirklich so leiden müssen, wie diese Worte es sagen?“ fragte er sich. Doch ihm blieb keine Zeit, darüber nachzudenken. Denn er sah nun, wie im Himmel eine Tür geöffnet war, und die Stimme, die er vorher schon gehört hatte, sagte:

„Komm herauf, und Ich werde dir zeigen, was in der Zukunft geschehen muß."

Unmittelbar danach befand er sich an jenem Ort. Er wußte nicht einmal mehr, ob er noch in seinem Körper war oder nicht, doch eines war ihm klar: Er war im Himmelreich des Vaters und sah dort Einen auf dem Thron sitzen, „der wie ein Jaspis und ein Karneol aussah. Und über dem Thron wölbte sich ein Regenbogen, der wie ein Smaragd aussah... Von dem Thron gingen Blitze, Stimmen und Donner aus... Und vor dem Thron war etwas wie ein gläsernes Meer, gleich Kristall... und rings um den Thron waren vier Lebewesen voller Augen, vorn und hinten... Sie ruhen nicht bei Tag und Nacht, und rufen: Heilig, heilig, heilig ist der Herr, der Gott, der Herrscher über die ganze Schöpfung; Er war, Er ist, und Er kommt...

Und ich sah auf der rechten Hand dessen, der auf dem Thron saß, eine Buchrolle; sie war innen und außen beschrieben und mit sieben Siegeln versiegelt. Und ich sah: Ein gewaltiger Engel rief mit lauter Stimme: Wer ist würdig, die Buchrolle zu öffnen und ihre Siegel zu lösen? Aber niemand im Himmel und auf der Erde und unter der Erde konnte das Buch öffnen und es lesen. Da weinte ich sehr, weil niemand für würdig befunden wurde, das Buch zu öffnen und zu lesen. Da sagte einer von den Ältesten zu mir: Weine nicht! Gesiegt hat der Löwe aus dem Stamm Juda, der Sproß aus der Wurzel Davids; Er kann das Buch und seine sieben Siegel öffnen...

Ich sah und hörte die Stimme von vielen Engeln rings um den Thron und um die Lebewesen und die Ältesten; die Zahl der Engel war zehntausendmal zehntausend und tausendmal tausend. Sie riefen mit lauter Stimme: Würdig ist das Lamm, das geschlachtet wurde, Macht zu empfangen, Reichtum und Weisheit, Kraft und Ehre, Herrlichkeit und Lob. Und alle Geschöpfe im Himmel und auf der Erde, unter der Erde und auf dem Meer, alles, was in der Welt ist, hörte ich sprechen: Ihm, der auf dem Thron sitzt, und dem Lamm gebühren Lob und Ehre und Herrlichkeit und Kraft in alle Ewigkeit."

Und so ging die gewaltige Vision weiter, die Johannes durch

den Heiligen Geist gezeigt wurde. Er sah die Erde in ihren Grundfesten erschüttert, von Seuchen, Hungersnöten, Erdbeben und Kriegen überzogen; er sah die Sterne vom Himmel fallen und sah, wie Satan mit all seinem dämonischen Heer aus dem Himmel vertrieben und auf die Erde gestürzt wurde. Ungeheure Völkerschicksale rollten vor seinen Augen ab. Und immer wieder sah er das Lamm Gottes als Mittelpunkt allen Geschehens. Und dann sah er, wie der Himmel sich öffnete und einer auf einem weißen Pferd geritten kam, der hieß „Treu und Wahrhaftig", wie Er die Macht des satanischen Menschen, des Antichristen, vernichtete und den Satan bezwang.

Staunend sah er dann, wie sich vor seinen Augen Bilder einer friedevollen tausendjährigen Herrschaft seines geliebten Herrn auf dieser Erde ausbreiteten und wie nach dieser tausendjährigen Königsherrschaft Jesu noch einmal der Sturm des Unheils über die Erde brauste, bis der Satan dann endgültig in die ewige Verdammnis geworfen wurde.

Verwundert erlebte er, wie die Bücher zum großen Endgericht Gottes über die Menschheit geöffnet wurden und sah mit Entsetzen, wie viele hingehen mußten in die ewige Verdammnis, weil sie nicht im Buch des Lebens gefunden wurden.

Doch Johannes sah zu seiner großen Freude auch die unzählbare Schar aus allen Nationen und Stämmen, Völkern und Sprachen, die mit weißen Gewändern gekleidet und Palmzweigen in ihren Händen vor dem Thron und dem Lamm standen und riefen: „Die Rettung kommt von unserem Gott, der auf dem Thron sitzt, und von dem Lamm." Und als er fragte, wurde ihm gesagt: „Es sind die, die aus der großen Bedrängnis kommen; sie haben ihre Gewänder gewaschen und im Blut des Lammes weiß gemacht. Deshalb stehen sie Tag und Nacht vor dem Thron Gottes und dienen Ihm... Sie werden keinen Hunger und keinen Durst mehr leiden, und weder Sonnenglut noch irgendeine sengende Hitze wird auf ihnen lasten. Denn das Lamm in der Mitte vor dem Thron wird sie weiden und zu den Quellen führen, aus denen das Wasser des Lebens strömt, und Gott wird alle Tränen von ihren Augen abwischen."

Johannes sah einen neuen Himmel und eine neue Erde; und ,,der Tod wird nicht mehr sein, keine Trauer, keine Klage, keine Mühsal. Denn was früher war, ist vergangen", so wurde ihm gesagt.

Dann hörte er, wie Jesus wieder selbst vom Thron her zu ihm sprach: ,,Seht, Ich mache alles neu... Ich bin das Alpha und das Omega, der Anfang und das Ende. Wer durstig ist, den werde Ich umsonst aus der Quelle trinken lassen, aus der das Wasser des Lebens strömt. Wer überwindet, wird dies als Anteil erhalten: Ich werde sein Gott sein, und er wird Mein Sohn sein."

Johannes durfte dann noch einen langen Blick auf das großartige neue Jerusalem tun und bekam etwas von dem Leben in der ewigen Herrlichkeit gezeigt. Dann blickte der Herr Seinen treuen Diener freundlich aber eindringlich an und sagte: ,,Siehe, Ich komme bald, und mit Mir bringe Ich den Lohn, und Ich werde jedem geben, was seinem Werk entspricht... Ich, Jesus, habe Meinen Engel gesandt als Zeugen für das, was die Gemeinden betrifft. Ich bin die Wurzel und der Stamm Davids, der strahlende Morgenstern."

Dann entfernte sich der Herr langsam. Als es Johannes so erschien, als würde der Herr jetzt in einer strahlenden Wolke verschwinden, drehte Jesus sich nochmals um, winkte Seinem geliebten Jünger zu und rief: ,,Der Geist und die Braut aber sagen: Komm! Wer hört, der rufe: Komm! Wer durstig ist, der komme. Wer will, empfange umsonst das Wasser des Lebens... Ja, Ich komme bald! Amen!"

Es war schon Nacht auf Patmos, als Johannes sich seiner Umgebung wieder bewußt wurde. Er saß immer noch an seinem Gebetsplatz, zu dem er sich am Morgen begeben hatte. Mit Augen, die sich erst langsam an die Dunkelheit gewöhnten, blickte er sich um. Jawohl, das war wirklicher massiver Fels, auf dem er saß. Und auch der Wind und das Rauschen der See waren durchaus irdischer Natur und nicht von einer anderen

Dimension. Sein Körper, der während der Offenbarung irgendwie jung und voller Spannkraft schien, war wieder alt und ausgelaugt.

Was er in den letzten Stunden sah und hörte, stand noch ganz lebendig vor ihm. Erstaunt blickte er auf die Papyrus-Rollen, auf denen alles Gesehene und Gehörte niedergeschrieben war — geschrieben mit seiner eigenen Hand. Er verstand nicht alles, was er gesehen und aufgeschrieben hatte. Doch eines war sicher: Das verheißene Königreich würde kommen — vielleicht sehr bald, ganz gewiß aber in der von Gott bestimmten Zeit.

Als er nochmals über alles nachdachte, begannen ihm die Tränen aus seinen alten Augen zu fließen — aus Augen, die durch die Zeitalter hindurch bis zum Ende der Zeit geblickt hatten. Und eingebrannt in sein Gedächtnis standen die letzten Worte seines Herrn und Meisters, ehe dieser in der Wolke der Herrlichkeit verschwunden war: „Ja, Ich komme bald!“

Johannes blickte zum mondhellen Himmel empor und flüsterte mit tränenerstickter Stimme: „Amen! Komm, Herr Jesus!“

6. Kapitel

Der junge Offizier, der sich in den letzten Monaten so freundlich um ihn gekümmert hatte, führte ihn sorgfältig über die schmale Planke hinweg ans Ufer. Die Zeit auf Patmos hatte dem alten Apostel doch sehr zugesetzt, so daß er nur unter großen Schwierigkeiten das Gleichgewicht auf dem schmalen schwankenden Brett halten konnte. Als er festen Grund unter den Füßen hatte, blickte er zum Schiff zurück. An Bord standen noch eine große Anzahl Ex-Gefangener, die nach dem Tod des Tyrannen Domitian durch einen gerechteren Kaiser gemeinsam mit Johannes die Freiheit erhielten und nun mit dem Schiff in die Häfen zurückgebracht wurden, die ihrem Heimatort am nächsten lagen. Die meisten fuhren nach Rom.

Die Männer hatten sich alle an dieser Seite des Schiffes zusammengedrängt und blickten ihrem alten Helden nach, der nun, nach 18 Monaten auf Patmos, nach Ephesus zurückkehrte. Viele von ihnen hatten in der Hölle von Patmos durch das Zeugnis und Leben dieses treuen alten Apostels Jesus Christus als ihren Erlöser gefunden und schämten sich nun der Tränen nicht, die ihnen zum Abschied von diesem Mann über das Gesicht liefen.

Der Apostel hob nochmals segnend die Hände und rief: „Meine Kinder, die Liebe Jesu bewahre euch.“

„Und die Liebe Jesu bewahre auch dich!“ klang es vom Schiff im Chor zurück, während die Männer winkten und weinten. Noch einmal bedankte sich Johannes bei dem römischen Offizier und segnete auch ihn. Dann ging dieser eilig an Bord zurück, die Planke wurde eingezogen und das Schiff verließ den Hafen.

Plötzlich stand Polykarp an Johannes Seite. Freudig umarmten sich die beiden. Von tiefen Gefühlen der Freude und Dankbarkeit bewegt weinten beide ganz offen. Als Johannes jetzt zur Landseite hinblickte, schaute er in die Augen Hunderter von Christen, die mit Polykarp gekommen waren, ihn zu begrüßen. Freude strahlte aus seinen alten Augen. „Du hast gut für sie gesorgt, mein Sohn“, sagte er zu Polykarp.

Dieser nickte froh und sagte: „Du hast mir ja auch viel mehr als nur eine vollgeschriebene Rolle zur Fürsorge hinterlassen, Vater.“

Johannes fühlte, wie die Liebe, die ihm entgegenschlug, sein Herz erwärmte. „Das stimmt“, lachte er froh. „Doch du wirst staunen, mein Sohn, ich habe schon wieder etwas mitgebracht, was ich deiner treuen Fürsorge anvertrauen möchte.“ Sorgfältig griff er in seinen weiten Umhang und zog ein längliches Paket hervor. Man konnte erkennen, daß es sich um Papyrusrollen handelte. Mit den Worten: „Hier, Sohn“, überreichte er es Polykarp.

Verwundert nahm dieser es in Empfang und fragte: „Noch ein Evangelium, Vater?"

Lächelnd erwiderte Johannes: „Nein, sondern die Vollendung des Evangeliums."

Polykarp verstand die Antwort nicht, fragte aber nicht weiter, denn jetzt drängten die anderen Christen herzu, um ihren alten Vater in Christo zu begrüßen.

Der Herr schenkte Seinem geliebten Jünger noch eine ganze Reihe von Jahren inmitten der Gemeinden, die ihn liebten und verehrten. Wie Jesus es einst zu ihm sagte, hatte Johannes seinen Herrn und Meister besser kennengelernt als irgendein anderer Mensch. Er war der einzig noch Lebende, der Jesus selbst gekannt hatte, als dieser auf Erden war.

Johannes war gleichzeitig ein Stück lebende Geschichte der ersten Christengemeinden. Vom ersten Tage an war er dabei gewesen bis jetzt. Wieviel Freude, Leid und Kampf, aber auch wie viele Siege hatte er erfahren. Er hatte die Herrschaft von elf römischen Kaisern miterlebt.

Der Heilige Geist hatte ihn auch als Werkzeug gebraucht, um der christlichen Kirche aller Zeiten sein großartiges Evangelium, die herzbewegenden Briefe und die alle Zeit umspannende Offenbarung zu geben. Welch ein Weg seines Meisters, ihn noch in seinem hohen Alter in die Hölle von Patmos zu führen, um ihn dort so zubereiten und beiseite nehmen zu können, daß er in der Lage war, die gewaltige göttliche Geschichtsschau der Offenbarung zu ertragen und niederzuschreiben.

Wo immer er in diesen letzten Jahren seines Lebens noch auftauchte, versammelten sich die Christen um ihn, um aus dem Schatz seiner Erlebnisse, Erfahrungen und Erkenntnisse schöpfen zu können. Und immer, wenn er sich von ihnen verabschiedete, tat er das mit den Worten: „Meine Kinder, liebet euch untereinander."

Manchmal fragten ihn jüngere Christen: „Vater, warum sagst du zum Abschied immer nur diesen Satz?"

Dann schaute er sie freundlich an und antwortete: „Es war die Liebe des Vaters im Himmel zu uns, die Ihn bewog, Seinen Sohn auf diese Erde zu senden.

Und es war die Liebe unseres Herrn und Meisters Jesus Christus zu uns, die Ihn ans Kreuz gehen und für uns sterben ließ.

Und kurz bevor unser Herr den schweren Weg für uns ans Kreuz ging, hat Er uns, Seinen Jüngern, noch ans Herz gelegt, wir sollten uns untereinander lieben, wie der Vater Ihn liebt und Er den Vater.

Und da es der Wille unseres Herrn ist, wollen wir nie aufhören, ihn zu erfüllen ..."

> „Noch viele andere Zeichen, die in diesem Buch nicht aufgeschrieben sind, hat Jesus vor den Augen Seiner Jünger getan. Diese aber sind aufgeschrieben, damit ihr glaubt, daß Jesus der Christus ist, der Sohn Gottes, und damit ihr durch den Glauben das Leben habt in Seinem Namen" (Johannes 20, 30.31).